_____ 님에게

성장의 길 위에 있는 당신 곁에
저의 글이 동행함으로써
당신이 조금이라도 덜
외로워지기를 바랍니다.

李尚龙 드림

你所谓的稳定，不过是在浪费生命
NI SUO WEI DE WEN DING,
BU GUO SHI ZAI LANG FEI SHENG MING
Copyright © 2016 by 李尚龙(LI SHANG LONG)
All rights reserved
Korean translation copyright © 2017 by BOOK PLAZA.
Korean language edition arranged with
China South Booky Culture Media Co.,Ltd
through Eric Yang Agency Inc.

이 책의 한국어판 저작권은 에릭양 에이전시를 통한
China South Booky Culture Media Co.,Ltd와의 독점계약으로
한국어 판권을 북플라자에서 소유합니다.
저작권법에 의하여 한국 내에서 보호를 받는 저작물이므로
무단전재와 복제를 금합니다.

불안하면 지금 시작하라

리샹룽 지음 | 박주은 옮김

BOOK PLAZA

저자서문

'나'에 대한 열정의 끈을 놓지 마라

2015년에는 제 인생의 첫 책인 『당신은 겉보기에 노력하고 있을 뿐』이 출간되었습니다.

몇 년 전, 저는 그저 뒤엉킨 생각들을 정리하기 위해 늦은 밤 홀로 글을 썼을 뿐 언젠가 작가가 되리라고는 전혀 생각지 못했습니다.

그랬던 글이 갑자기 온라인상으로 널리 퍼져나가기 시작하자 혹시 내 글을 읽고 누군가 상처를 받지는 않을까 덜컥 두려워졌습니다. 그 뒤로는 글을 쓸 때마다 몇 번이고 다시 읽고 거듭 손질한 다음 업로드했습니다. 혹시라도 제 글로 인해 누군가 해를 입는 일이 없도록 친구들에 관한 이야기는 모두 가명을 썼습니다.

간혹 저에게 첫 책을 낸 이유에 대해 물어오는 이들이 있었습니다. 그들은 저에게서 뭔가 대단한 의욕이나 거창한 동기를 고취할 만한 대답을 기다리는 듯했습니다만, 누구라도 저의 솔직한 내막을 듣고 나면 그 내막은 실망할 만한 것이었습니다. 바로 당시에 제가 너무 돈이 없었기 때문입니다.

2015년 초 저는 살던 집을 나오기로 한 상태에서 신동방(新東方, 중국의 영어·교육 그룹) 영어학원을 퇴사했고, 지금까지 모아둔 돈은 모두 영화작업실에 쏟아 부었습니다. 그런 마당에 저는 외국에 나가 공부할 계획까지 세워두고 있었습니다.

그 무렵 여러 출판사의 편집자들이 찾아와, 제 글이 온라인상에서 인기가 많으니 책으로 내지 않겠느냐고 제안해왔습니다.

저는 이제껏 책이란 마흔다섯쯤 되었을 때 지나온 삶을 돌아보며 쓰는 것이라고만 생각하고 있었습니다. 그런데 '이제 겨우 스물 몇 살인 내가 대체 뭘 돌아보며 책을 쓴단 말인가?'라고 생각했습니다.

그러나 마지막으로 내야 할 집세를 내고 나니 잔고가 텅 비어버렸습니다. 이대로 가다가는 영화작업실의 식구들마저 뿔뿔이 흩어질 판이있기에 더는 제 고집만 부릴 수 없겠다는 생각이 들었습니다.

그 뒤로는 저를 찾아오는 편집자들을 거절하지 않았습니다. 제가 원하는 조건은 간단했습니다. 2만 부 인세를 선불로 받을 수 있느냐는 것. 당시에는 2만 부 정도가 제가 생각한 최대의 판매부수였습니다. 그해의 베스트셀러로 꼽힐 정도로 신드롬을 일으키리라고는 전혀 예상하지 못했습니다. 2만 부 정도의 인세라면 당시 급하게 필요했던 돈인 4만 위안(약 673만 원)

을 비롯해 눈앞의 문제들을 해결하고 한숨 돌릴 수 있을 거라고 생각했습니다. 그간 써온 글을 모아 며칠 간 밤을 새우며 정리하고, 부족한 원고는 다시 써서 출판사에 넘겼습니다.

그런데 창작과 공부는 전혀 다른 종류의 작업이더군요. 단순히 충분한 시간을 투입했다고 해서 최상의 결과가 나오는 건 아니었습니다. 결과적으로 그 책은 몇몇 독자들로부터 질책을 듣고야 말았습니다. 몇 편의 글에 대해서는 냉혹한 평가도 있었습니다. 그런 글이 많지는 않다는 것이 다행이라면 다행이지만, 모든 분들에게 그저 죄송한 마음뿐입니다. 저는 나중에야, 창작을 하는 사람은 경제적인 문제나 생활의 어려움에 사로잡혀 있으면 제대로 된 창작을 할 수 없다는 것을 깨닫게 되었습니다. 글도 영화도 마찬가지였습니다.

다행히도 그해 6월부터는 영화작업실 재정이 흑자로 돌아섰고, 저와 또 다른 영어강사가 함께 이끌어가고 있던 CET(대학생영어시험, 중국 대학생들이 졸업하기 위해 반드시 치러야 하는 시험 - 옮긴이) 특별반의 수강생도 만 명을 넘어섰습니다. 이 학생들 중 다수는 우리 두 사람 때문에 강의를 듣기로 선택한 것이었습니다. 그들은 원래 다른 고가의 특별반에 등록하려고 했으나 정원이 다 차버리는 바람에 실패했다고 합니다. 그러던 중 우리 두 사람이 내세운 교육 평등의 이념에 이끌려 우리의 강의를 택한 거라고 하더군요.

이 무렵 저의 첫 번째 책인 『당신은 겉보기에 노력하고 있을 뿐』도 100만 부가 넘게 팔린 베스트셀러가 되었습니다. 이젠 정말로 돈은 부족하지 않게 되었습니다. 그래서 저는 한동안 자비로 전국 각지에서 강연을 하면서 많은 독자들을 만나기로 마음먹었습니다. 무엇보다 저 자신이 최대한 편안한 상태에서 그들과 교류하며 소통하고 싶었습니다. 그 과정에서 저도 많은 것을 배우고 성장할 수 있었습니다. 지난 1년간 저는 다른 어느 때보다도 많은 곳에서 많은 사람들을 만나고, 많은 일을 경험하고 또 깨닫게 되었습니다.

많은 사람들이 오로지 '불안정성'에 대한 두려움 때문에 꿈을 포기하고 있었고, 또 많은 사람들이 단지 어딘가에 속해 있기 위해 무익한 사교활동을 그만두지 못하고 있었습니다. 정말 많은 사람들이 현재 자신의 삶을 좋아하지 않고 있었지만, 어떻게 해야 달라질 수 있는지 알지 못하고 있었습니다.

그후로 저는 다시 무수한 밤을 글을 쓰며 보냈습니다. 그중에는 SNS를 통해 널리 공유되고 회자된 「안정된 삶이란 살아 있는 시간을 낭비하는 것일 뿐」도 있고, 어느 날 영화를 보고 감동을 받아서 쓴 「개떡 같은 생활은 집어치워라」도 있습니다. 이 책에 쓴 글들은 모두 현실적인 필요 때문이 아니라 진실한 마음에서 우러난 이야기라고 감히 말씀드릴 수 있습니다.

그러나 「안정된 삶이란 살아 있는 시간을 낭비하는 것일 뿐」이 중국 전역으로 퍼져나갔을 때는 저의 웨이보(微博, 중국판 트위터 - 옮긴이) 계정으로 어마어마한 원성이 쏟아지기도 했습니다. 처음에는 이런 반응에 시달리는 것이 괴롭기만 했는데, 하루는 친구가 저에게 이런 말을 해주더군요. "그건 네 글이 영혼 없이 위로만 주는 닭고기 수프(아무런 실질적 메시지 없이 위로와 안심만을 제공하는 힐링 에세이 일반을 가리킴 - 옮긴이)가 아니라 사람을 아프게 찌르는 바늘이나 각성하게 하는 채찍, 따귀를 때리는 손바닥처럼 느껴져서 그런 거야." 이 책 어디에도 하나 마나 한 위로나 허망한 동기부여 같은 것은 담지 않았습니다. 글은 하나하나 우리가 살고 있는 삶을 정확히 비추는, 살아 움직이는 이야기들입니다.

소크라테스가 "숙고하지 않는 삶은 살아갈 가치가 없다."고 말했듯 저 또한 삶을 깊이 들여다보는 글을 쓰고자 했습니다. 바로 그러한 과정을 통해 우리 삶도 더욱 나아지는 것이라고 저는 믿습니다.

첫 책이 나온 뒤로 여러 미디어를 통해 두 번째 책은 언제 나오느냐는 질문을 종종 받았습니다. 저는 "때를 기약할 수는 없지만 언젠가 낸다면, 그때는 경제적 사정 때문이 아니라 저 자신이 가장 좋은 상태에서 쓴 글을 책으로 낼 생각"이라고 답한 바 있습니다.

마침 그때가 되었네요.

공사다망한 시간이었지만, 저는 그동안 저 자신에게 한 약속을 모두 지켜왔습니다. 독자 여러분이 저의 웨이보 계정에 남긴 메시지도 모두 보고 있습니다.

이 책에 담긴 진실한 마음이 당신의 마음도 두드릴 수 있기를 바랍니다. 이 가운데 특별히 가슴에 와닿는 이야기가 있었다면 언제든 저에게도 알려주세요. 빠짐없이 읽어 보겠습니다.

성장의 길 위에 있는 당신 곁에 저의 글이 동행함으로써, 당신이 조금이라도 덜 외로워지기를 바랍니다.

李尚龙
베이징에서
2015. 10. 22.

CONTENTS

저자서문

....

PART 1
안정된 삶이란
살아 있는 시간을 낭비하는 것

1-01	안정된 삶이란 살아 있는 시간을 낭비하는 것일 뿐	016
1-02	내일이 인생의 마지막 날이라면	024
1-03	불안하면 지금 시작하라	033
1-04	무익한 사교에 집착하지 마라	039
1-05	언제든 조직에서 벗어날 수 있는 능력을 보유하라	045
1-06	편집광만이 탁월한 수준에 이른다	054

1-07	그 시절 소년이었던 나는	061
1-08	순도 100%의 배우	068
1-09	나도 넓은 세상을 보고 싶어!	078
1-10	누구나 홀로 성장하는 법을 배워야 한다	084
1-11	버텨나가다 보면 익숙해진다	088
1-12	평범이란, 때로 이대로 뻔하게만 살다 죽으라는 말과 같다	093
1-13	과연 나는 의미 있게 바쁜가	097
1-14	텅 빈 채 흘러가 집어삼켜지는 시간들	102
1-15	이직 후에 남는 사소하고 구질구질한 일들	109
1-16	고단한 풍파 끝에 서광이 비치는 것이 인생	115

PART 2
세상에 휘둘리지 않을 때 세상을 바꿀 수 있다

2-01	세상에 휘둘리지 않을 때 세상을 바꿀 수 있다	130
2-02	어차피 나에겐 일어나지 않을 일이야!	144
2-03	남을 위한 진실한 봉사인가, 과시를 통한 자아실현인가	157
2-04	뛰는 가슴은 한기를 몰아낼 수 있고, 작은 미소 하나로 온기를 전할 수 있다	167
2-05	우리는 당면한 삶을 묵묵히 잘 살아가면 된다	175
2-06	바 테이블	183
2-07	행복은 단순한 믿음	193
2-08	평범한 보통 사람에게 베푸는 도움	203
2-09	싸우고 상처 입는 편이 영원한 침묵보다 낫다	209
2-10	넓은 바다를 마주하고 난 뒤에야 누리게 된 봄날	216

PART 3
가장
안정적인 사랑

3-01	가장 안정적인 사랑	228
3-02	당신이 당신의 자리에서 우뚝 서면, 만인의 여신도 당신 앞에서 빛을 잃는다	236
3-03	적절하지 않은 타이밍에 가장 소중한 인연을 만날 수도 있다	243
3-04	그녀처럼 변모한 나를 왜 사랑하지 않아?	247
3-05	남들의 연애, 당신과는 상관없다	255
3-06	정신적으로 격이 맞는 사이	263
3-07	결혼은 자극적인 사랑의 무덤	269

PART 4
젊음의 포장마차

4-01	아버지의 눈물	282
4-02	젊음의 포장마차	296
4-03	좌충우돌했던 우정세월	303
4-04	친구 없는 친구 공간	315
4-05	인색해서가 아니라 친구를 잃지 않기 위해	320

··

집필후기

그날 나는 이 세상이 얼마나 시시각각 변하고 있는지 실감할 수 있었다. 안정성이란 실은 다양한 양태로 존재할 수 있는 것이다. "유일하게 바뀌지 않는 진실은 모든 것이 늘 변화한다는 사실뿐"이라 했던가. 매일매일의 진보가 실은 가장 안정적인 삶이다. 그런데 왜 막연하게 안정을 추구한다는 이유로 삶의 무한한 가능성을 통째로 내던져버리려 하는가?

PART 1
안정된 삶이란 살아 있는 시간을 낭비하는 것

1-01

안정된 삶이란
살아 있는 시간을 낭비하는 것일 뿐

D는 끝내 베이징으로 다시 돌아오지 못했다.

육군사관학교에서 졸업 후 자대를 배정받을 때만 해도 그는 준비완료 상태였다. 상관은 그에게, 말단 부대에 1년만 있다가 베이징으로 돌아오라고 했다.

D는 고개를 끄덕였다. 그는 베이징으로 다시 돌아올 수만 있다면, 말단이든 전방이든 어디든 갈 수 있다고 말했다.

한때 D와 '안정'에 대한 이야기를 나눌 때 나는 이미 프리랜서 강사로 생활하고 있었다.

D는 '체제 내의 안정'이란 소위 안정된 직장을 통해 먹고 입을 걱정이 없을 정도의 돈이 매달 꾸준히 들어오는 것, 그리고 자신이 좋아하는 일을 할 수 있는 약간의 여유라고 말했다.

"그런 게 안정이라고?"

나에게는 D의 말이 조금 이상하게 들렸다.

D가 말했다. "넌 매일 힘들게 노력하면서 살잖아. 난 맘 편히 푹 자면서 살아도 다달이 5천 위안(약 84만 원)이 꼬박꼬박

들어와. 그런데 넌? 하루만 일을 쉬어도 바로 수입이 없잖아."

"인생이란 원래 '분투'하는 거야."

"하지만 내가 훨씬 안정적이잖아. 안정적인 생활을 유지하면서도 충분히 '분투'할 수 있어."

"넌 어차피 매달 들어오는 돈이 똑같잖아. 열심히 하든 안 하든 돌아오는 보상이 똑같다면, 대체 누가 열심히 노력하려고 하겠어?"

"그렇지만 다들 안정적인 삶을 추구하고 있잖아."

"다들 추구한다고 해서 그게 꼭 맞다는 뜻은 아냐. 그리고 <u>난 너처럼 사는 게 안정적이라고 생각하지 않아. 네 삶은 회사의 정책이나 상사의 한 마디에 하루아침에 변할 수도 있지만, 나 같은 프리랜서는 자신의 능력만 있으면 시장에서 정확히 그에 걸맞는 대우를 받아. 그렇기 때문에 매일 '분투'해야 하지만, 내 삶은 확실하게 내 손에 있다고 말할 수 있지.</u> 그런데 넌? 따지고 보면 네 삶은 네 상사와 네가 속한 조직에게 달려 있잖아. 오늘 아무리 상사에게서 폭풍 칭찬을 들었다 해도 내일 바로 폭언에 시달릴 수도 있는 게 조직 생활이니까."

"무슨 뜻이야?"

"예를 들어, 네가 다시 베이징으로 돌아오려면 넌 네 부위지를 베이징으로 조정해줄 힘이 있는 인맥을 찾아야 하고, 가서 사정도 해야 하고, 그 과정에서 돈(뇌물)이 들어갈지도 몰라. 그런데 나처럼 한 가지 확실한 능력이나 기술이 있으면 어딜 가도 그곳에서 할 수 있는 일을 찾아서 굶어죽지 않을 수 있어."

"그러니까…, 어차피 너나 나나 베이징에서 살게 된다는 결과는 똑같잖아. 오히려 내가 좀 더 편하게 사는 쪽에 속하지 않아?"

나는 더 이상 아무 말도 하지 않았다. 차가운 바람이 맹렬히 내 가슴으로 파고들었다. 그 해 겨울, D는 베이징을 떠나 말단 부대로 배치되었다.

그런데 1년 후에도, D는 상부의 허가를 받아 베이징에 돌아오지는 못했다. 베이징으로 귀환할 장교의 정원이 다 찼기 때문이었다.

나 역시 한때 '무엇이 진정한 안정일까' 생각해본 적이 있다. 안정적인 직업, 베이징 호구(戶口, 주민등록), 방 3개짜리 집? 하지만 나는 아직까지도 왜 다달이 5천 위안을 받으며 출퇴근을 무한 반복하는 것만이 안정인지, 왜 집을 구하고 나서야 누군가를 사랑해야 하는 건지, 왜 베이징 호구를 가진 채로만 베이징에서 살아야 한다는 것인지 잘 모르겠다.

나도 몇 년 간 사관학교에 있었지만, 군 조직은 나와 너무 맞지 않아 결국 떠났다. 부대에는 여전히 '안정성' 하나만을 바라보며 버티는 이들도 있고, 별 일 없는 하루하루를 보내며 스마트폰으로 뉴스를 볼 때만 침을 튀기는 한가한 이들도 있다. 물론 그 안에는 매일매일의 분투와 노력 끝에 탁월한 공적을 세운 엘리트도 있다. 이 가운데 후자는 당연히 진심으로 존경스럽다고 생각하고 있다.

어쨌든 나로서는 안정성 하나만 보고 어떤 조직이나 직장에 들어간다는 것, 그리고 젊은 나이에 아무런 모험도 분투도 하려 하지 않는다는 것이 너무 이상하게만 느껴진다.

CCTV(중국중앙방송)에서 일했던 또 다른 친구 S가 떠오른다. 그해에도 나는 그녀와 함께 떠난 여행길에서 비슷한 이야기를 나눈 적 있다. 그녀는 CCTV에서의 일이 안정적이어서 너무 좋다고 했다.

"무슨 의미야?"

내가 묻자, 그녀는 이렇게 대답했다.

"다달이 월급 7천 위안(약118만 원)이 들어오고 5대 보험(양로보험, 의료보험, 실업보험, 산재보험, 출산보험, 장기주택적립금)이 적립되니까. 수입이야 네가 더 많겠지만 난 안정된 직장이 있는 반면 넌 안정적이지 않잖아."

나는 일부러 지지 않겠다는 듯 말했다.

"난 지금보다 더 많이 벌 수도 있어."

"그래도 어차피 우린 둘 다 그냥저냥 먹고사는 수준이잖아."

"난 밤이든 낮이든 원하는 게 있으면 언제든 사러 돌아다닐 수 있어."

"그렇다 해도 너나 나나 아침 9시부터 저녁 5시까지는 꼼짝없이 일을 해야 하는 건 매한가지잖아."

그녀가 놀란 눈을 하며 말하자, 나는 일부러 좀 더 장난스럽게 대꾸했다.

"아냐. 난 매일 자고 싶을 때 자서 일어나고 싶을 때 일어나. 저녁엔 주로 강의를 하고, 낮에는 시나리오를 쓰고, 늦은 밤엔 책을 봐."

그러자 그녀는 아까보다 더 진지해진 말투로 말했다.

"난 매년 휴가를 내서 여행도 갈 수 있어."

"난 가고 싶은 곳이 있으면 아무 때나 갈 수 있어."

그녀는 이대로 질 수 없다는 듯 숨소리가 조금 거칠어졌지만, 딱히 할 말을 찾지는 못한 듯 보였다. 나도 더 이상 이런

논쟁은 하지 않기로 했다.

그녀는 여행에서 돌아오는 길에 차에서 내리며, 나에게 말했다.

"샹룽, 넌 아직 너무 어린 것 같아."

그녀의 진지하고 나직한 말투에, 나는 농담 한 마디를 건네려던 생각이 쏙 들어가고 말았다.

나는 모든 사람의 생활방식을 존중한다. 무슨 평가나 비난을 할 생각은 더더욱 없다. 그저 친구가 점점 조바심을 내며 대답하기에, 나도 일부러 좀 더 장난스럽게 굴어본 것뿐이다. 그후로 몇 년 간은 더더욱 다른 누군가의 라이프 스타일에 대해 뭐라 한 적이 없다.

몇 년 후, S는 대만의 타이베이로 전근을 가게 되었다. 동시에, 외교부에서 일하고 있던 그녀의 남자친구도 남아프리카로 발령을 받게 되었다. 두 사람은 그렇게 갑작스러운 장거리 연애를 시작하게 되었다.

타이베이로 떠나기 전, S는 나에게 남자친구와 이런 식으로 떨어져 있고 싶지는 않다고 말했다. 남자친구와는 이제 막 혼담도 오가고 있던 터였다. 그러나 그녀의 상사는 타이베이에 한 번 갔다가 돌아오면 승진도 더 빨라질 것이라고 약속했다.

당시 나도 연애를 하고 있었는데, 여자친구가 미국으로 유학을 떠나면서 장거리 연애가 시작되었다.

어느 날 나는 S에게 말했다.

"나 내일 미국 가. 여친 만나러."

그러자 S는 술을 한 모금 들이켜고 말했다.

"부럽다. 넌 그래도 되는구나."

몇 년이 흐른 뒤에야 S는 타이베이에서 베이징으로 돌아올 수 있었다. 그 사이에 남자친구와는 결국 헤어졌다고 했다. 그러더니 나에게 이렇게 말했다.

"봐, 너나 나나 어차피 결과는 똑같잖아."

물론 나도 그 사이 여자친구와 헤어진 상태였다. 그러나 내가 여자친구와 헤어진 건 어디까지나 자연스럽게 감정이 식어서였을 뿐이다. 그녀가 남자친구와 헤어진 것은 불가피하게 떨어져 지내야 했던 시간이 뜻하지 않게 장기화되었기 때문이다.

얼마 후, 우리는 그녀가 베이징에서 타이베이로 떠나기 전 마지막으로 함께 술을 마셨던 바에서 다시 만났다.

"나, 사표 냈어." 그녀가 씁쓸하게 웃으며 말했다.

"타이베이에서 베이징으로 돌아왔더니, 사무실이며 동료들이 내가 예전에 일했던 때와는 너무 달라져 있더라고. 심지어 내가 맡을 일까지 없어져 있지 뭐야."

이제 그녀에게 남은 것이라고는 타이베이에서의 경력뿐이었다.

나는 그녀에게 말했다.

"그래도 네가 사표를 쓰지만 않았다면, 회사에서 널 억지로 내보낼 수는 없었을 거 아냐."

"물론 그렇지. 나 하나 더 있다고 해서 회사 재정에 문제가 생기는 건 아니니까."

"그럼 계속 남아 있지 그랬어."

"글쎄…. 그래봤자 무슨 의미가 있겠어."

그렇게 말하며 창밖을 보는 그녀의 눈에는 불빛이 닿아서 반짝거리는 눈물이 어른거리고 있었다. <u>자신의 힘만으로는 아무것도 할 수 없었던 청춘을 되새기고 있는 것 같았다.</u>

그녀는 다시 내 쪽으로 고개를 돌리며 말했다.

"샹룽, 지금 와서 보니, 네가 나보다 더 성숙했던 것 같다."

그날 나는 이 세상이 얼마나 시시각각 변하고 있는지 실감할 수 있었다. 안정성이란 실은 다양한 양태로 존재할 수 있는 것이다. "유일하게 바뀌지 않는 진실은 모든 것이 늘 변화한다는 사실뿐"이라 했던가. 물결이 출렁이는 바다 위에서 배를 타고 있는 사람은 끊임없이 노를 저어야만 뒤로 밀려나지 않을 수 있다.

우리의 부모 세대는 한 번 속한 직장에서 모든 것을 해결해 주었다. 그러나 우리 세대가 다시 그런 시절로 돌아갈 일은 결코 없다. 지난 수십 년간 경제가 고도성장하는 과정에서 모든 것이 변모했기 때문이다. 그럼에도 우리 주위에는 여전히 많은 사람들이 오로지 안정을 추구한다는 이유로 자신의 진짜 삶을, 꿈과 청춘을 쉽게 내던져버리고 있다.

며칠 전에 다시 만난 D는 나에게 어떤 선배 이야기를 해주었다. 그 선배는 생활이 안정되었다고 생각해서 결혼도 하고 곧 태어날 아기도 있었는데, 얼마 전 부대 안에서 중대한 잘못을 범하는 바람에 면직을 당했다고 한다.

선배는 안정적이라 믿어 의심치 않았던 직장을 떠나려고 보니, 사관학교를 졸업한 뒤로 8년 동안 그럭저럭 시간을 때우면서, 군대 내에서 필요한 고만고만한 문서를 작성하고, 선임들의 비위를 맞추는 것 외엔 아무것도 할 줄 아는 게 없다는 사실을 발견했다고 한다. 그 선배는 이력서를 들고 이제 막 졸업한 대학생들과 함께 새로이 구직 전선에 뛰어들었다. 그러나 그들에 비해 나이가 많은 것 외에는 내세울 경력이 아무것도 없었다. 사관학교에서 4년간 배운 컴퓨터 지식이 있긴 했지만, 8년 동안의 무사안일 속에서 거의 다 잊어버렸다.

1년 뒤에는 아내와도 이혼했다.

선배는 지친 몸을 끌며 D에게 이렇게 말했다고 한다.

"만약 네가 여기서 나가고 싶거든 하루라도 일찍 나가는 게 좋을 거야. 나가지 않을 거라면, 네 모든 역량을 발휘해야 할 나이에 안정이라는 허망한 미명 아래 현재에 머무는 선택은 절대로 하지 마. 이 세상에 '안정적인' 직장 같은 건 없어. 지금 네가 누리고 있는 것들은 언젠가 하루아침에 다 사라질 수도 있는 가상(假象) 같은 거야. 그런데 자신의 삶은 남이 대신 책임져줄 수 없는 거잖아. 치열한 노력은 다른 누구를 위해서가 아니라 원래 매일 해야 하는 것이었어. 그런 매일매일의 '진보'가 실은 가장 안정적인 것이었어."

그렇다, 매일매일의 진보가 실은 가장 안정적인 삶이다. 그런데 왜 막연하게 안정을 추구한다는 이유로 삶의 무한한 가능성을 통째로 내던져버리려 하는가? 이 세상에서 유일무이한 불변이 변화 그 자체뿐이라면, 매일매일의 삶 속에서 다채로운 변화를 꽃피우는 수밖에 없다.

누군가가 지금 어떤 길 위를 걷고 있다면, 그 누구도 한없이 평탄하기만 한 흙길을 좋아하지는 않을 것이다. 누구라도 길 옆으로 향기로운 꽃들이 무수히 피어나길 바랄 것이다. 그 꽃들은 땅에 고정되어 있는 흙만큼 안정적이지는 않겠지만, 사력을 다해 꽃을 피움으로써 이 세상에 잊을 수 없는 풍경 하나를 선물한다. 실은 바로 그런 풍경이, 우리가 삶에서 바라는 것 아니었던가?

1-02

내일이
인생의 마지막 날이라면

《꺼져버려! 종양군(滾蛋吧!腫瘤君·Go away Mr. tumour, 중국 2015년)》이라는 영화의 시사회가 열렸을 때, 이 영화의 실제 주인공인 슝둔(熊頓, 82년생의 여성 웹툰 작가. 서른둘의 짧은 생에 림프 종양 판명을 받은 뒤 좌충우돌 병원 생활을 명랑하게 그린 웹툰을 그리기 시작했고, 곧 동명의 영화가 만들어졌다. - 옮긴이)은 이미 세상을 떠난 뒤였다.

이 영화가 실화가 아니었다면 나도 그렇게까지 눈물이 흐르지는 않았을 것 같다. 내 옆에 앉은 어떤 여자 관객은 영화를 보는 내내 흐느꼈고, 다른 남자 관객도 눈물을 훔치느라 이따금 얼굴에 손을 가져가는 모습이 보였다.

우리가 그렇게까지 울었던 것은 그토록 강인한 여성에게 불치의 병이 닥쳤다는 사실, 혹은 불치의 병을 앓고 있으면서도 낙관을 견지하는 그녀의 삶의 태도 때문이었을 것이다. 그녀의 장례식장 스크린에 비친 생전의 영상에서도 그녀는 맑고 환한 미소를 짓고 있었다.

그날 영화를 보면서 눈물을 쏟을 수밖에 없었던 또 다른 이유는 영화를 보고 있는 우리들 자신에 대한 반성 때문이기도 했다. 여느 비참한 사람들보다 행복한 여건 속에 있으면서도 자기 자신과 자신을 둘러싼 현실에 대한 불만에 싸여, 오늘보다 나은 내일을 일구어나가려 하지 않는 비겁한 모습을 확인하게 되기 때문이다.

만약 내일이 이 세상에서의 마지막 날이라면, 당신은 이제까지 살아온 삶을 후회하지 않을 자신이 있는가?

만약 내일이 이 세상에서의 마지막 날이라면, 아직 해보지 못해 아쉬울 것 같은 일은 없는가?

나는 지금껏 사관학교를 다니다가 영어강사였다가 영화감독이 되었다가 작가가 되는 등 여러 길을 돌아왔다. 어떤 사람들은 나에게 "어떻게 그렇게 많은 일을 할 수 있느냐"며 대단하다고 말하기도 한다. 나로서는 내일이 내 인생의 마지막 날일 수도 있다는 각오로 살았기 때문이라고 답할 수 있을 것 같다. 살아 있는 시간 동안 모든 열정을 불태우며 다채롭게 살아가지 못한다면, 그것이야말로 내가 죽을 때 가장 아쉬운 일이 될 것 같기 때문이다.

인류의 멸망을 다룬 《2012》라는 영화가 중국에서 인기를 끌었던 2012년, 남들은 어떻게 생각했을지 모르겠지만 나는 정말로 2012년이 세상의 마지막이 될 수도 있다고 믿었다. 유난히도 우울한 시간을 보내고 있던 그때, 나는 만나는 친구들마다 "2012년 12월 21일이 정말 이 세상의 마지막 날이라면 넌 어떨 것 같아? 너에게는 못다 해서 아쉬운 일이 뭐야?"라고 물었다.

친구들은 하나같이 웃으며 "안심해. 그럴 일은 없을 거야."라고만 대답했다.

그러나 나는 그날 당장 종이에 열 가지 목표를 쓰고, 올해에는 무슨 일이 있어도 이 열 가지 꿈을 꼭 이루겠다고 마음먹었다. 목표 중에는 '세상에서 가장 높은 곳인 티베트에 가기'처럼 독특한 바람도 있었고, '혼자서 Mayday(伍月天, 대만의 록밴드)의 콘서트 가기' 같은 사소한 것도 있었다. '어디로든 혼자 여행을 떠나보기' 같은 가슴 벅찬 꿈도 있었고, '영화를 찍어 세상에 뭔가를 남길 거야.' 같은 실제적인 결심도 있었다. '처음 본 여자와 그대로 사귀어 보기' 같은 다소 낭만적인 꿈도 있었다.

구체적인 목표를 쓰고 나니, 내 앞으로 커다란 문이 열리면서 그 너머의 풍경이 하나하나 눈에 들어오기 시작했다.

당시 나는 베이징에서 자리 잡기 위해 몇 년째 고군분투한 끝에 얼마간의 돈도 모았고, 약간의 대출을 받아 집도 장만한 상태였다. 이제부터는 천천히 대출금을 갚아나갈 일만 남아 있었다. 그러나 곧 '이런 게 삶이고 숙명인가' 하는 생각이 들면서 씁쓸해지기만 했다.

나는 일단 시안(西安, 중국 샨시성(陝西省)의 성도)으로 가는 비행기표를 한 장 예약했다. 그리고는 아무런 준비 없이 시안에서 청두(成都, 쓰촨성(四川省)의 성도)로, 청두에서 펑황(鳳凰, 후난성(湖南省) 소재)으로, 다시 티베트로 갔다. 귀에는 이어폰을 꽂고 가방에는 책 한 권만 넣은 채 가뿐히 출발한 여행이었다.

나는 누구에게랄 것 없이 미리 써놓은 러브레터를 어느 날 처음 본 어떤 여자에게 건넸다. 그녀는 어처구니가 없다는 듯한 얼굴로 나를 피해 다녔지만 곧 나와의 교제를 수락해주었다.

나는 잔고를 털어 촬영설비를 구입하고, 체계적으로 촬영기술을 배우기 시작했다. 그리고 마침내 처음으로 나 자신을 위한 영화를 찍었다.

마침 그해에는 베이징의 냐오차오(鳥巢, 2008년 베이징 올림픽 주경기장)에서 Mayday의 콘서트가 열렸다. 나는 콘서트장에서 혼자 눈시울을 적시며 〈고집(倔强)〉과 〈절인 생선(咸鱼)〉을 따라 불렀다. 그런 내가 실연이라도 당한 사람처럼 보였는지, 옆에 있던 관객은 나에게 힘내라면서 티슈를 한 장 건넸다.

나는 "고마워요."라고 답했다.

그 사람은 알지 못했을 것이다. 그날은 내가 종이에 적은 열 가지 목표를 모두 이룬 순간이었다는 것을.

결과적으로 2012년에 세계 종말의 날은 오지 않았다.

나중에는 그녀와도 헤어졌지만 나는 분명 전보다 성숙해졌다.

더 나중에는 나만의 독자적인 영화작업실을 갖출 수 있게 되었고, 영화 작업이 내 인생의 본업이 되었다.

지금까지도 나는 하루를 이틀처럼 살고 있다. 나에게는 시간이 너무 아깝고 짧게만 느껴지기 때문이다. 나는 찬란한 생명을, 한 번뿐인 젊음을 너무도 사랑했다.

하루는 친구도 나에게 이렇게 물은 적 있다.

"내일이 세상의 마지막 날이라면, 네 인생에서 못다 해서 후회될 것 같은 일이 뭐야?"

나는 웃으며 대답했다.

"내일이 정말 세상의 마지막 날이라면, 난 조용히 눈을 감고 마지막을 기다릴 거야."

절친인 E의 아버지가 돌아가시던 해에는 나도 곁에서 임종을 함께 지켰다. E의 아버지는 평온한 얼굴로 한 마디만 남기고 그대로 세상을 떠나셨다.

"너와 네 어미를 끝까지 돌보지 못하고 가게 되었구나."

E의 아버지는 대기업의 고위 임원이었다. 당연히 수입도 많았고, 집에는 고급 담배와 술도 많았다. 그러나 거의 매일 늦게까지 야근이 이어졌고, 귀가한 뒤에도 술기운 없이 잠드는 날이 거의 없었다. E의 어머니는 이런 현실이 너무나 마음 아팠지만 달리 어찌할 방법이 없었다. 그러던 어느 날, E의 어머니는 E의 아버지에게 꼭 이렇게 살아야만 하느냐고 물었다.

E의 아버지는 "어쩔 수 없잖아. 오늘도 위에서 내려오는 사람들을 접대해야 해."라고만 대답했다.

E가 아버지를 모시고 병원에 갔을 때에는 이미 암 말기였다. 그 전까지는 너무 바빠서 건강검진을 받을 시간도 내지 못했다. E의 아버지는 방사선 치료를 받으면서 머리카락도 거의 다 빠져버렸다. 병원생활에 지쳐가던 E의 아버지는 E에게 바깥세상을 구경하고 싶다고 말했다.

E는 아버지를 모시고 아버지가 평소 가보고 싶다고 했던 시솽반나(西双版納, 윈난성(雲南省) 소재의 명승지)와 만저우리(滿洲里, 내몽골 자치구에 속해 있는 중국과 러시아 국경도시)에 갔다. 하얼빈(哈爾濱, 헤이룽장성(黑龍江省) 소재)에 가서 얼음조각도 구경했다.

E의 아버지는 환한 미소를 지으며 "이런 데 진작 와보고 싶었는데, 그동안 일이 바빠 못 왔구나."라고 말했다.

그리고 이렇게도 덧붙였다.

"내가 살 날이 많이 남아 있지 않다는 걸 진작에 알았다면, 연봉이나 직위 같은 것에 그렇게까지 매달리지 않았을 텐데.

그런 건 삶 자체에 비하면 아무것도 아닌데…."

E의 아버지는 마치 남 이야기 하듯 이야기하다가 허탈한 웃음을 지어 보였다.

여기까지 이야기하던 E는 통곡이라도 할 듯 눈물을 쏟기 시작했다.

E는 아버지가 세상을 떠나기 전 마지막 1년 동안 회사에 장기 휴가를 낸 뒤 아버지를 모시고 여기저기 여행을 다녔다. E의 아버지는 세상을 떠나기 전, 눈물짓는 가족들을 뒤로 하고 너무나 평온한 얼굴로 천천히 눈을 감았다. 나는 그분이 천국으로 가셨으리라고 믿는다.

그로부터 몇 달 후 나는 E와 함께 《노인 요양원(飛越老人院·Full Circle, 중국 2012년)》이라는 영화를 보러 갔다. 영화에도 나오지만, 많은 노인들이 자녀에 의해 요양원으로 보내진다고 한다. 자녀들은 혹시 무슨 사고라도 날까 봐 노인들이 다른 어디로도 가지 못하게 한다. 그러나 노인들은 여전히 하고 싶은 것이 많고, 무엇보다 자신들에게 남은 시간이 많지 않다는 사실을 잘 알고 있다. 그래서 그들은 갖가지 방법으로 요양원을 빠져나가 세상을 구경하며 재미있게 돌아다닌다. 나중에 이 사실을 알게 된 자녀들이 왜 이렇게 걱정을 시키느냐며 화를 내지만, 노인들은 말한다.

"우리에겐 살 날이 많이 남아 있지 않아. 남은 시간만이라도 제대로 살아보고 싶어서 그래."

영화의 마지막 장면은 E와 나에게도 오랫동안 깊은 여운을 남겼다.

나는 E에게 말했다. "저렇게 오래 사신 분들도 미지의 삶과 꿈을 찾고 싶어 하는데, 우리처럼 젊은 사람이라면 지금 당장이라도 행동을 개시해야 하지 않겠어? 난 바로 내일 북극 가서 오로라도 보고, 진탕 취해서 뻗어도 보고, 높은 산에도 올라가 보고, 전세계를 자유롭게 누빌 거야!"

당시 E는 나인 투 식스의 안정적인 생활을 하는 공무원이었다. 마침 E의 휴대폰으로 상사에게 문자메시지가 왔다. 내일은 평소보다 일찍 출근해야 하며 야근도 해야 한다는 내용이었다.

문자메시지를 확인한 E는 그대로 휴대폰을 꺼버렸다. 그리고는 나에게 이렇게 말했다.

"네가 북극으로 간다는 그 여행, 나도 데려가 줘. 나도 같이 가고 싶어!"

그렇게 해서 북극 대신 떠난 기차여행길에서 우리는 샤오두안(小段)이라는 아가씨와 만나게 되었다.

그녀는 어릴 때부터 풍족한 환경에서 자라 의식주 걱정은 해본 적이 없다고 했다. 그런데 대학교 3학년 때 갑자기 어떤 젊은 교수를 좋아하게 되었다. 그녀는 나중 일 같은 것은 안중에도 없이, 미친 듯이 자신의 감정만을 쫓으며 달려갔다. 셀 수 없이 많은 러브레터를 쓰기도 했다. 그러나 교수는 그런 그녀를 보고 웃으며 이렇게 말했다고 한다.

"어린 친구, 아직 사랑이 뭔지 잘 모르는군!"

젊은 교수의 말에 자존심이 상한 그녀는 다시는 그 교수의 강의를 듣지 않았다. 그리고는 자신보다 열 살이나 많은 남자와 새로 사귀기 시작했다.

그러나 나이 많은 남자와 나이 어린 여자의 만남이 흔히 그렇듯 평등한 영혼의 교류라 할 만한 것은 일찌감치 사라지고, 두 사람 사이에는 어느새 육체적 욕망만 남아 있었다. 나중에 그 나이 많은 남자에게서마저 차였을 때 그녀는 세상이 무너지는 듯한 고통을 느꼈다.

그녀가 절망감에 빠져 동맥을 긋는 자살을 시도했을 때 마침 그녀의 절친이 그녀를 발견했다. 친구는 그녀의 심리상태가 위태로운 것을 느끼고, 그날 밤 그녀와 함께 있으면서 많은 이야기를 나누었다고 한다.

친구가 그녀에게 물었다.

"만약에 말야… 내일이 네가 이 지구상에 존재하는 마지막 날이라면, 네가 그동안 해보지 못해서 아쉬운 일이 무엇일 것 같아?"

그 순간 그녀는 마치 따귀를 얻어맞은 듯이 정신이 얼얼해졌다.

'그렇다. 세상에는 남자 말고도 가치 있고 아름다운 것들이 많다. 그런데 왜 나는 한사코 좁은 세계에만 갇혀 살려고 했을까?'

그녀는 그 길로 배낭을 꾸리고 자기 자신을 찾기 위한 여행을 떠났다. 그리고 그 길 위에서 E와 나를 포함한 많은 친구들을 만나게 된 것이었다.

그녀는 다시 학교로 돌아가면 정말 열심히 공부에만 전념할 것이며, 졸업 후에도 대학원에 진학해서 전공 공부를 계속할 계획이라고 말했다.

그때 우리가 타고 있던 기차는 터널로 진입하면서 심하게 덜컹거렸다. 그 소리가 마치 청춘 시절의 아름다운 이야기를 간직한 사람의 심장박동처럼 들렸다.

만약 내일이 당신 인생의 마지막 날이라면, 아직 해보지 못해서 후회할 것 같은 일은 무엇인가?

지금이 곧 영원이며, 이 순간이 모든 것이다.

삶의 숨통을 갑갑하게 죄어오는 것들을 과감히 떨쳐내고 싶다면, 설령 미친 놈처럼 보이는 한이 있더라도 자신이 원하는 것을 향해 어떻게든 발을 내밀어야만 한다. 지금 당신은 아직 살아 있고, 충분히 젊으며, 자유로운 영혼을 간직하고 있지 않은가?

1-03

불안하면
지금 시작하라

CET(Colleage English Test, 중국 대학생들이 졸업하기 위해 반드시 치러야 하는 대학생영어시험 - 옮긴이)를 한 달 앞둔 시점이 되면, 많은 학생들이 "선생님, 지금 준비하기 시작하면 너무 늦는 걸까요?"라고 묻기 시작한다.

어디 그뿐인가? 대학원 시험이 한 달 뒤라는 사람, 다음번 토플(TOEFL)까지는 보름밖에 안 남았다는 사람, GRE(Graduate Record Examination, 미국의 대학원 입학 자격시험)는 벌써 다음 주인 데다, 불과 60일 뒤면 기말고사라는 사람!

세상에! 지금 준비하면 너무 늦는 것 아닐까?

우리가 불안하고 초조해지는 이유는 목표와 현실 사이의 격차 혹은 남들과의 격차가 너무 커 보여서, 뭘 어떻게 해야 할지 알 수 없기 때문이다.

그런데 그런 초조함은 남들도 마찬가지다.

지금 불안하거나 초조해하지 않는 사람은 자신을 불안하고 초조하게 만드는 그 일을 당장 하고 있는 것뿐이다. 불안감을 없애는 방법은 하나뿐이다. 당신을 불안하게 만드는 그 일을 지금 당장 하는 것.

이 글에서는 두 가지 이야기를 하려고 한다.

몇 년 전, 대학원 준비반 강의를 하는데 서른이 조금 넘은 여성이 들어온 적 있다. 처음에는 우리 학원에 다니는 어린 수강생의 학부모인 줄 알았다. 그런데 알고 보니 본인이 대학원 준비반 수강생이었다.

그녀는 원래 행복한 가정을 꾸리고 있던 전업주부였다. 그런데 남편의 외도를 알게 된 후 자신의 세계가 전부 무너지는 것을 경험했다고 한다.

"이젠 대학원에 들어가 공부도 하고 경제적 자립도 하려고요. 제 삶을 바꾸고 싶어요."

나는 그녀의 포부에 귀가 쫑긋 세워졌다.

"그런데 공부를 안 한 지 오래 돼서 잘 되려나 모르겠어요. 영어도 사실상 중학생 수준에 가까운데, 지금 준비하면 너무 늦는 걸까요?"

대학원 시험까지 불과 두 달 남은 시점이었다.

'그렇다면…, 아무래도 안 되겠지.'라고 나는 생각했다.

당시 CET 시험을 불과 두 달 앞두고 준비를 시작한 몇몇 수강생들이 있었다. 결과적으로 이들의 최종 점수는 그리 높지 않았다. 그 이유는 준비 과정에서 끊임없이 자신을 의심하며 마음이 흔들렸기 때문이다. 도서관에 이틀 내내 앉아 있으면서도 어휘책 몇 페이지를 넘겨본 것이 전부인 경우도 허다했다.

그들은 사실상 불안감과 초조함에 무너진 것이었다.

나는 일단 그녀에게 이렇게 말했다.

"힘내세요. 결과엔 너무 신경 쓰지 말고 일단 하는 데까지 노력해 보세요."

나중에 알고 보니, 그녀는 가진 재산을 모두 털어 영어와 정치학 그리고 자신이 지망하는 전공 과목의 1:1 수업을 신청해 둔 상태였다. 내가 지도하는 영어 1:1 강의실에 그녀가 나타났을 때 나는 너무 놀랐다.

"왜 이렇게 비싼 강의를 신청하셨어요?"

"남은 시간이 많지 않으니까 사력을 다해 준비해 보려고요."

당시 나에게 매일의 강의는 정해진 일과에 가까워서 아무런 자극도 긴장도 없었다. 그러나 그녀와의 1:1 강의만큼은 나를 긴장케 했다. 그녀는 항상 10분 전에 와서, 나를 기다리는 동안 어휘책을 펴고 단어를 외우고 있었다. 자투리 시간 하나 허술하게 보내는 법이 없었다. 그런 상태로 1:1 강의가 시작되면, 시작부터 끝까지 단 한 순간도 집중도가 흐트러지는 법이 없었다. 그녀는 아침 일찍 도서관에 자리를 잡고 앉아 저녁 늦게까지 오로지 공부에만 전념했다. 내가 퇴근할 때면 그녀는 한사코 자신의 차로 나를 데려다 주겠다며, 공부하다가 궁금했던 것들을 모조리 물어보았다.

하루는 그녀의 이마에 부항 자국이 크게 찍힌 것을 보고 놀라 자빠질 뻔한 적이 있다.

"대체 이게 뭐예요?"

내가 걱정스럽게 묻자, 그녀는 멋쩍은 웃음을 지으며 대답했다.

"한의사 말이, 이렇게 하면 기억력이 좋아진다고 해서요."

그녀는 머리도 잘 감지 않고 옷도 자주 갈아입지 않았다. 그런 상태로 나와 마주칠 때마다 그녀는 "앗, 꼭 실연이라도 당한 사람 같죠?"라고 말하며 미안해했다.

나는 별일 아니라는 듯 고개를 저으며 말했다.

"자, 그럼 이제 수업 시작합시다."

그녀는 시험이 코앞으로 다가왔을 때 나에게 전화해서는 시험을 잘 볼 수 있도록 사당에 가서 절도 했다고 말했다.

그녀는 결국 그해에 중앙음악학원(中央音樂學院)에 합격, 그 학기의 최고령 대학원생이 되었다. 지금 그녀는 그 학교에서 교수가 되어 높은 연봉도 받으며 자신이 원했던 삶을 살아가고 있다.

그녀는 자신의 강의에서도 내가 자주 했던 말을 한다고 한다.

"불안감을 없애는 가장 좋은 방법은 여러분을 불안하게 만드는 그 일을 당장 시작하는 것입니다."

이 일을 통해 나도 깨닫게 되었다. 첫발을 내딛기에 너무 늦은 시기란 없다는 것을.

그러나 세상은 때로 불공평하게만 보이고, 당신의 노력도 원했던 보상으로 돌아오지 않을 때가 많다.

그렇다면 이제부터는 '긍정적 마인드'에 대해 이야기해보자.

입이 하도 험해서 '광인(狂人)'이라는 별명을 가지고 있던 내 친구 앨런(Allen)도 재작년에 대학원 시험을 불과 석 달 앞두고 시험 준비를 시작한 적이 있다. 그는 어느 날 나에게 전화를 걸어서 자신은 백방으로 노력했지만 취직에 실패했다며, 이제라도 대학원 시험에 도전해볼까 생각중이라고 말했다.

나의 첫 반응은 '너무 늦은 것 아닐까'하는 것이었다.

그러나 그는 "열심히 노력하면 원했던 결과를 얻지 못하더라도 최소한 후회는 하지 않을 것"이라며 결의를 접지 않았다.

그후 석 달 동안 그는 매일 자습실에서 8~9시간을 앉아 공부했다. 그러나 석 달밖에 남지 않은 준비 기간을 고려했을 때 그것도 실은 짧은 시간이었다. 결국 그는 단 10점 차이로 낙방했다.

살다 보면 세상은 정말 불공평하다는 느낌이 들 때가 있다. 출발이 늦으면 아무리 열심히 해도 방법이 없는 걸까?

대학원 시험에 낙방했던 그날, 나는 분명 앨런이 커다란 실망 아니 극심한 절망에 빠져 있을 거라고 짐작했다.

그러나 진실로 내면이 강한 사람들은 원망이나 비난, 심지어 절망 따위에 한줌의 시간도 내어주지 않는다. 그들은 패배하자마자 다시 무기를 닦고 전열을 다듬어 다음 전투를 준비한다.

앨런은 짧은 휴식기를 가진 후 베이징에 단칸방을 새로 얻고, 1년을 두고 다시 공부하기로 했다. 1년 내내 밤낮 없이 공부에만 열중한 결과, 그해에 바로 베이징 소재의 외교학원(外交學院·China Foreign Affairs University)에 수석으로 합격할 수 있었다.

나는 그에게 물었다.

"이렇게 1년은 걸려야 합격할 줄 알았다면, 작년에 석 달 공부한 거 좀 아깝지 않니?"

"아니. 작년에 석 달 공부한 걸로는 합격하지 못했지만, 그때 바로 시작하지 않았던 것보다는 나아. 난 그 석 달 동안의 공부 경험이 없었다면, 올해에도 시작 못했을 것 같거든. 또, 작년에 석 달 동안 공부하면서 확실히 알게 됐어. 일단 시작하기만 하면 너무 늦은 때란 없다는 것을."

사실 이렇게 본다면, 세상은 꽤나 공평하기도 하다.

많은 사람들이 멋지고 그럴듯한 모습으로 첫발을 내딛는 데만 집착하는 나머지, 어영부영 시간을 지체하다 영원히 첫발조차 내딛지 못하고 만다.

지금 당신이 무언가를 망설이고 있다면, 너무나 초조하고 혼란스러워서 뭘 어떻게 해야 할지 모르겠다면, 나는 꼭 말해주고 싶다. 지금 당신 혼자만 힘든 게 아니라고, 남들도 다 마찬가지라고 말이다.

크게 힘 들이지 않고 무언가를 얻은 것처럼 보이는 이들도 그 전에 수없는 낙방과 실패를 겪은 뒤 다시 도전한 경우가 많다. 하루 종일 얼굴에서 미소가 떠나지 않는 사람도 한때는 눈물로 지새운 외로운 밤이 있었고, 지금 우뚝 서 있는 사람도 과거에는 수없이 넘어진 적이 있었다.

지금 성공한 사람들은 자신이 해야 하는 혹은 하고 싶은 것을 나중의 언젠가로 미루지 않고 그때 바로 시작해버린 사람들이다. 지금 자신이 첫발을 내디던 그 길 위에 있는 사람들은 불안해하거나 초조해하고 있을 시간이 없다. 그들은 자신을 불안하고 초조하게 만들었던 그 일을 이미 하고 있기 때문이다.

일단 첫발을 내디뎌 보면 알게 된다. 무언가를 시작하기에 너무 늦은 때란 없다는 것을.

그들도 바로 그런 믿음으로 지금 자신만의 길 위에 서게 된 것이다.

그렇다면 당신은?

1-04

무익한 사교에
집착하지 마라

    홀로 베이징에서 살기 시작한 첫 해에, 아버지는 나에게 "친구 많이 사귀거라."라고 당부하셨다.

    그 당부대로 나는 대학에 입학하자마자 활발히 사교활동에 매진했다. 세 개 정도의 모임·동아리에 가입해서 모든 활동에 빠짐없이 참여했고, 만나는 사람마다 기쁜 마음으로 전화번호를 교환했다. 언젠가는 이 많은 사람들의 연락처가 내 인생에서 값진 재산이 되리라 믿어 의심치 않으며.

    나는 그렇게 모두에게 열과 성을 다했다고 생각했지만, 그들에게 나는 언제나 뒷전이었다. 그들은 뭔가 자질구레한 일을 시키고 싶을 때만 나를 불렀다. 나는 거의 모든 장소, 모든 활동에 빠짐없이 존재했지만, 내가 그 자리에서 중심이었던 적은 단 한 번도 없었다. 누구도 나와는 진지하게 사귀고 싶어 하지 않는 것 같기도 했다.

    그럼에도 모든 활동이 끝나면 뒤처리는 또 언제나 내 몫이었다.

아직 학생이었던 당시, 나는 행정실의 한 교직원과도 친해진 적이 있다. 나는 저녁 늦은 시간에도 종종 그가 일하는 행정실로 가서 이야기를 나누곤 했다. 그가 당직을 할 때면 행정실에 혼자 있을 때가 많으므로 언제든 놀러 와도 좋다고 말한 적이 있기 때문이다.

나는 꽤 오랜 시간을 머물며 그와 이런저런 이야기를 나누었지만, 대부분은 하나마나한 뻔한 이야기뿐이었다. 그렇게 몇십 분이 흘렀을 때 그는 자신이 사관 생도들을 선별해 중국 공산당에 입당시키는 작업을 담당하고 있다는 이야기도 했다.(중국에서는 엘리트 중의 엘리트에게만 당원 가입 자격을 주기 때문에 이것이 선망의 대상이다 - 옮긴이) 나는 그의 모든 이야기를 최대한 진지하게 다 들었다. 자리를 떠나기 전에는 그와 전화번호도 교환했고, 선물로 준비해간 과일 바구니도 놓고 왔다.

그러던 어느 날, 나는 입당 신청서를 써야 할 일이 생겼다. 인터넷으로도 신청서 양식을 다운로드 받을 수 있는지 궁금해서 그에게 문자메시지를 보냈는데, 그날 그에게서 돌아온 대답은 너무나 차갑기만 했다.

"미안. 지금 너무 바빠서."

그후로도 이런 식의 거절은 셀 수 없이 많았다. '서로 연락처와 SNS 계정 등을 교환했다면, 언제든 도움을 주고받을 수 있다는 뜻 아닌가?'라고 생각했지만, 당시 나는 한 가지 중요한 사실을 간과하고 있었다. <u>바로, 서로의 관계가 평등할 때에만 도움도 주고받을 수 있다는 것이었다.</u>

이 이야기는 아직 끝이 아니다.

그로부터 몇 년 후, 나도 이제는 학생 신분이 아닌 영어강사가 되어 있을 때였다. 꽤 늦은 밤에 전화 한 통이 걸려왔다. 몇 년 전의 그 교직원이었다.

그는 알맹이 없는 말을 몇 마디 늘어놓다가 드디어 본론을 꺼냈다. 자녀에게 영어 과외를 시키고 싶다며, 실력 있는 영어 강사가 있으면 소개 좀 해달라는 것이었다.

당시 내 생활은 장시간 강의로 피로에 절어 귀가한 뒤 그대로 침대에 쓰러져버리는 날들의 반복이었다. 그런 혼몽한 상태에서 전화기 너머의 말을 듣고 있자니 말문이 막힐 만큼 어이가 없었다.

당연히 그에게 나는 어떤 도움도 주지 않았다.

그러나 그후에도 종종 '그때 왜 나는 그에게 도움을 주지 않았을까', '그 전에, 그는 왜 나에게 도움을 주지 않았던 걸까' 생각해보았다.

나의 소심한 복수였을까? 결코 그렇지 않다.

답은 의외로 간단하다. 도움을 주고받기 위한 전제 조건은 서로를 얼마나 존중하느냐가 아니라, 내가 상대에게 등가의 보답을 할 능력이 있는가이기 때문이다. 몇 년 전의 나는 학생이었기 때문에 그에게 등가의 보답을 할 능력이 없었다. 몇 년 후의 나는 사관학교를 나와 입당할 필요가 없어졌기 때문에 그가 나에게 등가의 보답을 할 능력이 없었다.

게다가 우리 사이에는 서로를 존중하는 감정도 기본적으로 '제로'였다.

냉정하게 들릴지도 모르지만, 이것이 엄연한 현실이다.

우리들은 대체로 이런저런 사교활동에 목을 매고 살아간다. 그러나 대부분의 사교활동은 사실상 아무짝에도 쓸모가 없다. 겉으로는 친절하게 연락처를 교환하지만, 정말로 도움이 필요해서 연락할 때는 절대로 연락이 되지 않는다. 아직은 서로가 아무것도 되어 있지 않은 상태이기 때문이다.

 잔인하게 들릴지도 모르지만 그게 현실이다. 생각해 보라. 뭔가 중요한 도움을 줄 수 있는 위치에 있는 사람이, 아직 아무것도 되어 있지 않은 사람의 일에 열과 성을 다해 자신의 시간과 노력을 쏟으려고 하겠는가?

 예전에 한 친구도, 자신은 참여하는 모임도 많고 친구도 많은데 왜 이렇게 외로운지 모르겠다고 한탄한 적 있다. 심지어 그들 중 누구로부터도 의미 있는 도움 같은 건 받아본 적이 없다고 했다.

 나는 그녀에게 물었다.
 "그 모임에서는 다들 널 뭐라고 소개하니?"
 "친한 친구 샤오바이(小白)야, 이렇게들 소개하지."
 "그럼 넌 그 사람들을 남들에게 뭐라고 소개하는데?"
 "음…, 프리랜서 작가, 앵커, 영화감독, 교수…."
 "봐, 그렇잖아. 지금 네 위치가 어중간하니까 네가 그 안에서도 별 소용이 없는 거야. 네가 그 사람들과 등가의 교환을 할 만한 어떤 존재가 돼 있어야 그 사람들과 도움을 주고받을 수 있게 될 거야.

 그러니 아직 무엇도 되지 못한 상태에서는 너무 많은 시간을 사교에만 쏟아붓기보다 차라리 책을 읽거나 공부를 하거나 아니면 다른 직업적 능력을 키우는 게 나아. 그렇지 않은 상태에서는 어떤 모임에 가도 서로 딱히 할 말도 없고, 네가 할 수 있는 것도 별로 없을 테니까. 그런 모임은, 엄밀히 말하면 네가 진정으로 그 안에 속해 있다고도 할 수 없지."

 사교란, 자신이 뭔가 제대로 된 능력이나 지위를 갖춘 뒤라야 비로소 쓸모 있어지는 것이다.

몇 달 뒤 샤오바이는 방송 리뷰·칼럼을 쓰는 새로운 동호회에 들어갔고, 그 곳에서는 본인의 능력을 마음껏 발휘하며 환대를 받았다. 그후로 지금까지도 그녀는 이런저런 사교활동에 열심히 매진하고 있다. 요즘은 사람들이 매일 자신이 쓴 글을 읽어봐 달라며 원고를 보내오고 있는데, 그중에는 한때 자신을 진지하게 상대하지 않았던 예전 사교모임의 멤버도 있다고 했다.

현재는 베스트셀러 작가가 된 한 지인도 한때 나에게 이런 이야기를 해준 적 있다. 지금처럼 이름이 알려지기 전에는 아무리 여러 언론사에 원고를 투고해도 매번 감감무소식이었다고 한다.

그런데 일년 후 그의 책이 베스트셀러가 되자, 자신을 퇴짜 놓았던 그 언론사의 발행인이 직접 자신의 집까지 찾아와서 원고를 청탁했다고 한다. 지금까지도 이 두 사람의 관계는 매우 좋다. 한 사람은 책을 팔아야 하고, 다른 한 사람은 질 높은 원고를 확보해야 하기 때문이다. 누군가가 이 지인에게 저 언론사와는 관계가 참 좋은 것 같다고 하자, 지인은 그에게 이렇게 말했다고 한다.

"등가의 교환이 가능할 때 등가의 우정도 성립하는 법이지."

이런 세상이 너무 잔인하다고만 여기지 말기를 바란다. 그냥, 일종의 게임의 규칙이라고 생각하라. 세상은 너무 차갑기만 하다고 단정 짓지도 마라.

참, 아직 이 이야기는 끝이 아니다.

내가 베이징에서 자리 잡기 위해 빈손으로 고군분투하던

첫 해, 나에게는 매주 맛있는 것을 싸들고 찾아와주던 샤오둥(小東) 같은 친구도 있었다.

샤오둥은 나에게 "네가 어떤 사람이든 넌 나에게 형제 같은 친구야."라고 말했다.

나중에 내가 조금 이름이 알려졌을 때에도 샤오둥은 여전히 나를 무슨무슨 이름을 가진 사람이 아니라 전처럼 '형제 같은 친구'로만 여겼다.

진짜 친구는 바로 이런 사람이다. 이런 친구에게는 이제껏 위에서 말한 '세상의 규칙'이 적용되지 않는다. 이런 친구는 당신이 가난하든 우울하든, 즉 당신이 어떤 상태에 있든 기꺼이 당신을 도우려 한다. 함께 겪어온 일, 같이 지나온 시간이 있기 때문에 함부로 멀어지지 않는다. 이런 관계에서 서로 도움을 주고받는 것도 등가의 교환이다. 이런 교환에 요구되는 전제 조건은 감정의 평등뿐이다.

이런 친구는 대단히 많을 필요도 없다. 허세와 속물로 가득 찬 이 세상에서, 한 손에 꼽을 정도의 몇 명이면 충분하다.

그러므로 무익하기 그지없는 사교활동에 매달리고 있다면 차라리 집어치우는 것이 낫다. 그보다는 자신의 능력과 가치를 높이는 데 매진하기를 바란다. 그래야 세상을 바꿀 수도 있다. 동시에 이 세상에는 아름다운 우정도 존재한다는 것을 믿고, 그 우정을 서로의 내면 깊은 곳에 간직하며, 흔들리지 않게 지킬 수도 있어야 한다.

1-05

언제든 조직에서
벗어날 수 있는 능력을 보유하라

몇 년 전 나는 방송국 입사를 꿈꾸며 평범한 4년제 대학에 다니던 한 여학생을 알게 되었다.

평범한 대학이든 아니든, 중국에서는 언론정보학과 전공자들조차 4년 내내 힘들게 공부하고 관련 경력과 인맥을 쌓아도 방송국에 입사하기가 하늘의 별따기만큼 어렵다.

다행히 그녀는 부모님이 베이징에 약간의 인맥이 있어서 인턴 자리 하나는 알아봐 줄 수 있었다. 인턴이기는 했지만, 방송국이라는 울타리 안으로 한발 내디딜 수 있는 좋은 기회였다. 그녀는 찻잔 설거지나 사무실 청소 같은 잡다한 일도 마다하지 않았고, 동료들과도 원만히 지내기 위해 노력했다. 모두들 그런 그녀를 마음에 들어 했고, 그녀는 곧 정규직으로 채용될 수 있었다.

그러나 입사의 행복도 잠시. 안정적으로만 보였던 일상은 곧 지루한 패턴의 반복이었다. 매일 아침 7시면 교통카드를 찍고 붐비는 지하철에 몸을 실어야 했고, 회사에 도착하면 끝없는 회의가 이어졌다. 상사의 무표정한 얼굴에서 나오는 지루한 말을 듣고 있자면, 자기도 모르게 하품을 할 것 같아 수시로 다리를 꼬집어야 했다. 사무실로 돌아와서는 멍 하니 컴퓨터 모니터만 바라보다가 이따금 온라인 쇼핑몰에 들어가기도 했고, 다른 자리에 앉은 동료들을 둘러보기도 했다.

취재나 리포터 일로 TV 앞에 얼굴을 비추는 시간은 일주일에 얼마 되지 않았다. 자신이 꿈꾸었던 일을 할 때면 그래도 피곤하지는 않았지만, 나머지의 지루한 시간들은 점점 더 견디기 어려워졌다.

<u>그녀도 처음 입사할 때는 이렇지 않았다. 그러나 시간이 흐르면서 자신도 모르게 타성에 젖어가는 것을 느낄 수 있었다.</u> 그녀는 언제부턴가 재빠르고 활기차게 무언가를 도모하려고 하지도 않았다. 어느 순간부터는 취재나 인터뷰를 나가야 할 때도 다른 동료들처럼 투덜거리기 시작하는 자신을 발견하였다. 이제는 카메라 앞에 서는 일조차 전처럼 신나고 재미있지 않았다.

어느 날 그녀는 나와 함께 이런저런 이야기를 하다가, 입사한 지 2년이 됐는데도 자신이 발전하기는커녕 점점 퇴보하는 느낌마저 든다고 말했다.

"왜?"

내가 묻자, 그녀는 한숨을 푹 쉬며 대답했다.

"너무 지겨워서."

"그래도 뭔가 나아진 부분도 있을 거 아냐?"

"있지…. 인간관계 다루는 능력이랄까."

"그럼 발전한 거네! 어딜 가도 인간관계에서 벗어날 순 없잖아. 우리 같은 창작 업계나 프리랜서 쪽이라면 모를까."

"실은 내가 제일 싫어하는 게 바로 그 부분이야. 상사가 아무리 재미없는 농담을 해도 다 같이 바보처럼 웃어야 하는 거. 옆에 있는 남자 동료 표정을 봤는데, 그 친구도 진짜 재미 하나도 없는데 억지로 웃는 게 느껴질 정도였다니까."

"너도 같이 웃었을 거 아냐?"

그러자 그녀는 고개를 푹 숙이며 말했다.

"그래서 미치겠다는 거야. 매일 이상한 가면을 쓰고서, 이게 다 뭐하는 건지 모르겠어."

<u>지금 나는 당장 당신이 속한 조직에서 벗어나라는 말을 하려는 것이 결코 아니다. 지금 아무리 안정된 조직에 속해 있다 하더라도 그 안에서 매일 진보하기 위한 노력을 게을리해서는 안 된다는 이야기를 하려는 것이다. 당장 안정을 누리고 있다고 해서 쉽사리 타성에 젖어서는 안 된다.</u> 오히려 더욱 의식적으로, 앞으로 나아가기 위한 노력을 멈추지 말아야 한다. <u>많은 경우, 안정된 삶이란 따뜻한 물 속에서 천천히 죽어가는 개구리 같은 상태를 의미할 뿐이다. 매일 조금씩 앞으로 나아가는, 지금보다 나아지려고 노력하는 삶이야말로 차라리 진짜 안정이다.</u> 상사의 약속을 믿지 마라. 조직의 보장도 믿지 마라. 자기 삶의 열쇠는 어디까지나 자기 자신이 쥐고 있는 것이다. 당신 스스로 지금보다 나아지고자 하는 욕구와 의지가 없다면, 어느 누구도 다른 무엇도 당신에게 아름다운 미래를 가져다 주지 않는다.

그날 이후 그녀는 삶의 태도를 크게 바꾸기로 했다. 회사에서는 여전히 동료들의 잡담에 영혼 없는 맞장구를 치고, 상사에게도 정기적으로 마음에 없는 안부 문자를 보내고 있었지

만, 퇴근 이후의 시간만은 전과 다르게 보내기로 마음먹었다.

그녀는 위챗(WeChat·微信, 한국의 카카오톡과 비슷한 모바일 메신저 서비스) 계정을 개설하고, 저녁마다 좋은 글귀를 공유하는 방식으로 독서 SNS 활동을 시작했다.

정식으로 아나운서 자격시험에도 도전해보기로 했다. 퇴근 후에는 회사 근처에 있는 학교의 자습실에서 학생들과 함께 공부도 하고 복습도 했다. 자습실에서 집으로 돌아온 뒤에도 매일 30분 이상 꼭 책을 읽었다.

현재 그녀의 위챗 계정 팔로워 수는 1만 명을 넘어섰다. 그녀는 팔로워가 백만이 넘는 날까지 독서 계정을 계속 운영할 생각이라고 말했다. 올해 10월에는 드디어 아나운서 시험을 보는데, 열심히 준비한 만큼 순조롭게 합격할 것 같다고 말했다.

그날 나는 그녀의 모멘트(Moment·朋友圈, 텐센트(Tencent·騰訊)의 모바일 메신저 위챗에서 제공하는 소셜네트워크 서비스로 한국의 카카오스토리와 비슷하다. - 옮긴이)에서 영화 《쇼생크 탈출(The Shawshank Redemption, 미국 1994년)》에 나오는 한 구절을 보게 되었다.

"Some birds are not meant to be caged, their feathers are just too bright.(새장 안에 갇혀서는 살 수 없는 새들이 있다. 그러기에는 그 깃털이 너무나 찬란하다.)"

조직 안에 있기로 하든, 밖으로 나오기로 하든, 매일 노력하고 있는 사람과 그렇지 않은 사람 간에는 큰 차이가 생긴다.

그녀가 새로운 삶의 태도를 견지하는 사이 동료들은 하나둘 직장을 떠났다. 그러나 그녀는 매일 갈고닦아온 실력으로 생각보다 빠르게 승진할 수 있었다. 하루는 그녀가 나에게 이런 말을 한 적이 있다.

"동료들을 보니, 퇴사 전에 못했던 일은 퇴사 후에도 못하더라고."

그들은 모두 나인 투 식스의 단조로운 생활을 반복하면서 "일이 너무 힘들다, 그런데 회사에서는 아무것도 보장해주지 않는다."고 투덜거리다가, "얼른 밖으로 나가 넓은 세상이나 구경하고 싶다!"며 한숨을 내쉴 뿐이었다고 한다. 무언가가 조금이라도 바뀐 것은 그녀의 삶뿐이었고, 다른 모든 주변 사람들은 예전 그대로였다.

삶은 어디까지나 자신이 살아가는 것이다. 그러므로 어떤 환경에 속해 있더라도 마음속 열정의 온도만은 잃지 말아야 한다.

안에서 자신의 힘으로 해결할 수 없었던 문제는 밖으로 나가도 어차피 해결되지 않는다. 어디에서든 독립적으로 살아갈 수 있는 힘과 자신만의 탁월한 직능을 갖추는 것이야말로 가장 중요한 것이다. 그러기 위해서는 무수한 밤을 고요한 사색과 보이지 않는 노력으로 채워갈 수 있어야 한다.

세상이 불공평하다고만 원망하지 말고, 자신이 선택해 들어간 새장을 후회하지 말고, 자신을 옥죄고 있는 듯한 족쇄에도 너무 절망하지 마라. 매일 조금씩 나아지는 노력을 멈추지 않을 때 그 족쇄는 언젠가 당신만의 눈부신 날개로, 새장은 단단한 집으로 변모해 있을 것이다.

그리고 조직 안에 속해 있는 '안정적'인 직업이든, 창업이나 자영업 혹은 프리랜서 영업이든, 이 세상에 인간관계로부터 완전히 벗어날 수 있는 영역은 없다. 기존에 속해 있던 조직을 떠났다 하더라도 자신에 대한 평판은 그대로 이어지기 마련이다. 탁월한 능력을 증명해 보이지 않으면 어느 업계에서나 내쳐지고 마는 건 매한가지다.

그녀는 이렇게 '안정된 삶'의 허상을 알게 된 이상 더 오래 머물고 싶은 생각은 없다고 말했다. 그렇다고 해서 당장 퇴사를 하겠다는 건 아니지만, 이대로 시간만 흐르다 결혼하고 아이라도 생기면 변화를 택하기는 더 어려울 것 같다고 말했다.

나는 그녀의 생각을 잠자코 듣기만 했다. 나로서는 차마 어느 쪽도 권할 자신이 없었다. 당장 퇴사한다 해도 분명 미련은 남을 것이다. 그렇다고 해서 절대 퇴사만은 하지 말라고 말릴 수도 없는 노릇이었다.

그날 밤 나는 그녀에게 위챗 메시지를 보냈다.

"진정한 용기는 버티기 어려워졌을 때 떠나는 용기가 아니라 평소 묵묵히 자신을 단련해나가는 노력을 하겠다는 용기일 거야. 당장은 안정된 시스템 속에 있더라도 언제든 그 시스템을 떠날 수 있는 능력을 갖추어 두는 것."

얼마 전 「안정된 삶이란 살아 있는 시간을 낭비하는 것일 뿐」이라는 글이 모멘트 상으로 퍼져나가고 있을 때였다. 나는 그 글에서 '정원이 다 차는 바람에 베이징 부대로 돌아오지 못한 D'의 이야기를 쓴 것이 갑자기 마음에 걸렸다. 나는 혹시라도 D가 그 글 때문에 부대 내 생활에 지장을 받고 있지는 않은지 염려되어 급하게 전화를 걸었다.

다행히 그는 SNS 같은 건 신경 쓰지 않은 지 오래되었다고 했다.

이어, 그의 자세한 근황도 들을 수 있었다. 처음에는 여기저기 사람들을 찾아다니며 적지 않은 돈도 뇌물로 써보았지만, 베이징 부대로 돌아올 방법은 끝내 찾지 못했다고 한다. 당시에는 그도 조직 내에만 있어온 다른 사람들처럼 뜻대로 풀리지 않는 현실을 원망했고, 그냥 퇴역해버릴까 하는 생각이 들기도 했다. 그러다가 뭐라도 해보자 하는 마음에 중급 통역사 자격시험에 응시하고, 공인회계사 공부도 하기 시작했다.

그날 이후, 그는 매일 부모님께 안부 전화를 할 때와 친구들과 간단한 통화를 할 때 빼고는 전화기를 아예 꺼버렸다. 퇴근 후의 남는 시간을 전부 통역시험 준비와 공인회계사 공부에 쏟아부었다. 그렇게 그는 자신만의 확실한 직능을 키워나가는 동안, 작지만 뚜렷한 희망이 보이는 것을 느낄 수 있었다고 한다.

그 다음에는 어떻게 되었을까?

그는 공인회계사 시험에 합격했고, 통역사 자격시험에서도 높은 점수를 얻었다. 뿐만 아니라 그의 이런 우수한 성적을 베이징 소속의 한 상관도 눈여겨보기 시작했다. 사실 그는 부대 안에서 별 존재감이 없는 편이었다. 오히려 공부한답시고 설친다며 아니꼽게 여기는 사람만 잔뜩 늘어 있는 판이었다. 그러던 중 다시 한 번 베이징 부대에서 증원 공지가 내려왔다. 그의 소속 부대 상관은 자신의 휘하에 남다른 인재가 있다는 사실을 발견하고, D를 베이징 부대로 보내주었다.

바로 그때 전화기 너머의 D가 웃으며 말했다.

"그런데… 지금은 베이징으로 가는 게 좋은지 어떤지 잘 모르겠어."

"당연히 와야지! 우리도 널 기다리고 있는데."

"실은, 지금 여기서 받고 있는 대우가 더 좋거든."

D의 말에 나도 기쁘게 웃을 수 있었다. 1년 전 그는 자신의 운명을 주재할 방법이 없다며 주저앉아 있는 상태였다. 중국 특유의 인맥사회에서 그는 강고한 벽을 마주해야 했다. 그러나 그는 자포자기하거나 움츠러들지 않았다. 군 조직이라는 제약이 많은 여건 속에서도, 매일 비장한 각오로 공부하며 앞으로 나아가는 노력을 멈추지 않았다. 그 결과, 지금은 자신이 속한 시스템에서 벗어나더라도 얼마든지 잘 살아갈 능력을 갖추게 되었다.

며칠 전 D는 나에게 위챗 메시지를 하나 남겼다. 그는 조직 안에서 버티는 삶에는 크게 두 가지 방식이 있다고 말했다. 하나는 인간관계에 의지하는 것이다. 이런 사람들은 대체로 신들린 경지의 인간관계 능력을 갖추고 있지만, 본인의 지위나 재산은 철저히 상사나 인맥에 의해 결정될 수밖에 없다. 좋은 상사를 만날 수만 있다면 이 길도 나쁘지 않지만, 상사가 엉망이면 자신의 능력이 아무리 좋아도 성공가도를 달리기 어렵다. 다른 하나는 철저히 자신의 능력에 의지하는 것이다. 이런 사람들은 어디로 가더라도 그 곳에 있는 기기와 맞물려 작동되는 나사나 USB와 같다. 이들의 성공과 실패는 어디까지나 자신이 보유한 직능에 달려 있다. 여기에 인간관계 능력이 유달리 나쁘지만 않다면, 그 사람은 더욱 더 자유롭게 자신의 능력을 발휘하며 살아갈 수 있다.

D는 웃으며 "지금은 이 형이 바로 그렇게 되어 있단다."라며 너스레를 떨었다.

그렇다. 도마 위에 있는 물고기는 요리사에 따라 자신의 운명이 결정될 수밖에 없다. 늘 어딘가에 속해 있어야만, 다른 누군가와 어울려야만 유지되는 안정이라면, 그 틀이 흔들리거나 깨어지는 순간 바로 비극에 처할 수밖에 없다.

반면 안정된 조직 속에 있으면서도 매일 노력하기를 게을리하지 않는 사람은, 현재 상황에 만족하지 않고 모든 종류의 기회를 항상 손에 쥐고 있다. 그런 사람은 어떤 새장으로도 가둘 수 없다. 남들 눈에는 둘 다 똑같은 '안정'으로 보일지 모르지만, 실은 이런 사람들의 '안정'만이 진정한 의미의 '보장'이 된다.

"우리는, 지금 아무리 안정된 조직 안에 있더라도 언제든 그 조직을 떠날 수 있는 능력을 갖추어야 합니다."

이것은 다름 아닌, 철밥통으로 유명한 공무원 조직의 지역 수장, 즉 지난(濟南, 산둥성(山東省)의 성도(省都))시 시장이 했던 말이다.

1-06

편집광만이
탁월한 수준에 이른다

다미엔 차젤레(Damien Chazelle) 감독의 영화인 《위플래쉬(Whiplash)》는 2014년 북미 상영 당시 관객으로 인산인해를 이룰 만큼 성공을 거둔 작품이다. 차젤레 감독은 영화의 시사회장에서 "기존과는 다른 방식으로 사람들에게 의지를 자극하는 영화를 만들고 싶었다."고 제작 동기를 밝힌 바 있다.

우리는 평소 자기계발 내지 동기부여가 되는 말을 수없이 들으면서 산다. 그러나 또한 많은 사람들이 아무리 노력해도 원하는 결과는 얻지 못한다고 느끼며 살아가고 있다. 왜일까. 자신의 꿈과 미래는 뜨끈한 닭고기 수프 같은 힐링형 자기계발서에 내맡겨버린 채, 오늘도 어제처럼 적당히 살아가고만 있어서는 아닐까. 그러면서도 "난 지금 열심히 노력하고 있어."라고 외치고 있다면, 그런 노력은 아무리 해봤자 자기 눈에만 감동적인 가상적 도취에 지나지 않을 가능성이 높다.

나를 여러 번 눈물 흘리게 한 영화 《위플래쉬》는 최고의 재즈 드러머가 되기 위해 분투하는 청년 앤드류의 이야기다. 음대에 입학할 때만 해도 그는 다소 자신감 없는 학생이었지만, 여러 가지 우연이 겹치면서 플렛처 교수가 지도하는 스튜디오 밴드에 합류하게 된다. 처녀자리 특유의 까칠함을 물씬 내뿜는 편집광(偏執狂) 플렛처 교수는 학생들에게 자신을 뛰어넘는 극한의 수준을 요구하기로 악명이 높다. 드러머가 박자를 똑바로 맞추지 못하면 의자를 내던지며 폭언을 일삼는 통에, 스트레스와 불안을 이기지 못해 자살한 학생마저 나올 정도였다.

앤드류가 밴드에 합류한 지 얼마 되지 않았을 때 메인 드러머가 악보를 잃어버리는 바람에, 앤드류는 덜컥 메인 드러머 자리를 차지하게 된다. 그후 한동안은 자신의 필사적인 노력에 걸맞는 보답을 얻어나가는 듯했다. 그러나 좋은 시절도 잠시, 또 다른 새내기 하나가 밴드에 합류하면서 앤드류의 메인 드러머 자리를 노리기 시작한다. 초조해하는 앤드류에게 플렛처는 냉정하게 말한다.

"네가 정말로 그 자리를 원한다면, earn it!(네 힘으로 따내!)"

이때부터 앤드류는 메인 드러머 자리를 유지하기 위해 광기에 가까운 노력을 쏟기 시작한다. 연습 시간이 줄어드는 게 아깝다며 여자친구에게 이별을 통보하고, 늦은 밤까지 무아지경으로 드럼 연습에만 매달린다. 드럼 스틱을 쥔 손에서 피가 나면 반창고를 붙여가며 다시 연습에 연습을 거듭하다가 그 반창고마저 다시 피로 물들 정도였다.

이렇게 진짜 피땀을 흘려가면서 매달린 오랜 연습 끝에 드디어 다가온 연주회. 앤드류는 연주회장까지 렌터카를 몰고 오다가 허겁지겁 내리는 바람에 드럼 스틱 챙기는 것을 잊고 만다. 플렛처는 드럼 스틱조차 챙기지 않았다는 건 연주회를 존중하지 않는 태도라며, 그 자리에서 드러머를 교체하겠다고 선언한다. 이 날만을 위해 오랜 시간을 준비해온 앤드류는 머리끝까지 화가 나서 소리친다.

"그 자리는 내 자리예요! 스틱은 다시 가져올 테니까, 기다리기나 해요!"

앤드류는 다시 렌터카 센터로 가서 자신이 드럼 스틱을 두고 내린 차를 다시 빌린다. 그런데 전화기를 든 채 정신없이 욕을 퍼부으며 운전하다가 트럭과 충돌하고 만다. 놀란 트럭 기사는 앤드류를 서둘러 병원으로 데려가려 하지만, 앤드류는 드럼 스틱을 챙겨 연주회장으로 가야 한다는 생각뿐이다. 다행히, 늦지 않았다.

이 영화는 마법이나 우연, 로맨틱한 장면 등의 요소로 관객에게 감동을 선사하지 않는다. 오히려 교통사고를 당하고도 피칠갑을 한 채 드럼 스틱을 쥐고 나타난 앤드류의 처참한 모습을 비출 뿐이다. 그렇게 불안하게 시작된 연주. 그러나 앤드류는 도중에 스틱을 떨어뜨리고 긴장한 나머지 다시 줍지 못한다. 플렛처는 그런 앤드류를 향해 염려나 격려 한 마디 없이, 모든 가능성을 정리해버린다.

"You are done.(넌 끝이야.)"

<u>극한의 상황에 내몰려 소중한 기회마저 날려버린 앤드류는 플렛처를 밀치면서 불 같이 화를 내지만, 그 자신이 단원들에게 붙들려 무대 밖으로 끌어내려질 뿐이다. 이 일로 학교에서마저 퇴학을 당한 그는 식당 아르바이트를 하며 하루하루를 근근이 살아가기 시작한다.</u>

그제야 헤어진 여자친구에게 다시 연락해보지만, 이제 와서 되돌릴 수 있는 것은 아무것도 없다. 그러던 그는 울분을 달래

러 들어간 재즈바에서 악마 교수 플렛처와 우연히 다시 마주친다. 그날 그는 플렛처도 그동안의 폭언과 학대때문에 고발당해 학교에서 쫓겨났다는 사실을 알게 된다. 앤드류와 함께 술잔을 기울이던 플렛처는 자신이 학교 밖에서 지휘를 맡고 있는 밴드에서 다시 한 번 드럼을 연주할 기회를 만들어주겠다고 제안한다.

그러나 플렛처의 악취미는 어디 가지 않았다. 플렛처는 연주회장에서 갑자기 곡을 바꾸어버리고, 앤드류는 바뀐 곡의 악보가 자신에게만 없다는 사실을 발견한다. 당황한 그는 멀뚱멀뚱 객석만 바라보다가 그대로 자리를 떠나버린다. 그러나 곧, 이렇게 떠나버리면 자신은 연주할 무대와 직업을 영영 잃어버리고 만다는 사실을 깨닫는다. 그는 고개를 돌려 플렛처를 바라보고, 누구의 허락도 없이 다시 자신의 자리로 돌아와 앉는다. 그리고는 플렛처의 큐(cue, 공연 시작을 알리는 신호 - 옮긴이)가 시작되기도 전에 자신이 먼저 드럼 연주를 시작해버리고, 미친 듯이 폭주하는 즉흥연주로 치닫는다. 마치 바닥까지 억눌렀다가 최고점을 향해 솟구치는 거대한 용수철처럼. 이제껏 누구의 실력도 제대로 인정한 적 없었던 플렛처는 이 날 처음으로 앤드류를 향해 고개를 끄덕인다. <u>플렛처는 바로 그 순간, 광기에 치달아 자신의 한계를 돌파한 앤드류의 경지를 확인한 것이다. 사실 그는, 편집광만이 기적을 창조한다는 믿음을 갖고 있었다.</u>

나는 이 장면을 보며 내 주위의 많은 사람들이 떠올랐다. 특히 학생들 중에는 매일 열심히 노력하지만 자신이 원하는 석차는 얻지 못하는 이들이 많다. 왜일까? 자신이 열심히 노력할 때 남들은 그보다 더 열심히 노력하고 있기 때문이다. <u>자</u>

신이 원하는 것이 막연한 성취감이 아니라 구체적 경쟁의 결과로서의 석차라면, 내 나름대로 열심히 노력했다는 것만으로는 부족하다. 반드시 남보다 더 뛰어난 노력이어야만 하는 것이다. 누군가가 매일 열 시간의 노력으로 극한에 다다랐다면, 그를 뛰어넘을 수 있는 방법은 매일 열다섯 시간을 노력하는 편집광이 되는 것뿐이다. 남들은 그가 왜 그렇게까지 하는지, 왜 밥도 먹지 않고 미친 사람처럼 공부하는지 이해하지 못한다. 그러나 이 모든 노력의 결과물에 해당하는 구체적인 석차를 받고 나면 비로소 이유를 알게 된다.

이 세상에는 스스로 평범한 노력을 했다고 생각하지만 남들이 보기에 믿기 힘든 수준의 엄청난 노력이 있는가 하면, 그 자신은 세상에서 가장 대단한 노력을 한 것 같지만 남들이 보기에는 고만고만한 수준의 평범한 노력이 있다. 세상은 의외로 공평하다. 꿈이 있는 모든 사람이 성공하는 것이 아니라, 그들 중 편집광에 가까운 노력을 쏟은 사람만이 자신만의 전설을 쓰는 영웅이 된다.

내 친구인 앨런은 미국인인지 중국인인지 구분하기 어려울 정도로 발음이 좋은 영어 강사이기도 하다. 그는 대학교 2학년 때 학교와 전공을 바꾸어야겠다고 결심한 적이 있다. 당시 그의 결심을 현실화할 수 있는 방법은 딱 두 가지였다. 아예 대입 시험을 다시 치르고 새로운 대학에 입학하거나, 타 대학으로 편입한 뒤 남은 2년 동안 4년치 학점을 이수하거나.

그가 택한 방법은 두 번째였다.

그가 편입한 학교에는 그와 비슷한 시기에 편입한 다른 두 명의 학생이 더 있었다. 그러나 그들은 2년 안에 4년치 학점을 이수하는 데 실패했다. 반면, 앨런은 2년 내내 하루도 빼놓지 않고 10시간 이상을 도서관에서 보냈다. 여름도 겨울도 예외가 아니었다. 심지어 4학년이 되었을 때는 대학원에 들어갈 결심까지 했다. 사실 이런 고강도의 수험 생활은 수년 간 지속하기도 어렵거니와, 설령 버티더라도 고통과 불만이 없을 수 없다. 그러나 그는 불평불만을 쏟기는커녕 오히려 하루의 공부 시간을 15시간으로 늘려버렸다. 아침 6시면 도서관으로 가서 밤 10시 반까지 나오지 않았다. 휴식 시간이라고는 점심과 저녁을 먹을 때 몇십 분뿐이었다.

나는 그에게 자주 전화나 문자로 연락했지만, 그는 늘 저녁에만 짤막한 답장 하나를 보내올 뿐이었다. 내가 "뭐하냐"고 물을 때마다 그의 대답은 항상 "공부중"이었다. 세상에서 진실로 탄복할 만한 결과를 만들어내는 사람은 바로 이런 편집광들뿐이다.

이렇게 해서 그는 2년만에 4년치 학점을 이수하는 데 성공했을 뿐 아니라, 전체 수석이라는 놀라운 성적으로 외국어대 학원 통역 석사과정에도 합격했다. 그 자신조차 "그런 생활을 1년만 더 했다면 사람들과 말하는 법까지 잊어버렸을지도 몰라."라고 말했을 정도다.

천카이거(陳凱歌) 감독의 《패왕별희(覇王別姬·Farewell My Concubine, 중국 1993년)》에 나오는 '데이(程蝶衣)'는 원래 경극 연기를 좋아하는 배우가 아니었다. 그러나 여러 가지 계기로 경극에 깊이 빠져들다가 자신의 극한을 뛰어 넘고 마침내 관객을 전율시키는 연기를 펼치기에 이른다.

우리는 모두 살아가면서 각자의 분야에서 수많은 노력을 한다. 그런데 그 가운데 자신의 한계를 뛰어넘는 수준의 편집광적인 노력은 얼마나 될까. 전심전력으로 몰두하여 극치에 이르는, 그럼에도 결과에는 집착하지 않는 순수한 차원의 노력은 또 얼마나 될까. 만약 그렇게 할 수 없다면, 그 이유는 또 무엇일까. 망설임과 두려움, 혹은 처음에만 뜨거울 뿐 그 온도를 오래 간직하지 못하는 얕은 열정 때문은 아닐까. 사실 이런 종류의 노력은 자신의 눈에만 아름다워 보일 뿐 남들은 감동시키지 못하는 허망한 치장에 가까운 것이다.

누군가의 편집광적인 노력을 두렵다거나 미쳤다고만 치부할 일이 아니다. 우리는 진심으로 그들에게 배울 수 있어야 한다. 지나친 수준의 그 노력이 정말로 지나칠까 봐 걱정할 필요도 없다. 사람은 결국 살아야 하므로 제때에 적절한 선으로 돌아오게 되어 있기 때문이다.

1-07

그 시절 소년이었던 나는

그해 소년은 백팩을 메고 고개는 푹 숙인 채 베이징의 더플레이스(The Place·世貿天階, 화려한 스카이 비전으로 유명한 대형 쇼핑몰 - 옮긴이)를 걷고 있었다. 고개를 들면 보이는 대형 스크린에서는 누군가에 대한 그리움과 사랑의 감정 등 솔로의 마음을 더욱 어둡게 하는 메시지가 펼쳐지고 있었다. 소년은 일부러 바닥만 보며 걷다가 갑자기 걸음을 탁 멈추고 말았다. 화려한 LED 조명 아래로 비친, 더없이 초라한 자신의 그림자와 마주쳤기 때문이다. 소년의 눈에는 갑자기 눈물이 고이기 시작했다. 어서 빨리 이 곳을 벗어나고만 싶었다.

바로 그때 어디에선가 귀를 찢을 듯한 폭음마저 들려왔다. 며칠 앞으로 다가온 춘절을 기념하는 폭죽이었다. 그해에 소년은 고향에 내려가지 않았다. 2000위안(약 34만 원)을 넘게 벌 수 있는 일감을 얻었기 때문이다. 소년은 자신의 월세방으로 돌아가 컴퓨터를 켰다. 다른 세입자들은 모두 명절을 쇠러 고향으로 간 터라 건물 전체에 사람이라고는 그 하나뿐이었다.

안정된 삶이란 살아 있는 시간을 낭비하는 것

컴퓨터에서 음악이 흘러나오는 순간 별 이유 없이 눈물이 툭 떨어졌다.

몇 주 전 소년은 두꺼운 시나리오를 들고 드라마 제작자와 만났다. 그는 스토리가 마음에 든다며, 편당 2000위안에 팔지 않겠느냐고 말했다.

"좋습니다. 팔게요."

"그럼 저희 쪽 요구대로 조금만 수정해 주세요."

"알겠습니다."

그렇게 소년은 고향에 내려가지도 않은 채 좁은 방에서 홀로 시나리오를 다듬었다. 밖에서는 쉴 새 없이 폭죽이 터지고 있었지만, 소년은 이어폰을 낀 채 음악을 들으며 열심히 타이핑을 했다. 도중에 잠시 일어나 커피를 마시며 베이징의 야경을 바라보기도 했다. '지금 그 돈이 있다면 부모님께 좋은 옷도 사드리고, 훨씬 의미 있는 명절을 보낼 수 있을 텐데…'라고 생각하면서.

춘절을 하루 앞둔 밤, 소년은 총 20회 분량의 드라마 시나리오를 제작사에 넘겼다. 그런데 무슨 이유에선지 처음의 제작자는 그 사이에 제작사를 떠났고, 새로운 제작자가 다시 시나리오의 수정을 요구해왔다.

소년은 아무런 불평 없이 다시 시나리오를 수정했다. 사흘 내리 모니터 앞에서 자판만 두드리느라 두 눈은 빨갛게 충혈되었다. 그렇게 완성한 시나리오를 다시 제작사에 건넸다. 제작자는 만족스러워하며 일단 기다려 보라고 말했다.

그렇게 시작된 기다림은 무려 한 달이나 이어졌다.

한 달 내내 돈을 받지 못한 소년은 고향에 내려갈 면목이 없었다. 베이징에서 홀로 거리를 오가는 사람들, 어둠 속에서 반짝이는 불빛들, 고향으로 가기 위해 필사적으로 걸음을 옮기는 사람들이 보였다.

한 달쯤 지난 어느 날, 제작자에게서 다시 전화가 걸려왔다.

"돈을 받고 싶다면 시나리오에 이름 올리는 것은 포기하셔야 합니다. 아직은 이름 있는 분이 아니어서 홍보에 불리하기 때문입니다. 정 이름을 올리기로 결정하신다면 돈은 많이 받지 못할 수도 있습니다. 둘 중 어느 쪽을 택하시겠습니까?"

소년은 주먹을 꽉 쥐고 대답했다.

"그렇다면 돈을 택하겠습니다."

"네, 알겠습니다."

며칠 후 소년의 손에 드디어 돈이 쥐어졌다. 소년은 그제야 그 돈으로 부모님께 드릴 옷을 사고 고향집으로 갔다.

부모님은 아들의 핼쑥해진 얼굴을 보고 가슴 아파하셨지만, 곧 아들의 얼굴에 번지는 환한 미소를 보며 걱정을 내려놓았다.

"엄마, 아빠, 전 잘 지내고 있어요."

고향집에서 다시 베이징으로 돌아온 소년은 영어 가르치는 일을 겸업으로 하기 시작했다. 동시에, 여기저기에 투고할 원고도 썼다. 돈이 되는 일이기만 하면 무조건 다 했다. 하루 종일 강의를 하고 텅 빈 집에 도착하면, 시계는 밤 10시를 가리키고 있었다. 일터의 동료들이 새로 생겼지만 마음을 나눌 친구는 없었다. 소년은 제작사에서 보내온 기획안을 읽어 보면서 라면을 끓였다. 라면을 다 먹은 뒤에는 다시 이어폰을 귀에 꽂은 채 모니터를 보면서 시나리오를 썼다.

그렇게 1년이 흘렀다.

밤이면 셋방 건물 아래로 내려가 맥주를 한 캔 마시곤 했다. 부모님에게서 전화라도 걸려오면 반사적으로 "저는 잘 지내고 있어요."라고 대답하는 데 익숙해졌다. 깊은 밤이 되면 벽 너머로 들려오는 연인들의 헐떡이는 숨소리에도 익숙해졌다. 그럼에도 언젠가는 반드시 이 모든 생활을 내 손으로 바꿀 수 있을 거라고 믿었다. 언젠가 이 모든 일들을 웃으며 이야기할 날이 올 거라고도 생각했다.

그러나 자기계발서에 나오는 성공 스토리들과 달리, 아무리 열심히 노력해도 하루 아침에 부유해지거나 유명해지는 일 같은 건 일어나지 않았다. 다만 지속적인 노력으로 삶이 조금씩 바뀌어갔을 뿐이다.

그해에는 고향에서 어릴 적에 함께 자란 친구가 베이징으로 와서 새로운 삶을 시작했다. 소년은 원래 살던 곳보다 조금 큰 집으로 이사한 뒤, 고향에서 온 친구와 함께 살기로 했다. 둘은 늦은 밤까지 함께 술을 마시다가 베이징의 야경을 보기도 하고, 집 근처의 포장마차에서 술을 마시다가 펑펑 울기도 했다. 하루는 친구가 잔뜩 풀 죽은 목소리로 말했다.

"베이징 물가는 정말 살벌하더라. 밥 한 끼도 마음 놓고 못 먹겠어."

소년은 잠시 이런저런 생각에 잠겨 있다가 말했다.

"걱정 마. 올해부터는 달라질 테니까."

그해에는 소년의 누나가 미국에서의 유학 생활을 마치고 중국으로 돌아왔다. 그는 자신의 차로 공항까지 가서 누나를 맞이했다. 베이징에서 가장 좋은 레스토랑에 가서 밥을 먹고, 멋진 바에도 함께 갔다. 누나는 곧 중국에서 좋은 직업을 구하는 데 성공했다. 그는 기쁜 마음으로 누나의 이사를 도우러 갔다. 누나는 베이징에서의 새로운 삶을 앞두고 소년에게 물었다.

"나, 앞으로 베이징에서 잘 버틸 수 있을까?"

"걱정 마, 내가 있잖아."

소년은 웃으며 말했다.

그해에는 그를 사랑해주는 여자친구도 만났다. 그는 사랑하는 여자친구가 아침마다 붐비는 전철에서 시달리는 모습을 보고 싶지 않았다. 그는 아침마다 직접 운전해서 여자친구를 회사까지 데려다 주었다. 그녀에게 최고의 옷과 화장품을 선물했고, 함께 연극을 보거나 서점을 돌아다니기도 했다. 그녀는 그에게 아낌없는 사랑을 주었다. 그는 세상에서 가장 좋은 것들을 그녀에게 주고 싶었다. 여자친구는 이따금 그에게 장난스러운 말투로 말했다.

"넌 내가 있어서 정말 행복하겠다. 그렇지?"

그렇게 말하는 그녀의 얼굴에서 더 큰 행복감이 느껴졌다.

그해에는 많은 친구들이 베이징으로 다시 돌아왔나 베이징에서 새로이 사귄 친구들도 많아졌다. 이제는 밤에도, 낮에도, 기약 없는 고독과 대면하지 않아도 되었다. 전화기 속의 전화번호를 뒤적이며 누구에게 전화하면 좋을까 고민하지 않아도 되었다. SNS만 하염없이 떠돌면서 더 큰 외로움에 시달리지 않아도 되었다.

하루는 친구들이 그에게 말했다.

"우린 네가 있어서 정말 행복해."

"에이, 뭘."
"우린 네가 겪은 것만큼 외롭거나 힘들지 않았잖아. 네 덕분에, 어깨에 지고 있던 짐을 조금은 내려놓을 수 있었달까."

그 시절의 소년은 지금 스타트업의 공동창업자가 되어 있다. 그는 한때 많은 자기계발서에서 말하는 것처럼 지금의 고통은 훗날 남보다 더 높이 날아오르기 위한 것이라고만 생각했다. 한때 자신을 무릎 꿇게 만들었던 이들의 얼굴에 보기 좋게 찬물을 끼얹을 수 있게 되는 것, 그런 것이 성공인 줄만 알았다.

그러다가 나중에야, 자신의 노력은 그런 식으로 부족한 것 하나 없는 유아독존이 되기 위한 것이 아님을 알게 되었다. 그가 감내해온 고통에 모종의 의미가 있다면, 사랑하는 사람들만은 그가 겪은 것과 똑같은 고통을 겪지 않을 수 있게 하는 것, 사랑하는 사람들이 그의 존재로 인해 더욱 행복해지는 것, 그 자신은 극심한 절망에 시달렸더라도 사랑하는 사람들만은 좀더 희망에 찬 삶을 살아갈 수 있도록 하는 것때문이었다.

간혹 나에게 치열하게 노력하며 살아야 할 이유가 무엇이냐고 묻는 이들이 있다. 나의 대답은 단순하다. 국가의 번영이나 세계평화를 위해서라는 대답은 너무 거창해서 공허하기만 할 뿐이다. 그보다는 내가 있음으로 해서 내가 사랑하는 사람들이 불필요한 고통을 덜 겪을 수 있다면, 그것만으로 내가 치열하게 살아가는 가치는 충분하다고 말하고 싶다.

어느 순간 당신 몸에 돋아나 있을지 모를 거대한 날개 또한 당신이 남보다 높게 날아오르기 위한 것만은 아니다. 바로 그 날개로 사랑하는 사람들을 거센 폭풍으로부터 지키기 위한 것이다. 물론 그 날개가 크고 단단하다면 자연히 높이 날 수도 있을 것이며, 사랑하는 이들을 데리고 더 높이 날 수도 있을 것이다.

분투하는 삶의 의미는 그리 복잡한 것이 아니다. 사랑하는 사람들이 당신이 있음으로 해서 지금보다 더욱 행복해질 수 있다면, 그것만으로도 충분한 것이다.

1-08

순도
100%의 배우

지난 몇 년 간 영화 작업을 해오며 나에게 가장 깊은 인상을 남긴 사람들은 화려한 스타나 유명한 감독이 아니었다. 우리 영화작업실의 스태프들처럼 영화를 향한 자신만의 꿈을 불태우는 남다른 열정을 가진 사람들이었다.

지금은 스타가 된 배우들도 처음에는 행인1 같은 단역부터 시작한 경우가 많다. 그런데 이들도 인기를 얻거나 여건이 나아지고 나면, 처음의 풋풋하고 뜨거웠던 열정은 어디론가 사라진 것 같다고 호소하는 경우가 많다.

다른 영역에 있는 사람들도 비슷할 것이다. 원하는 것을 이룬 뒤에는 묘한 타성이 찾아오는데, 바로 이때 무엇 하나 가진 것이 없어 무모하게 덤빌 수 있었던 그 시절의 열정이 새삼 그리워지는 것이다.

T를 알게 된 것은 《꿈을 자른 사람(斷夢人)》이라는 영화의 촬영을 앞두고 있을 때였다.

당시 우리는 투자자도 구했고 시나리오도 완성되었고 구체적인 촬영장소도 정해졌지만, 배우만은 아직 다 캐스팅하지 못한 상태였다.

우리는 고민 끝에 몇몇 영화학교를 돌면서 배우 오디션을 진행하기로 했다. 그런데 막상 T가 여러 배우들 다음으로 우리 앞에 나타났을 땐 우리 중 누구도 그에게서 별다른 인상을 받지 못했다. '대체 어떻게 배우를 하겠다는 거지?' 싶을 만큼 외모가 너무 평범했기 때문이다.

군용 크로스백을 멘 채 큰 눈을 껌뻑이며 우리 앞에 나타난 T는 누구보다 환한 미소를 지으며 씩씩하게 외쳤다.

"안녕하세요? 저는 T라고 합니다!"

나는 그에게 즉흥 연기를 주문했다.

"만약 부모님이 T씨에게 "연기 따위 집어치우고 의대에 진학하라"고 강요한다면 어떻게 할지 1분간 연기해보세요. 대사나 동작은 원하는 대로 설정해도 좋아요."

사실 그 전까지 우리는 여러 배우들에게서 천편일률적인 연기만 보아온 터라, 그에게도 별다른 기대는 품지 않고 있었다.

그러나 그는 단 1분만에 우리 모두를 매료시켰다. 그는 바닥에 털썩 주저앉듯이 무릎을 꿇더니, 이루 말할 수 없는 슬픔에 잠긴 얼굴로 눈물을 뚝뚝 흘렸다.

대사는 단 한 마디였다.

"아… 아버지!"

그 순간, 우리는 만장일치로 그를 남자 주인공으로 결정했다. 그러나 제작사에서는 그의 사진만 보고 미심쩍어 하면서 "정말 괜찮을까요?"라고 물었다.

"마음 놓으세요. 제가 보증할 테니!"

그런데 촬영 첫 날부터 난관이 펼쳐졌다. 촬영 속도가 예상과 다르게 지체되면서 저녁 6시까지 하기로 되어 있던 촬영이 다음 날 새벽 4시까지 끝나지 않았던 것이다.

하늘에서는 곧 동이 터올 것만 같았고, 거리에도 바쁜 걸음을 재촉하는 사람들이 하나둘 늘기 시작했다. 스태프들은 눈이 온통 벌겋게 충혈돼 있었고, 녹음 기사도 붐마이크를 든 채로 멍한 표정이었다. 촬영기사는 꾸벅꾸벅 졸고 있었고, 연출팀도 모두 피곤한 눈으로 모니터를 보고 있었다. 나도 이들이 안쓰러워 견딜 수가 없었다.

그래도 이들과는 많은 작업을 함께 해왔고 앞으로도 해내갈 것이었기 때문에 차후에 사죄할 기회라도 있었다. 문제는 그날 처음으로 촬영을 함께하게 된 배우들이었다. 이들이 다시는 우리와 작업하지 않으려고 하면 어쩌나, 걱정이 될 정도였다.

나는 고개를 돌려, 그리 멀지 않은 곳에 앉아 있는 T를 바라보았다. 뜻밖에도 그는 대본을 든 채 대사를 소리 내어 읽어보면서 다음 씬(scene)을 준비하고 있었다.

T는 불교 신자여서 평소 고기를 먹지 않았는데, 첫 날 우리가 먹는 도시락에는 고기가 많았다. 결국 그는 한술도 뜨지 않았다. 그러나 우리에게는 정확한 이유를 말해주지 않은 채, 별로 배가 고프지 않다고만 말했다. 그런데도 그는 다음 날 새벽까지 배고픈 기색 하나 없이 형형한 눈빛으로 대본만 들여다보았다. 그는 밥을 먹을 때가 아니라 극에 몰입할 때 비로소 생생한 활력을 얻는 듯했다.

나는 나중에야, 영화라는 꿈이야말로 그의 양식이며 연기야말로 그에게 최고의 기력을 북돋우는 명약이라는 것을 알게 되었다. 그리고 그때 나는 처음으로 자신이 좋아하는 일에 미친 사람은 배고픔도 잊을 만큼 깊이 빠져들 수 있다는 사실을 알게 되었다.

우리 영화팀에는 미모의 여성들이 많았다. 어느 영화팀이나 그렇겠지만, 특히 배우들 중에는 외모가 출중한 여성이 정말 많았다. 특히 휴식 시간이라도 되면, 미모의 여배우들은 현장에 있는 모든 사람들의 초미의 관심사가 되었다. 특히 남자들은 거의 다 그 여배우들 주위를 에워싸고 끊임없이 뭔가를 떠들어댔다.

몇몇 남자 배우들은 모든 휴식 시간을 그 여배우들 곁에서 웃고 떠드는 것으로만 보냈다. 그런데 그때마다 한쪽 구석에 앉아 다음 씬을 준비하며 대본만 보는 유일한 남자 배우가 있었다. 바로 T였다.

그는 마치 영화를 위해서만 살아가는, 연기 외에는 아무것도 원치 않는 사람처럼 보였다.

한번은 내가 그의 등을 두드리며 휴식 시간인데 좀 쉬지 그러냐고 했더니, 그가 웃으며 말했다.

"괜찮아요, 다음 씬의 대사를 좀 더 체크해 보려고요."

나는 그에게 물병 하나를 건네고 바로 내 자리로 돌아왔다.

그리고 다음 날, 다시 촬영을 진행할 때였나 T가 연기하는 모든 장면은 단 한 번의 NG 없이 통과되었다.

어쩌다가 NG가 날 때는 상대역이 제대로 몰입하지 못했을 때뿐이었다.

그런데도 그는 자주 나에게 와서 이렇게 말했다.

"이번 연기는 너무 아쉬워요. 다시 한 번 촬영했으면 좋겠어요."

심지어는 이렇게 말할 때도 있었다.

"이번 장면은 여러 가지 버전으로 연기를 준비했어요. 이 중에서 뭐가 가장 좋을지 선택해주세요."

스태프들은 매일 촬영을 마치고 집으로 돌아갈 때마다 T의 연기에 감탄했다. 특히 병원에서 아버지가 세상을 떠난 뒤 T가 무릎을 꿇고 오열하는 연기를 할 때는 현장의 모든 스태프들이 같이 울 정도였다.

T는 감독의 "액션!"이 떨어지자마자 무서운 속도로 극중 인물로 변신했다. 그가 평소 어떤 노력을 하는지 잘 모르는 사람들은 그를 타고난 배우라고만 생각했다. 그러나 그는 정말 진지하게 노력하는, 순도 100%의 열정을 가진 배우였다.

영화 업계에서 가장 돋보이는 존재는 단연 배우일 것이다. 그러나 영화계에서 가장 궁핍한 존재 또한 배우라는 사실은 알지 못하는 이들이 많다.

한번은 극의 흐름상 배우가 직접 호수에 뛰어들어 고양이를 구하는 장면이 필요한 적이 있다. 나는 이 장면을 놓고 여러 배우들에게 의사를 타진했지만 대부분 난색을 표했다. 다들 무난한 대화 장면 같은 것만 찍고 싶어 했다. 거친 액션은 물론이고 호수에 뛰어드는 정도의 수고로움조차 내켜하지 않았다. 부상의 위험 때문이었다.

연출팀에서는 이 연기를 T에게 맡기면 어떨까, 아니면 화면은 다른 장소를 비추고 물속으로 들어가는 부분만 소리로 처리하면 어떨까, 여러 가지 방법을 고민하고 있었다.

그때 T가 우리에게 다가와 말했다.

"물 속으로 뛰어드는 장면은 꼭 있어야 합니다. 그래야 영화에 실감이 더해지지요."

이렇게 해서 결국 그가 호수로 뛰어들어 고양이를 구하는 장면이 영화 속에 들어가게 되었다.

드디어 모든 촬영을 끝마친 날이었다. 배우와 스태프들이 모두 거나하게 취한 뒤풀이 자리에서, T는 나에게 먼저 가봐야 할 것 같다고 말했다.

"왜 이렇게 일찍 일어나요?"

내가 묻자, 그는 새로운 연극에 출연하게 되었다면서 일찍 돌아가 대본을 봐야 한다고 말했다. 조금 더 늦어지면 지하철이 끊길 것 같아 일찍 일어날 수밖에 없다고 했다. 나는 그를 지하철역까지 배웅하며 잠시나마 그와 이런저런 이야기를 나누었다.

"감독님, 이번 영화 작업 정말 즐거웠어요."

"우리도 T와 작업할 수 있어서 행복했어요."

"참, 제가 평소에 써본 시나리오가 있는데 감독님께 보여드려도 될까요?"

"물론이죠, 언제든."

그는 지하철을 타고 다왕루(大望路)역까지 갔다가, 택시로 갈아타면서 옌쟈오(燕郊)까지 가는 다른 승객과 합승해서 택시비를 분담한다고 했다. 이렇게 하면 교통비가 10위안(약 1700원)밖에 들지 않는다며 무척 좋아했다.

그날 처음으로 나는 그가 옌쟈오에 있는 작은 원룸에 산다는 것을 알게 되었다. 원룸이라고는 하지만 침대 하나가 겨우 들어가는 비좁은 방이었다.

당시 우리 영화는 아침 9시에 남오환(南伍環)의 다싱(大興)에서 촬영을 시작했다. 그렇다면 T는 옌쟈오에서부터 베이징의 절반을 돌아오다시피 해야만 촬영지에 도착할 수 있었다. 그는 대체 얼마나 일찍 일어나기에 매일 지각하지 않을 수 있었던 걸까, 나로서는 잘 상상이 되지 않았다.

그 순간 나는 코끝이 시큰해졌다.

지하철 열차 안으로 들어서는 그에게 나는 진심을 담아 말했다.

"그동안 정말 고마웠어요. 그리고 수고 많았어요."

그러자 그는 또 특유의 큰 눈을 껌뻑이며 바보처럼 웃어 보였다.

마침 지하철역의 불빛이 그의 뒷모습을 비추었다. 나에게는 그 불빛이 마치 치열한 삶을 이어가는 한 청년을 베이징이라는 무대 한가운데에 세워 비추어주는 핀 조명처럼 보였다. 그 영화 이후로 나는 외국 유학을 준비하느라 한동안 영화 작업에서 손을 떼고 있었다. 컴퓨터의 하드 디스크에는 영화화되지 못한 시나리오들이 쌓여갔고, 여러 번의 촬영 계약도 고사했다.

그렇게 하루하루가 무의미한 테입처럼 흘러가고 있던 어느 날, T에게서 문자메시지가 왔다. 자신이 출연하는 새로운 연극을 보러 오라는 초대였다. 그제야 나는 그가 코미디 배우인 천페이쓰(陳佩斯)의 극단에서 《신랑 신부 놀리기(鬧洞房)》라는 연극에 출연하고 있다는 걸 알게 되었다. 그가 알려준 극장 안으로 들어서고 보니, 그를 본 지도 어언 1년만이었다. 그는 전과 다름없이 큰 눈을 껌뻑이고 있었고 활기에 찬 말투도 여전했다. 다만 머리카락은 조금 짧아져 있는 것 같았다.

T는 극장 안에 들어선 나를 발견하고는 거친 숨을 몰아쉬며 다가왔다. 그는 나에게 연극 티켓을 건네고는, 아직 리허설 중이라면서 미안해했다.

나는 그에게 물었다.

"작품 준비한 지는 얼마나 됐어요?"

"30일 정도 됐어요. 요즘은 여기서 살다시피 하고 있죠."

"얼른 가봐요, 오늘 공연 꼭 성공하길 바라요!"

나는 꽃다발을 두 개 사서 맨 앞자리에 앉았다. 오랜만에 그의 연기를 볼 생각에 나도 가슴이 부풀었다.

그러나 연극의 1막이 끝나도록 T는 무대에 등장하지 않았다. 2막이 흐르고도 중반이 지나고 나서야 그가 등장했다. 그는 특유의 큰 눈을 깜빡이며 쉴 새 없는 입담으로 관객의 혼을 쏙 빼 놓았다. 무대에 선 그는 눈빛 하나까지 섬세하게 극 중 인물을 표현하고 있었다. 그는 여전히 순도 100%의 완벽한 배우였다.

나는 연극이 다 끝나고 나서야, 그가 그 작품의 주인공은 아니었다는 사실을 알게 되었다. 그래도 그의 연기만은 누구에게도 비할 수 없이 눈부셨다. 나는 차오르는 눈물을 머금은 채로 일어나 박수를 쳤다. 그리고 동시에, 지난 수십 일 동안의 연습이 바로 이 작은 역할 하나를 위한 것이었구나 하는 생각이 들었다. 그의 모든 시간과 노력은 어디까지나 자신의 역할을 완벽하게 표현하기 위한, 자신의 작품이 관객의 인정을 받을 수 있도록 하기 위한 것이었다.

연극이 끝난 뒤 나는 그를 방해하고 싶지 않아 간단한 문자 메시지만 남기고 극장을 나왔다. 관객이 모두 떠난 뒤에도 그는 다시금 새로운 다른 작품을 위해 연습할 것이다. 그렇게 그는 매일 거듭 무대에 오르면서 더욱 완벽한 배우가 되어갈 것이다.

세상에는 이렇게 자신이 선택한 어떤 길에서 자신의 청춘을 통째로 바치는 사람들이 있다. 누군가에게는 이런 그들의 삶이 고달프게만 보이겠지만, 그들 자신은 다른 누구보다도 큰 행복감을 맛보고 있을 것이다. 그들은 치열한 삶의 분투 그 자체를 사랑하는 사람들이다.

그날 이후로도 나는 다른 연극에서 자주 그를 볼 수 있었다. 그가 주인공으로 연기한 《고도를 기다리며》는 전보다 훨씬 큰 무대에서 공연되었고, 그의 연기는 연극·영화계의 여러 감독들에게도 호평 받았다.

예전에 누군가가 주성치(周星馳)의 황금콤비로 유명한 오맹달(嗚孟達)에게 물은 적 있다.

"어찌 보면 늘 주성치 인기의 그늘 아래 있었던 셈인데, 서운한 적은 없나요?"

그는 소탈하게 웃으며 이렇게 대답했다.

"매번 주인공을 할 게 아니라면 최상의 파트너가 되는 것도 좋죠."

T는 지금도 순도 100%의 배우가 되기 위한 노력을 계속하고 있다.

사실 베이징에는 T와 같은 베이퍄오(北漂, 베이징 주민등록 없이 베이징에서 일하며 생활하는 타지 출신 지역민 - 옮긴이)들이 많다. 그들은 하루하루 치열한 노력으로 자신의 선택을 고집스럽게 증명해내면서 살아가고 있다.

이런 그들의 노력이 언젠가 반드시 보답을 받을 것이라거나 눈부신 성공을 거둘 거라고는 누구도 보장할 수 없다. 그러나 그들은 이미 『청춘』이라는 책에 자신만의 역사를 써내려갔고, 뜨거운 땀방울로 자신의 미래를 일구어가고 있다.

이런 사람은 영원히 자기 삶의 주인공이며 자기 인생의 감독이다.

그들의 현재는 아무리 평범하더라도 결코 초라하지 않다. 자신만의 미래를 열어가고 있는 그들의 걸음걸음은 때로 느릴지라도 언제나 착실하다.

그들도, 나도, 우리의 노력으로 운명을 바꾸어갈 수 있다는 믿음과 우리의 두 손으로 아름다운 미래를 창조할 수 있다는 믿음을 갖고 있다. 그러니 마음 놓아도 좋다고 격려하고 싶다. 그 길 위에서는 누구도 낙오되지 않고 길도 잃지 않을 것이다. 그렇게 묵묵히 자신만의 노력을 이어가는 그들은 아주 먼 곳까지 다다를 수 있을 것이다.

1-09

나도
넓은 세상을 보고 싶어!

내 친구 N은 배낭여행객이다. 그는 일찌감치 공무원 시험에 합격했지만, 단조로운 일상이 싫다며 두 달만에 사표를 쓰고 그 길로 여행을 떠나버렸다. 그리고는 며칠 뒤부터 평황에서 찍은 사진들을 SNS에 올리며 자신의 소식을 알려왔다.

보수적인 군인이었던 그의 부모님은 아들의 결정에 불 같이 화를 내셨다. 몇 번이나 심각한 충돌도 있었지만, 마지막에는 부모님도 아들의 '미친 선택'에 타협하지 않을 수 없었다.

N은 퇴역 후 1년 동안 리장(麗江), 샹그릴라, 티베트, 네팔 등지를 누비며 사진을 찍고 글을 올렸다. 그의 모멘트에는 매일 거리에서 만난 새로운 사람들과 찍은 사진이 올라왔다. 거의 매일 현지에서 새로운 친구를 사귀는 것 같았다. 그가 새로운 여행지에 도착할 때마다 올라오는 글과 사진들은 '좋아요'를 누르지 않을 수 없을 만큼 멋있어 보이기만 했다.

그는 나에게도 자주 여행 다큐멘터리를 찍거나 여행책을 쓰는 것이 자신의 꿈이라고 말했다. "사람 인생이 얼마나 긴데,

왜 좁은 세상에 평생 갇혀 살아야 하지? 난 밖으로 나가 넓은 세상을 보고 싶어!"라고 말하기도 했다.

그가 모멘트에 올린 사진에는 지금도 무수한 개수의 '좋아요'와 함께, 수많은 사람들의 질투와 부러움이 담긴 댓글이 길게 달려 있다.

기타 연주 실력도 수준급인 그는 여행가는 곳마다 현지의 바에서 연주를 해보는 경험도 빠뜨리지 않고 있다.

그는 가끔 나에게 이렇게 말하기도 했다.

"난, 이번 생이 끝나기 전까지 세상 구석구석을 다 가볼 거야!"

<u>여기까지만 이야기하면, 이 친구의 삶을 부러워하는 사람이 많을 것 같다.</u> 특히나 지금 쉴 새 없이 일에 치이고 있거나, 고객이나 상사에게 시달리고 있거나, 골치 아픈 일이 하필 자신에게 떨어져 발버둥치고 있는 사람이라면 더더욱. '세상에는 정말 내가 원하는 대로 살고 있는 사람도 있구나.' 하는 생각에 박탈감이 들지도 모르겠다.

그러나 이 친구의 이야기는 아직 끝나지 않았다.

N은 올해 29살이지만, 여전히 수입이 없어서 부모님에게서 용돈을 받으며 생활하고 있다.

N은 여행에서 돌아올 때마다 문자 그대로 돈이 한 푼도 없다. 그래서 할 수 없이 어디에선가 일을 시작하지만, 두어 달 안에 대체로 그만둔다. 그가 지금껏 가장 오래 일을 한 기간은 딱 반 년이다.

이따금 바에서 기타 연주를 해서 버는 돈이라 해봐야 최소한의 생계도 책임지기 어려운 수준이다. N은 언제나 돈이 바닥난 뒤에야, 돈은 벌어야만 생기는 것임을 깨닫는다.

그리고 지금은 맥도날드에서 일을 하는 중이다.

자, 여기까지 알고 나서도 이 친구를 계속 부러워할 사람은 얼마나 될까?

요즘 인터넷에는 '아직 던지지 못한 사직서'가 여기저기 떠돌고 있다. 이 사직서에서 가장 흔히 볼 수 있는 말이 "나도 밖으로 나가 넓은 세상을 보고 싶다!"는 것이다. 하지만 언제든 원할 때 세상 구경을 하기 위해 필요한 기반이 무엇인지도 생각해본 적 있는가? 기초적인 외국어 능력이라든가 친화력, 호기심 등은 말할 것도 없이 당연히 필요할 것이다. 친화력이나 호기심, 외국어 능력 등을 갖추고 있지 않으면, 여행지에서 만나는 다양한 사람들과 친구가 되기가 어렵기 때문이다. 하지만 이 모든 것보다 오히려 더 긴요한 것이 있다면, 바로 일정 수준의 목돈과 당장의 생활비다. 당장의 생활비가 없으면 여행 자체를 떠나기가 어렵고, 어느 정도의 목돈이 없으면 멀리까지 갈 수가 없기 때문이다.

나 역시 정해진 규율에 맞추어 살기를 좋아하는 사람이 아니고, 인생은 한 번뿐이므로 젊을 때 세상을 누비는 것이 얼마나 소중한 기회인지 잘 알고 있다. 그래서 사관학교를 다니다 자퇴하고 바로 그해에 나의 정체성을 찾겠다며 여기저기 여행을 떠난 경험도 있다. 그렇게 나 자신을 내려놓고 자유와 해방감을 느낄 기회가 있었던 데 대해서는 지금도 감사하게 여기고 있다.

그러나 무작정 떠나버리는 식의 여행에는 조금 문제가 있다고 생각한다.

한번은 베이징대에 다니고 있던 여학생이 학교를 그만두고 1년간 외국 여행을 다니며 자기 자신을 찾고 싶다고 말한 적이 있다. 나는 조금 걱정이 되어 물었다.

"1년이나? 비용은 어떻게 하고?"

"1년 정도의 생활비는 모아뒀어요."

"그럼 공부는? 꼭 학교를 그만두고 가야 하니?"

"세상은 넓잖아요. 공부를 꼭 학교에서만 해야 한다는 법이 있나요?"

<u>그녀는 자신의 가열찬 용기를 자랑하고 싶었는지도 모르겠다. 그러나 나는 그런 종류의 호기로움이 그리 대단한 것이라고 여기지 않았다.</u> 그녀는 나에게서 원했던 말을 듣지 못하자 SNS에서 나를 친구삭제해버리고 다시는 연락하지 않았다.

그날 이후 지금까지도 나는 무턱대고 학교를 그만두거나 회사에 사표를 내던진 뒤 덜컥 떠나버리는 식의 여행을 좋게 생각하지 않는다. <u>어딘가로 거침없이 떠나는 자유로움이, 안정적이다 못해 단조로운 나인 투 식스의 삶과 근본적으로 다른 것이라고 생각하지도 않는다. 우리 삶에서 정말 중요한 것은 공부와 여행의 관계를, 일과 휴식의 비율을 잘 조율하는 능력이다.</u>

나 역시 자퇴한 뒤로 1년 내내 홀가분하기만 했던 것은 결코 아니다. 본격적으로 여행을 떠날 수 있었던 시점도, 강사 생활을 하면서 생긴 수입으로 부모님께 선물을 사드리고 방세를 낸 다음 조금씩 수입을 남겨 어느 정도의 목돈을 마련한 뒤였다. 물론 그 전에 언제든 자유자재로 활용할 수 있도록 영어 공부도 철저히 해두었다. 그 뒤로는 다시 한동안 여행을 떠나지 않고 있다. 그 사이 세상에 대한 호기심이 줄어서가 아니라, 내년에 떠나기로 한 유학을 위해 저축을 하고 있기 때문이다.

세상이 넓다는 것이야 누구나 알고 있는 사실이다. 할 수만 있다면 세상을 자유롭게 누비고 싶은 것 또한 마찬가지다. 그러나 먼저 자신이 속한 작은 영역에서 충분히 힘을 기른 뒤에야 넓은 세상으로도 나갈 수 있는 것 아닐까? 사람은 먼저 생존을 확보한 뒤에야 꿈을 논할 수도 있는 법이다.

당장 이끌리는 보기 좋은 자유만 쫓다 보면, 인생은 예상치 못한 순간에 막다른 골목에 처할 수도 있다.

현재 자신의 생활도 스스로 책임지지 못한 채 부모님께 의지하고 있으면서 꿈이나 여행을 논한다는 것은 더더욱 어불성설이다. 우선 충분히 돈을 벌어야 언제든 자유롭게 여행을 떠날 수도 있다. 그리고 퇴근 후 한두 시간이라도 특별한 기술을 익히거나 새로운 공부를 해두어야, 세상 어디를 무전여행으로 가더라도 굶어죽지 않을 수 있다.

혹 당신도 여행은 일이나 공부를 그만두어야만 떠날 수 있다고 생각하는가? 꿈은 언제나 현실과 동떨어진 것일 수밖에 없다고 생각하는가?

몇 해 전 극장에서 혼자 《집결호(集結號·Assembly, 중국 2007년)》라는 영화를 볼 때였다. 마침 내 옆에는 극장 화장실을 청소하는 할아버지가 앉아 계셨다. 1930년대에 중일전쟁의 참전 군인이기도 했던 그는 영화에서 묘사하는 생생한 현실에 가슴이 북받친 듯 뜨거운 눈물도 흘렸다. 그러나 영화가 끝나고 극장 안에 불이 켜지기 시작하자, 할아버지는 청소를 하기 위해 다시금 자리에서 일어났다. 나는 그날 할아버지를 보면서도 깨달을 수 있었다. 뜨거운 꿈은 누구에게나 있다는 것을.

그러나 어떤 꿈을 꾸더라도 종국에는 현실로 돌아와야 하는 때가 오는 법이다. 영화가 끝나면 극장 안에도 하나둘 불이 켜지듯이.

우리는 저마다 나름의 잔혹한 현실을 버티며 살아가고 있다. 그러나 바로 그런 부족한 현실의 여건을 해결하고 자신의 능력을 굳건히 다져나갈 때 그동안 꿈꾸어온 아름다운 것을 향해 고개 돌릴 수도 있고, 마음속으로만 간직해오던 위대한 꿈도 추진할 수 있다. 그러한 과정을 건너뛴, 몽환으로만 가득 찬 생활은 사소한 충격 하나에 그대로 무너져 내리기 쉬운 사상누각일 뿐이다.

1-10

누구나
홀로 성장하는 법을 배워야 한다

오랜만에 《도라에몽:STAND BY ME(2014년)》를 찾아보기로 한 건 어린 시절의 추억을 더듬어 보고 싶어서였다. 그런데 영화가 끝나갈 즈음 나도 모르게 눈물이 왈칵 쏟아지고 말았다.

소심하고 바보 같았던 소년 노진구(노비타, 野比のび太)는 어른이 되어 결국 이슬이(미나모토 시즈카(源静香))와 결혼하는 데 성공한다. 그런데 바로 그때 진구는 어린 시절의 자기 자신에게 돌아가 이제까지의 일을 담담히 들려준다.

"너의 가장 좋은 친구 도라에몽은 얼마 안 가 너를 떠나게 될 거야. 그러니 도라에몽과 함께 있는 시간을 소중히 여기도록 해."

진구가 힘들어 할 때마다 도라에몽은 자신의 주머니에서 무언가를 꺼내 필요한 도움을 주고 가장 따뜻한 동행이 되어준다.

그런 진구의 삶이 조금씩 행복해질 무렵 도라에몽은 조용히 그의 곁을 떠난다. 언제까지고 이어질 것만 같았던 영화 속

행복이나 사람들의 청춘도 눈 돌려 보면 어느새 우리 곁을 떠나고 없는 것처럼.

아무리 큰 행복감을 주었던 관계라도 떠날 때마저 상냥하지는 않다. 언제까지나 우리와 함께할 것 같았던 이들도 때가 되면 하나둘 우리 곁을 떠나기 마련이다. 어쩔 수 없다. 그때가 되면 우리는 흐르는 눈물을 삼키며 지나온 시간을 돌아보는 수밖에.

그리고 그때 모든 이별은 우리에게 가르쳐준다. 우리는 저마다 혼자의 힘으로 설 수 있어야 하고, 고독 속에서 성장하는 법을 배워야 한다는 것을. 이제까지 함께 해온 누군가와 헤어지는 순간, 우리는 우리 자신의 지난날과도 안녕을 고하게 된다.

도라에몽은 진구에게 자신이 함께 있어주지 않더라도 용감하게 살아가야 한다고 말한다. 도라에몽의 당부 때문이었을까. 진구는 자신을 괴롭히던 친구 퉁퉁이(자이언(Gian))에게도 이제 허리를 꼿꼿이 펴고 과감히 맞선다. 그래봤자 다시 또 얻어터지고 말 뿐이지만, 최소한 전처럼 바닥에 납작 엎드려 빌지는 않는다. 그는 이제 주먹을 불끈 쥐고 "내 힘으로 꼭 널 쓰러뜨리고 말 거야."라고 다짐한다.

'퉁퉁이' 같은 고약한 녀석은 우리가 살면서 맞닥뜨리게 되어 있는 좌절이나 곤경, 어둠 등을 상징한다. 잠깐은 도라에몽에게 그런 친구를 혼내달라고 할 수도 있고, 부모나 친구의 도움을 받을 수도 있다. 그러나 인생의 길은 궁극적으로 혼자 걸어갈 수밖에 없다. 우리는 언젠가 반드시 홀로 서서 용감하게 난관을 뚫고 완주하는 법을 배워야만 한다.

가족이나 친구와도 언젠가는 헤어지는 것처럼 도라에몽과

같은 존재도 언젠가 우리 곁을 떠난다. 그렇게 누구의 도움도 받을 수 없는 때가 되면, 진구도 우리도 자기 힘만으로 서서 삶을 가로막는 좌절과 곤경을 이겨내야 한다.

얼마 전 히말라야 등반을 하던 때가 떠오른다. 처음 며칠간은 체력도 나쁘지 않았고 내 나이도 충분히 젊다고 생각해서 남보다 앞서갈 자신도 있었다. 등반 도중에는 한 독일인 청년을 만나, 서로 부축하기도 하고 즐겁게 이야기를 나누며 동행하기도 했다. 그런데 점차 고산증이 심해지면서 걷는 속도가 느려졌다. 그러다가 곧 점심을 먹을 시간이 되었다. 그런데 이 독일인 청년은 자신의 식사가 끝나자마자 나에게 작별 인사를 하더니 먼저 일어나버리는 것이었다. 나는 그가 내 식사가 끝날 때까지 기다려줄 줄 알았다. 천만의 말씀이었다. 그는 곧바로 자신의 길을 떠나버렸고, 나는 그후 다시는 그와 만나지 못했다.

나도 곧 나만의 등반길에 올랐다. 다시 속도를 회복한 나는 곧 다른 사람들을 제치기도 했고, 다른 사람들이 나를 제치기도 했다. 내 쪽으로 오는, 하산하는 사람들과 마주칠 때면 가볍게 인사를 나누기도 했다. 서로 걷는 속도가 비슷해지면서 잠시 동행을 하게 되는 사람들도 있었다. 그러다가도 차츰 걷는 속도가 달라지면 그들과 다시 멀어졌다. 나는 산꼭대기에 이르러서야 홀로 있음의 홀가분함을 즐길 수 있게 되었다.

나는 그때 인생도 등반도 결국은 혼자서 가는 법을 배워야 한다는 것을 깨닫게 되었다. 도중에 잠시 누군가와 동행할 수는 있다. 그러나 산 정상에 오를 즈음에는 누구나 결국 혼자가 된다.

인생에서의 성장도 마찬가지다. 도라에몽이 떠난 뒤 진구는 용기를 갖고 성장해간다. 도라에몽이 끝까지 함께 있어주었다면 외롭지 않을 수는 있었을 것이다. 그러나 그게 다였을지도 모른다. 진구는 도라에몽과 함께 있는 동안에도 충분히 홀로 설 수 있을 만큼 강해질 필요가 있었다. 그랬다면 어느 날 갑자기 도라에몽이 떠나더라도 웃으며 작별 인사할 수 있었을 것이다.

누구든지 인생에서 성숙으로 향하는 길은 결국 홀로 갈 수밖에 없는 것이기 때문이다.

1-11

버텨나가다 보면
익숙해진다

돈이나 여건이 풍족해질수록, 인기를 얻거나 유명해질수록 우리는 더욱 행복해질까?

돈이나 여건, 명성 때문이 아니라면 우리는 과연 무엇으로 행복해질 수 있는 걸까?

버나드 쇼(George Bernard Shaw, 1856~1950)는 이런 말을 한 적 있다.

"인생에는 크게 두 가지 비극이 있다. 하나는 자신의 꿈을 이루지 못하는 것이고, 다른 하나는 그 꿈을 이룬 것이다."

원했던 뭔가를 이루지 못하는 것은 분명 비극이다. 그러나 우리는 때로 원했던 것을 이룬 뒤에 오히려 어떻게 해야 할지 몰라 혼란에 빠져들기도 한다. 그런 의미에서 가장 행복한 시간은 아직 이루어지지 않은 무언가를 향해 나아가는 도중인지도 모르겠다.

대학 시절의 나와 샤오둥, 샤오난(小楠)도 바로 그런 꿈을 좇는 과정 한가운데에 있었다.

샤오난과 샤오둥은 대학 시절 나와 가장 친했던 친구들이다.

스물한 살 어느 날엔가 샤오난은 다큐멘터리 감독이 되어 세계 곳곳을 누비는 것이 자신의 꿈이라고 말한 적 있다.

샤오둥은 공직자가 되어 세상을 조금씩 바꾸어나가고 싶다고 했다. 그는 특히 중국 농촌 지역의 삶을 바꾸는 데 관심이 많았다.

그 무렵 나는 한창 신둥방 면접을 보고 있었다. 면접자들 중 가장 나이가 어렸던 나는 나이도 경험도 많은 면접자들과 함께 매일 수업 비교와 평가를 진행당하면서 진이 다 빠질 지경이었다. 당시의 나에게 꿈의 의미는 단순했다. 얼른 이 고난의 면접이 끝나고 영어 강사가 되는 것.

그때만 해도 나는 아직 학생이어서 수입 한 푼 없었지만, 내 안의 뜨거운 피와 직업적 능력만 믿고 베이징이라는 대도시 안으로 거침없이 발을 내디뎠다.

가진 것이 없었기에 두려운 마음도 없었다.

같이 면접을 본 사람들 중에는 대학에서 교수를 해도 될 정도의 학력과 경력을 가진 사람도 많았다. 그러나 나는 겁 없는 초심자의 기세로 순조롭게 3차 관문까지 진입할 수 있었다.

그런데 하루는 면접관이 나에게 "강의 실력은 좋은데 옷이 너무 허름하다."며 "다음에는 꼭 좋은 옷을 갖춰 입고 나오라."고 말했다. 그런데 그가 알지 못하는 것이 있었다. 실은 그날 입고 간 옷이 내가 가진 옷들 중에 가장 좋은 옷이었다는

안정된 삶이란 살아 있는 시간을 낭비하는 것

사실이었다.

내 구차한 사정을 들은 샤오둥은 얼마 남지 않은 자신의 카드 잔액을 털어 나에게 보태 주었다. 나는 그 돈으로 거리에서 새 옷 한 벌을 겨우 마련할 수 있었다. 만만치 않은 베이징 물가에 자꾸만 한숨이 나왔지만, 어떻게든 새 옷을 마련하고 나니 또 묘한 감동이 밀려들었다.

그날 이후 나는 순조롭게 신동방에서 영어 강사로 일할 수 있게 되었다.

그 당시 나는 최상의 강의를 위해 주기적으로 하루를 통째로 굶곤 했다. 이렇게 하면 뇌에 혈액공급이 원활해지면서 한결 효율적으로 강의할 수 있었기 때문이다. 그때마다 샤오난과 샤오둥은 나를 안쓰러워하며 감자칩이나 비스킷 같은 걸 가져다주었다.

강사 수입은 나쁘지 않았다. 한 달 뒤에는 생애 처음으로 번듯한 수입도 손에 쥘 수 있었다. 나는 두 친구를 학교 근처의 주점으로 불러내, 마음껏 음식도 주문하고 맥주도 마셔보았다.

그날 밤, 샤오둥과 샤오난이 나에게 말했다.

"넌 이미 네가 목표로 하는 삶에 첫발을 내디뎠구나. 우리도 노력하면 5년 뒤에는 괄목할 만한 뭔가가 돼 있겠지?"

꿈으로 향하는 길에 동행이 있다는 건 분명 행복하고 안심이 되는 일이다. 넘어져도 일으켜줄 누군가가 있다는 것을 알고 나면 더욱 마음 놓고 달려나갈 수 있기 때문이다.

그 시절 우리는 종종 길바닥에 자리를 깔고 앉아 다음 날 새벽까지 술을 마시기도 했다. 지금 돌이켜 보면, 조금은 고삐 풀린 채 내달리는 망아지 같기도 했다.

내가 사관학교를 자퇴한 뒤로는 샤오난, 샤오둥과 만날 기회도 현저히 줄었다. 그러나 우리는 각자의 삶을 충실히 살아갔다.

샤오난은 배낭을 메고 리장과 티베트 등지를 누비며 카메라와 키보드로 여행의 일상을 기록해나갔다. 리장의 한 방송국에 갔을 때에는 방송국 직원들도 그를 알아보고 "난꺼(楠哥, 난형)"라고 부르며 친근하게 맞이했다고 한다.

샤오둥은 사관학교를 졸업한 뒤 부대에 남는 것을 포기하고 허난성(河南省)에 있는 작은 현의 지방 관료가 되었다. 수입은 넉넉하지 않았지만, 삶의 기반을 개선시켜나가며 현지 주민들의 존경을 받고 있어 스스로도 만족스러워했다.

우리는 그렇게 각자 다른 지역에서 살고 있었지만, 뜻밖의 휴가가 생기면 서로의 지역으로 가서 회포를 풀곤 했다. 이제는 서로 멀리 떨어져 있고 자주 만날 수도 없게 되었지만, 이따금 만나 술잔을 기울이면 마음의 거리는 순식간에 예전으로 돌아갔다.

우리는 저마다 자신의 세계에서 나름의 고충에 시달리는 가운데 자신이 좋아하는 것들을 추구하고 또 누리면서 살아간다. 얼마 전 샤오둥은 "이제 밥 굶는 건 걱정하지 않아도 돼서 정말 좋다."고 말했다.

누구든 과감히 고난을 짊어져야 하는 시기에 그 시간을 낭비하지만 않으면, 얼마든지 자신이 원하는 자기 자신으로 살아갈 수 있다. 우리 셋은 지금도 그 시절의 마음가짐을 그대로 간직하고 있고, 지나온 시절을 추억할지언정 미련이나 후회는 진혀 없다.

이 시대는 너나할 것 없이 입신양명에 대한 욕구와 타인에게 인정받으려는 욕구만 범람하고 있어서일까. 성공했다는 이들 중에도 상당수가 꿈을 이룬 뒤에 오히려 자기 자신을 잃고 표류하는 것을 볼 수 있다. 동창회에 가면 온몸에 명품을 두르고 있거나, 자신의 외제차를 보여주고 싶어 몸이 달아 있는 이들이 있다. 가족이나 친척과 대화하면서도 중국어 사이사이에 꼭 영어를 섞어 쓰는 이들도 있다. 조금이라도 더 남보다 높아 보이고 싶은 안달이겠지만, 우리는 모두 거대한 세상을 이루고 있는 작은 개미일 뿐이다. 자신이 발 딛고 선 자리를 잊은 채 발꿈치와 목에만 힘을 준다고 해서 자신의 본질이 달라지지는 않는다.

나는 샤오둥과 헤어지는 길에 이렇게 말했다.

"우리, 나중에 얼마나 대단해지든 얼마나 큰돈을 벌든, 가진 게 없어서 돌파 정신으로 충만했던 대학 시절만은 절대로 잊지 말자."

그러자 샤오둥이 말했다.

"사실 힘들게만 느껴지는 시간도 버텨나가다 보면 또 익숙해지게 돼 있지."

그렇다, 실은 꿈이란 것도 꾸역꾸역 버텨나가다 보면 어느새 이루어져 있는 것이다.

1-12

평범이란, 때로
이대로 뻔하게만 살다 죽으라는 말과 같다

이번에도 친구 하나가 베이징을 떠나게 되었다. <u>최근에는 누군가와 헤어질 때마다 그대로 영원한 작별이 될 것 같은 느낌마저 든다. 물론 인생은 예측할 수 없는 것이므로 언제든 다시 만날 날이 올 수도 있겠지만.</u>

그녀는 이제 조금 평범하게 살고 싶다고 했다. 베이징의 살인적인 집세도 감당하기 어렵고, 심야까지 이어지는 야근이 반복될 때면 왜 이렇게 살아야 하는지 눈물이 난다고 했다.

나는 말없이 고개만 끄덕였다. 낭사자가 아닌 이상 내가 그녀의 깊은 고민을 다 헤아릴 수는 없을 것이다.

몇 년 전까지만 해도 내 눈에 비친 그녀는 이렇게까지 무력하지 않았다. 미술책 편집자였던 그녀는 대학을 갓 졸업하고 베이징 생활을 시작하면서 나와 알게 되었다. 나는 그녀가 늦은 밤까지 이어지는 야근에 지쳐 쓰러질 듯 눈물만 뚝뚝 흘리던 모습도 모두 지켜보았다. 그런 와중에도 그녀는 짬을 내어 영어반에 등록할 만큼 열정적으로 살아가고 있었다.

그런데 바로 그때 고향에 계신 부모님이 결혼을 독촉해왔다. 그녀는 이제 겨우 27살이었지만, 부모님의 눈에는 얼른 결혼해야 하는 나이로만 보였던 모양이다. 부모님은 그녀에게 베이징에서 여자 혼자 무슨 고생이냐며, 쓸데없는 일로 세월 낭비하지 말라고 했다.

그러나 자유분방하고 개성적인 이 도시에서는 누구도 그 나이에 결혼하지 않는다고 뭐라 하는 사람이 없었다.

그녀가 좀처럼 꿈쩍하지 않자, 그녀의 어머니는 폭발하고 말았다.

"사람은 그저 평범하게 사는 게 최고야. 여자애가 무슨 일을 그렇게 하겠다는 거야? 여자는 일단 가정이 있고 자식이 있어야 되는 거야. 그런 게 여자 인생에서는 제일 중요해!"

아아…! "안정된 직장 잡아서 그저 평범하게 살아야 산다"는 말이 지금도 얼마나 많은 의욕에 찬 젊은이들의 가슴을 짓밟고 있는가.

어른들 세대에게는 평범한 삶이 최고의 가치였을 수 있다. 한평생 전쟁, 기아 등 갖가지 극한의 고난을 겪으며 살아온 그들에게는 평범한 삶이야말로 가장 누리기 어려운 것이었다.

그러나 지금의 자식 세대는 그렇게까지 험하게 살아오지 않았다. 더욱이 이제 갓 학교를 졸업했을 뿐인데, 뭔가를 제대로 불태워볼 새도 없이 어서 평범한 삶을 살라고 등을 떠민다? 그런 평범이란, 이대로 뻔하게만 살다 죽으라는 말과 같다.

그러나 그녀는 결국 부모님 뜻대로 평범하게 살기로 했다. 베이징에서 하던 일을 포기하고, 부모님이 정해둔 고향의 공무원 남자와 선을 보기로 했다.

그런데 그 남자와 몇 번 만나보기도 전에, 부모님은 그녀에게 얼른 결혼하라고 채근해대기 시작했다고 한다.

그후로는 그녀도 나도 점점 연락이 줄어들었다. 서로 갈 길이 달라졌다고 느껴지면서 내 기억에서도 점점 잊혀갔다.

그런데 뜻밖에도 그녀는 몇 달 뒤에 다시 베이징으로 돌아왔다. 비행기에 오르기 전에 그녀는 나에게 전화해서 공항에 마중을 나와 줄 수 있느냐고 물었다. 나는 그녀가 베이징에 놀러오는 것인 줄만 알았다. 그런데 공항에서 만난 그녀는 큰 짐, 작은 짐들을 잔뜩 끌고 나왔다.

나는 그제야 그녀가 결혼 압박으로부터 도망쳐 나왔다는 걸 알게 되었다.

"내 젊음을 이런 식으로 파묻어버리긴 싫어. 다시 한 번 여기서 제대로 도전해 볼 거야. 난 부모님 말대로 평범하게만 살기는 싫어!"

나는 그녀의 짐을 같이 들고 그녀가 일찌감치 계약해두었다는 집으로 갔다. 집앞에 도착하니 어느덧 밤이 되어 있었다. 새삼 베이징의 야경이 아름답게 느껴졌다. 하루하루의 삶을 책임진다는 것은 분명 쉬운 일이 아니다. 그러나 모든 열정을 불태워본 뒤라야 평범한 삶도 떠올릴 수 있다. 담담함이란 고단한 세상사를 두루 경험하고 난 뒤에야 더욱 제대로 음미할 수 있는 맛이기도 하다. 세상을 제대로 경험해보기도 전에 산중은거를 택해버린다면, 산 속에 갇힌 우물 안 개구리가 될 수도 있지 않은가.

나는 평소 운동을 꾸준히 한 덕에 잔병치레를 거의 해본 적이 없다. 그런데 하루는 한밤중에 지독한 치통으로 입원을 한 적이 있다. 의사는 내 치아의 문제는 일찌감치 생겼던 것인데,

일 때문에 제때 진료를 받지 않다 보니 급성 염증이 생긴 것이라고 말했다. 그 말을 들으니, 인생은 당장 내일 무슨 일이 생길지 알 수 없는 것이라는 생각이 들었다.

우리가 할 수 있는 것은 그저 오늘 하루를 잘 살고, 가장 좋은 자세로 내일을 맞이하는 것이다. 인생의 한복판에 있는 젊음은 분투를 감당하기 위해 존재하는 시기이기도 하다.

"안정된 직장 잡아서 그저 평범하게 살아야 한다"는 말이 지금도 얼마나 많은 젊은 사람들의 분투 의욕을 꺾고 있을까.

초는 자신을 모두 태운 뒤에야 자신이 한때 얼마나 찬란한 빛을 내뿜었는지도 자랑할 수 있다. 한 번쯤은 열렬히 꿈을 좇아 보았어야 그 꿈이 가치 있는 것인지 아닌지도 알 수 있다.

그러므로 무력하게 투항하듯 너무 일찍 평범한 삶을 택해버리지는 말자.

누군가는 그런 삶을 택할 수도 있겠지만, 최소한 나는 그렇게 살고 싶지 않다.

젊은 나이에는 아쉬움이 남지 않을 만큼 치열하게 부딪혀 보는 경험이 있어야 한다고 생각한다. 그래야 훗날 백발성성하게 되었을 때 사랑하는 사람과 공원 벤치에 앉아 서로를 바라보며 지난 세월을 회상하며 담담한 삶의 평온도 누릴 수 있는 것 아닐까.

1-13

과연 나는
의미 있게 바쁜가

> 우리 삶에는 종종 바쁜 듯 보이지만 실상 게으름으로 채워져 있는 '가상적 분주함'이 존재한다.

신동방에서 영어강사로 일하기 시작한 첫 해에 나의 강의 시급은 시간당 140위안(약 2만4천 원)이었다. 듣자마자 꽤 많다는 생각이 들어서, 나는 바로 그렇게 하겠다고 대답했다. 그런데 수강생들이 지불하는 수강료를 계산해 보니, 시간당 650위안(약 12만 원) 수준이었다.

더 이상 학생도 아닌 데다 당장의 생계도 꾸려야 했던 나는 매일 10시간의 강의를 담당하기로 했다. 그때부터 오전 8시 반이면 강의실에 들어가 밤 9시가 넘어야 나오는 날이 반복되었다. 하루 종일 강의를 하고 나면 머리가 어지러워 제대로 서 있기조차 힘들었다.

그래도 강의에 대한 열정만은 컸다. 학생들이 단시간에 많은 지식을 흡수할 수 있도록 말하는 속도도 조금씩 높였다. 그러다 보면 얼굴에 피가 쏠릴 만큼 흥분하기도 했고, 촉박한 강의 일정 탓에 점심을 거르는 때도 많았다.

당연히 강의 중에는 휴대폰도 보지 않았다. 부모님조차 나에게 전화할 때는 전화해도 되느냐고 미리 문자를 보낼 정도였다. 만날 시간은 물론 연락 자체가 줄어들다 보니 친구들과도 거리가 멀어졌다. 계속 이렇게 살아도 되는지, 지금 내 상태가 어떤지를 돌아볼 시간도 없었다. 급기야 여자친구까지 나에게 "일이야, 나야?"라며 선택을 강요해왔다.

"무슨 그런 말을 해."

"택하기나 해."

"당연히 너지."

그러나 나는 대답만 그렇게 할 뿐이었다. 다음 날부터 다시 10시간 내리 강의를 했다.

당연한 결과이겠지만, 우리는 결국 헤어졌다. 헤어진 이유는 무엇으로도 변명할 수가 없다. 순전히 내가 너무 바빠서였다. 이른 아침부터 늦은 밤까지 강의를 해야 했으므로 일체의 오락도 즐길 수 없었고, 자기계발의 시간도 없었다. 친구를 만날 시간도 없었다. 하물며 그녀와 함께 있을 시간이 있었을까.

다행히 지금은 그때처럼 미친 듯 바쁘게 살고 있지는 않다. <u>그런데 지금 그때를 돌이켜 보면, 그 시절의 내 삶이 도리어 분주함보다는 게으름으로 채워져 있었다는 생각이 든다. 나는 일과 인간관계의 문제를 제대로 처리하는 데 게을렀고, 현상을 개선시키는 데 게을렀고, 나는 왜 이렇게 쓸데없이 바쁜가에 대해 숙고하는 데에도 게을렀다.</u>

나중에 나는 신동방에서 같이 일하던 다른 강사 두 명과 사표를 내고 함께 창업을 하기로 했다. 우리 세 사람은 각각 다른 능력을 가지고 있었지만 단합된 마음으로 똘똘 뭉쳤다.

우리는 비용 절감을 위해 여러 절차를 간소화시켰다. 강의료를 낮추고, 새로운 플랫폼을 구상하고, 강의안을 준비한 뒤, 수강생을 모으고, 강의를 개설했다. 그렇다고 이 모든 준비를 하느라 피곤할 정도로 매달린 것도 아니었다. 오히려 퇴사를 하니 갑자기 너무 많은 시간이 주어졌다고 느낄 만큼 여유로웠다. 그런데 신기하게도 연수입은 전보다 몇 배가 더 늘었다.

우리는 교재의 발송과 판매에 대해 배송비를 제하고, 학생들의 시간당 수강료는 199위안(약 3만 4천 원)으로 낮춘 뒤 CET 특별반을 개설했다. 그러자 수강생이 구름처럼 몰려들어 한 달만에 1만 명을 돌파했다. 그 결과, 여러 비용 절감 수단에도 불구하고 강사들의 처우를 낮추지 않아도 되었다. 강사들은 전보다 많은 자기 시간을 확보할 수 있게 되었다. 즉 예전만큼 빡빡하게 강의하지 않아도 되었다.

중국에는 "정신없이 바쁜 것이 곧 가난"이라는 말이 있다. "가난할수록 쓸데없이 바쁜 일만 많아진다"는 뜻이기도 하다. 사람은 어떻게 살아야 할지 차분히 생각하고 계획할 때라야 자기 삶의 주인으로 살 수 있다. 이들은 시간의 노예가 되지도 않고, 누군가에게 무분별하게 휘둘리면서 일하지도 않으며, 견딜 수 없는 지경으로까지 자신을 과로로 내몰지도 않는다.

반대로, 어떻게 살아야 할지 차분히 계획할 시간조차 없거나 현상을 개선시키는 데 관심이 없는 사람은 그저 바쁘고 피곤하게만 산다. '바쁘다'라는 것은 사실 자신이 왜 이렇게 바쁜지 생각해보는 데 게으르다는 뜻이자, 어떻게 해야 지금의 상황을 개선시킬 수 있는지, 다음 걸음은 어떻게 내디뎌야 하는지 숙고하는 데 게으르다는 뜻일 뿐이다.

누구보다 열심히 직장 생활을 하던 친구 징징(晶晶)이 떠오른다. 그녀는 출근은 일찍 하지만 불필요한 야근은 하지 않는, 일과 휴식을 비교적 잘 관리하는 여성이었다.

그런데 며칠 전에는 갑자기 남자친구와 헤어졌다는 소식을 전해왔다. 밤 11시까지 이어지는 야근이 너무 자주 반복되는 것이 문제였다. 그녀는 야근을 한 다음 날에도 피로가 가시지 않은 채 출근해야 했고, 거의 모든 사교활동도 포기하다시피 했다. 심지어 동료들과의 회식도 거절했다(순수하게 단합을 도모하는 회식이었는데도).

결국 그녀는 주체할 수 없는 피로에 찌들어갔고, 친구들과도 하나둘 사이가 멀어졌다.

나 역시 그녀와 만날 때마다 그녀의 얼굴에 가시지 않는 트러블과 팬더곰 같은 다크서클을 볼 수 있었다. 그녀는 지치다 못해 멍한 표정으로 사는 게 너무 힘들다고 토로했다.

그녀의 괴로움이야 충분히 이해했지만, 나는 냉정하게 솔직한 생각을 말해주었다.

"아니, 넌 지금 게으른 거야."

"네가 뭘 안다고 그래? 내가 지금 일 때문에 얼마나 힘든데!"

"넌 지금 소중한 사람들과 만나는 데 게으르고, 남자친구와 헤어진 이유에 대해 생각하는 데 게으르잖아. 지금 네 마음에 결핍된 감정이 무엇인지 파악하는 데에도 게으르고."

그녀는 내 말을 듣더니 한동안 생각에 잠겼다.

그날 이후 그녀는 자신을 힘들게 내몰면서까지 일하지 않았다. 친구들과도 다시 연락하기 시작했고, 새로운 모임에서 남자친구도 다시 사귀기 시작했다. 그녀는 다시 전처럼 일과 휴식을 잘 조율하는 삶으로 돌아왔다.

지금은 나와도 가끔 애프터눈 티를 즐기고 있다.

세상 모든 일에는 적절한 온도와 속도가 있다. 어떤 일에 지나치게 매달려 끌려다니다 보면, 그 일에 대한 진짜 열정까지도 잃고 만다. 더 이상 꼼짝할 수 없을 때까지 일만 밀어붙이는 것은 진정한 의미의 성실도 책임감도 아니다. 차라리 생각이나 방법을 바꾸어가면서 일하거나 주기적으로 휴식을 취할 때 오히려 일의 효율도 높아질 수 있다.

통제할 수 없는 리듬에 정신없이 끌려다니기만 하면, 생각하는 힘 자체가 줄어들어 애초에 이 모든 노력을 왜 시작했는지조차 잊어버리게 된다.

만약 지금 당신이 아무것도 돌아볼 수 없을 만큼 바쁘다면, 어떻게 해서든 삶의 속도를 조금 늦추어야 한다. 피로에 젖어 과속으로만 치닫는 사람 곁에는 아무도 마음 편히 머물 수 없다.

정신이 없을 만큼 바쁜 때일수록 반드시 그 상태를 멈추고 쉬기로 결심할 수 있어야 한다. 맹목석으로 바쁘기만 한 삶 끝에는 누적된 피로 외에 아무것도 남지 않는다. 아무리 바빠도 잠시만이라도 숙고한 뒤에 다시 일어나 달리면 된다.

반대로, 아무리 게으르게 살고 있더라도 삶에 대한 숙고와 계획까지 게을리 해서는 안 된다.

1-14

텅 빈 채 흘러가
집어삼켜지는 시간들

실패하는 사람들이 실패하는 이유는 제각기 다를지 모르지만, 성공하는 사람들에게는 뚜렷한 공통점이 하나 있다. 바로 시간을 아낄 줄 안다는 점이다.

<u>매순간 시간의 유한성을 절감하는 그들은 끊임없이 자신의 역할을 전환시키며 한줌의 시간도 낭비하려 하지 않는다.</u> 그렇다고 무리하게 밤을 새우거나 유난을 떠는 것도 아니기 때문에 남들 눈에는 별다른 노력을 하지 않는 것처럼 보이기도 한다.

얼마 전에는 CCTV에서 기자로 일하다가 퇴사한 친구와 만날 일이 있었다. 그녀는 나에게 직장을 그만두기로 한 이유에 대해 이렇게 말했다.

"난 한 가지 삶만 살다가 죽고 싶지 않거든. 여러 가지 다양한 삶을 경험해봐야 나중에 죽더라도 미련이 남지 않을 것 같아서."

기자는 각계의 유명인들을 많이 만나는 직업이다. 그 과정에서 그들의 고유한 삶의 궤적을 접하고 다양한 삶의 가능성을 발견하기도 한다.

그녀는 "얼마 전 창업을 했어. 앞으로는 일과 관련된 영역을 넓혀가면서 내 삶도 다양하게 꾸려갈 거야."라고 말했다.

<u>우리 주위에서도 삶의 고수들은 시간을 분초 단위로까지 쪼개어 쓰는 것을 흔히 볼 수 있다. 그들은 알람이 없이도 아침에 일찍 일어나고, 주위에 말리는 사람 하나 없어도 인터넷이나 게임을 하느라 시간을 낭비하는 법이 없다. 그들의 삶이 이렇게 고도의 자율성을 보이는 이유는 시간이야말로 이들에게 가장 가치 있는 것이기 때문이다.</u>

하루는 강연 차 어느 대학에 갔을 때였다.

평소 나는 차림새에 신경을 쓰지 않다 보니 외모도 학생처럼 보이는 면이 없지 않았다. 그날도 나는 현장에 일찍 도착한 김에 학생들이 앉는 자리에 앉아 객석이 차기만을 기다리고 있었다.

얼마 후 학생들이 마구잡이로 떠들며 하나둘 강당으로 들어오기 시작했다. 냉소적인 말투에 산만하기만 한 학생들의 모습에, 나는 잠시 두통이 일었다. 설마 일반 강의실의 풍경도 이럴까 싶었다. 다들 너무 바보 같게만 느껴져서 설마 저들이 진짜 대학생일까 의심스러울 정도였다.

마침 내 옆에 자리를 잡은 한 여학생은 앉자마자 한숨 자려는 듯한 태세를 취하더니, 얼른 기숙사로 돌아가고 싶다고 말했다.

나는 정말로 이유가 궁금해서 동료 학생인 척하고 물어보았다.

"기숙사에 가서 뭐하게?"

그녀는 내가 멋쩍어서 그냥 말을 걸어본 것이라고 생각한 모양이었다. 그녀는 무슨 참견이냐는 듯 나를 째려보다가 퉁명스럽게 말했다.

"아, 좀 자려고."

그녀의 대답에 나는 아무 말도 할 수 없었다.

강연이 끝나자, 그녀는 어쩔 줄 모르는 표정을 짓다가 나에게 다가와 같이 식사를 하고 싶다고 말했다. 나는 흔쾌히 그러겠다고 대답했다.

여학생은 나에게 이렇게 말했다.

"어차피 강연이 아니었더라도 애들은 대부분 기숙사에 있거나 나가 놀았을 거예요. 사실 학교 강의도 수준이 다 거기서 거기라 성실하게 듣는 애들이 거의 없어요."

"학교 수업이 그렇게 마음에 안 들면 자습이라도 하지 그래?"

"그래도 출석 체크를 하니까, 강의실에 안 들어갈 순 없죠."

"그럼 강의 시간에 사실상 자습을 하면 되잖아."

"실은 강의 시간에도 애들 대부분 자요. 아…, 다른 교수님들도 리 선생님 같으면 좋을 텐데…."

여학생은 마지막 말을 하면서 한숨을 푹 쉬었다.

"그나저나 대학 4년이 정말 빠르네요! 저는 모자란 잠 보충한 기억밖에 없는데…."

믿지 못할 수도 있지만, 이것이 많은 중국 대학생들의 현실이다.

많은 청춘들이 자신의 인생에서 가장 빛나는 시기를 무료

한 일에 낭비하거나, 어서 빨리 지나가기만 바라듯 무력하게 소진하고 있다. 하루하루를 어떻게 살아야 하는지 계획하지 않고, 당장의 소중한 시간을 어떻게 활용하면 좋을지도 생각하지 않는다. 부양 압박이 없는 그 시기에 얼마나 많은 경험을 할 수 있는지, 인생은 생각보다 짧고 또 얼마나 금방 지나가버리는지도 의식하지 못한다. 고독의 시간을 잘 활용하면 훗날 그 고독이 얼마나 눈부신 빛으로 변모할 수 있는지도 깨닫지 못한다.

다른 한 강연에서 나에게 공부의 효율을 높이는 방법에 대해 물어본 학생이 있었다. 나는 그 학생에게 평소 어디에서 공부하느냐고 물어보았다.

"기숙사요."

"기숙사에 있다 보면 침대 위에서 스마트폰만 쥐고 있게 되지 않니?"

그러자 뒤에 있는 다른 학생들이 찔린다는 듯 큭큭 웃기 시작했다.

"그러니 효율을 높이려면 스마트폰부터 내려놓고 침대 밖으로 나와야 해. 그게 가장 우선이지."

그러자 학생들이 일제히 박수를 치기 시작했다. 겨우 이런 말에 왜 박수를 치는 걸까. 아마 내가 한 말이 대부분의 학생들이 공감할 정도로 다들 시간 활용을 못하고 있다는 의미인 것 같았다.

우리가 생각하는 것보다 꽤 많은 시간이 그냥 그렇게 지나가버리고 마는 것은 '자잘한' 시간을 활용할 줄 모르고, 삶을 계획성 있게 꾸리지 못하기 때문이다. 이 두 가지는 청년기에 반드시 갖추어야 할 인생 습관이기도 하다.

또, 청춘의 시기에는 누구나 고독한 것이 정상이다. 그런 고독의 시간이 훗날 강력한 사회적 자원으로 돌아올 수도 있다는 것을 아는 사람은 의외로 많지 않다. 사람은 홀로 있는 시간을 정복할 때 비로소 진정한 능력을 손에 넣을 수 있다는 것을 기억해야 한다. 사람은 철저히 홀로 머무는 시간 동안 더 나은 존재로 단련되기 때문이다.

지금도 내 주위에는 매 시간 할 일을 적어둔 시간표를 가지고 다니는 친구들이 많다. 이 시간표는 오늘 반드시 해야 할 일과 하고 싶은 일, 해도 되고 안 해도 되는 일 등으로 구성되어 있다. '하루'라는 시간은 한정된 수량의 황금과 같다. 그러므로 반드시 해야 할 일이 있다면 가장 우선적으로 하고, 해도 되고 안 해도 되는 일은 조금 뒤에 두는 식으로 순위를 조정할 필요도 있다. 동시에, 아무것도 계획되어 있지 않은 자유로운 시간도 필요하다. 그런 시간이야말로 삶을 홀가분하게 만들어주고, 한층 다채로운 가능성에 열려 있게 하기 때문이다.

시간의 유한성과 자기 인생의 소중함을 알고 있는 사람은 인생의 시간을 함부로 낭비하지 않는다. 시간을 계획적으로 활용하며 자신이 원하는 삶을 얻고자 적극적으로 노력하지 않으면, 남는 것은 텅 빈 채 흘러가다가 그대로 집어삼켜지고 마는 시간뿐이다.

누구나 한 번쯤 낮에 실컷 자고 일어났더니 머리만 지끈거리는 경험을 해보았을 것이다. 하루 종일 게임만 하다가 날이 저무는 것을 보게 될 때의 허무감도 마찬가지다.

사관학교에 다니던 시절의 내 삶은 모든 것이 학교의 규율에 따라 지배되었다. 행군이라도 할 때면 보폭이며 걸음의 속도까지도 똑같아야 했다. 이런 환경에서 영어공부 같은 걸 할 수 있는 시간이 따로 있었을 리 만무했다. 시간을 확보할 수 있는 유일한 방법은 모든 자투리 시간을 그러모아 놓치지 않는 것뿐이다.

지금은 그렇게라도 한줌의 자유 시간을 확보할 수 있었던 데 대해 감사한 마음뿐이다. 당시 나는 간편하게 들고 다닐 수 있는 종이에 영어 단어와 문장을 적어두고, 먼지 한 톨만큼이라도 시간이 생길 때마다 꺼내 읽어보았다. MP3에 저장해둔 영어 파일도 취침 전 잠시 주어지는 자투리 시간에나 겨우 들을 수 있었다.

일전에 SNS에 쓴 「가장 좋은 휴식법」이라는 글에서 나는 '폭풍 수면 같은 것은 가장 좋은 휴식법이 아니다.'라고 말한 바 있다. 공부를 하다 피로가 몰려오면 침대에 뻗어 한숨 잘 것이 아니라 일어나서 간단히 산책이라도 하는 것이 낫다. 자신의 심장박동을 느끼며 걷거나 뛰어본 사람은 이 세상도 시시각각 역동적으로 움직이고 있다는 것을 느낄 수 있다. 그러나 하루 종일 나른한 감각에 젖은 채 누워만 있다 보면, 이 세상이 바람과 소리로 가득 차 있다는 사실도 느낄 수 없다.

나는 결국 사관학교를 나와 영어강사로서의 삶을 새로이 시작하게 되었다. 낮에는 끊임없이 강의를 하지만, 모두가 잠든 혹은 어딘가에서 놀고 있을 밤에는 집에서 조용히 글을 썼다. 몇 년 후에는 내가 쓴 시나리오가 영화와 드라마로 만들어지기 시작했고, SNS에 쓴 글들이 책으로 출간되면서 뜻하지 않게 작가가 되기도 했다.

나는 병원에서 임종을 앞둔 사람들을 보게 될 때마다 우리의 삶이 생각보다 얼마나 짧을 수 있는지를 절감한다. 삶이 이토록 유한하다는 것을 안다면, 최대한 많은 것을 배우고 다채로운 경험을 하면서 살고 싶어지지 않을 수 없을 것이다.

텅 빈 채 흘러만 가다가 집어삼켜진 시간들은 사실 당신 손 안에 있었던, 당신 인생의 시간들이었다.

시간이 너무 짧게만 느껴지는 사람들은 하루를 이틀처럼 살면서 최대한 많은 경험으로 인생을 다채롭게 꾸려나가려고 노력하지 않을 수 없다. 꿈틀꿈틀 역동적으로 움직이는 세상이 나른하고 게으르게만 굴러가는 삶보다 낫다. 그 세상에서 우리는 분명 더 많은 새로운 풍경을 볼 수 있을 것이기 때문이다.

잊지 마라. 청춘의 시기는 분명 당신의 생각보다 빨리 지나갈 것이다. 인생 전체의 시간도 마찬가지다. 1분 1초의 시간도 그냥 흘러가버리는 일 없도록 꽉 붙들어야 한다. 어느 날 문득, 사는 게 너무 허망하다고 탄식하고 싶지 않다면 말이다.

1-15

이직 후에 남는
사소하고 구질구질한 일들

    나의 한 친구는 직장에 출근해서 퇴근할 때까지 누구에게나 웃는 얼굴로 인사하고, 회식 때는 분위기 메이커 역할도 자처할 만큼 사내 인간관계가 좋은 편이다. 누구에게나 이렇게 사람을 기분 좋게 하는 비타민 같은 사람이 한두 명은 있을 것이다.

    어느 직장이든 사내 정치의 흑막이야 있기 마련이겠지만, 이 친구는 최대한 웃는 얼굴로 직장생활을 했고 동료들도 대부분 그를 웃는 얼굴로 대해주었다.

    잘 맞지 않는 동료가 단 한 명도 없었다고 하면 거짓말이겠지만, 표면적으로는 일단 모두와 사이가 원만한 듯했다.

    그런데 얼마 후 그에게 높은 연봉과 매력적인 조건을 제시하며 스카우트를 제안해오는 회사가 있었다. 그는 일찍 결혼을 해서 자녀도 있었는데, 아내는 맞벌이 때문에 자녀를 제대로 돌보아주지 못하는 것 같다며 늘 아쉬워하고 있었다. 그는 자신과 가족의 더 나은 미래를 위해 과감히 이직을 결정했다.

그런데 이직을 앞두고 마지막 짐을 정리하던 날이었다. 바로 어제까지 웃고 대화했던 동료들 중 아무도 그에게 말을 건네지 않았다. 마치 투명인간 옆을 지나가듯 그와는 시선도 마주치지 않은 채 자기 자리로 가서 고개를 파묻고 일만 하는 동료도 있었다.

한 동료는 그와 찍은 사진을 보란 듯이 서랍 속에 집어넣고는 세게 소리가 나도록 서랍을 닫는가 하면, 다른 한 동료는 그가 아예 존재하지 않는다는 듯 그의 자리로 가서 털썩 앉기도 했다.

심지어 프론트 데스크 직원조차 그를 보더니 깜짝 놀란 얼굴로 말했다.

"어머, 아직 안 가고 계셨어요?"

친구는 허탈한 웃음을 지으며 나에게 말했다.

"이런 걸 두고 인정세태(人情世態)라고 하는 건가?"

나도 쓴웃음만 지을 뿐 뭐라 해줄 말이 없었다.

나는 사관학교에 있을 때 "군복을 벗은 뒤에야 비로소 전우가 된다."는 말을 자주 들었다. 나중에 사회생활을 하고 보니, 그건 직장에서도 마찬가지였다. 직장 동료와 친구가 된다는 것은 퇴사 후에나 가능한 일이었다.

서로의 이익이 충돌할 수도 있는 환경에서는 얼굴에 지은 미소도 순수한 호의만을 의미하지 않는다. 직장이라는 전장(戰場)에서 주고받는 미소는 칼이 숨겨져 있는 갑옷과 비슷하다.

진정한 친구는 이익의 충돌이나 접점이 존재하지 않는 영역에서나 사귈 수 있는 것이다. 사람은 이익을 두고 다툴 필요가 없을 때 비로소 순수하게 감정을 교류하는 친교가 가능하기 때문이다.

그는 나에게 "회사 동료와는 정말 친구가 될 수 없는 걸까?"라고 말했다.

"네가 회사에서 일했던 가장 큰 이유가 뭐야? 돈 버는 거였잖아. 남들은 안 그렇겠어? 그렇게 각자 자기 목적을 위해 일을 하는 공간이 회사인데, 그런 곳에서 무슨 대단한 감정이 존재할 수 있겠니?"

사실 직원들 사이에 존재하는 감정도 사내 정치만큼 복잡하기는 마찬가지다. 당신이 지나는 말로 한 농담도 누군가에 의해 소리 소문 없이 그대로 상사에게 전해질 수 있고, 당신이 무심코 SNS에 털어놓은 불만이 그대로 캡처되어 상사의 휴대폰에 전송될 수도 있다.

그렇다고 해서 직장에는 인간적인 감정이 전혀 존재하지 않는다는 뜻은 아니다. 다만 직장에서의 감정은 우리가 자라오면서 경험한, 순수하고 자연스러운 감정보다 조금 더 복잡하고 계산된 모습일 수 있다는 것이다.

직장에서 생존을 도모하고자 한다면, 먼저 자기 자신을 살 보호하고 남을 믿는 데에도 신중해야 한다.

우리는 어디까지나 각자 자신의 목표(연봉이든 승진이든)를 위해 직장에 다니는 것뿐이다. 그러므로 회사에서 만나는 동료는 '가장 익숙한 낯선 사람' 정도로 여기는 것이 가장 좋다. 사생활이며 속마음까지 미주알고주알 털어놓을 만큼 가까워질 필요는 없다는 뜻이다.

회사 동료를 형제자매처럼 여기고 솔직한 생각까지 털어놓왔다가 마지막에 가서 상처를 받고 마는 건 자기 자신이 될 가능성이 높다.

동료들의 미소는 당신이 그 직장을 다니는 동안까지만 갑옷의 역할을 해줄 뿐이다. 많은 경우에 그 미소는, 당신이 이직을 하는 순간 날카로운 비수가 되어 당신의 등을 찌를 가능성이 높다.

잔인하게만 들려 받아들이고 싶지 않을지도 모르지만, 이것이 사실이다.

나도 한때 어떤 환경에서든 내가 노력하기만 하면 아무 문제 없을 거라고 생각하던 시절이 있었다. 어떤 환경에 있든 그 안에 녹아들기 위해 최선을 다했고, 인간관계도 나쁘지 않은 편이었다. 그러나 나는 두 번의 이직 과정에서 모두 '좋은 친구'라고만 여겼던 동료들이 차갑게 돌아서서 비난과 험담하는 것을 들어야 했다.

나중에야 나는 모든 사람은 독립적 개체인 동시에 집단의 일원이라는 것과, 어떤 집단이든 그 안에는 잠시만 머물다 떠나게 되어 있다는 사실을 깨달을 수 있었다.

전에 일하던 학원에서는 한 동료가 나를 포함해서 이직을 앞둔 강사 두 명을 사내 회의에서 공개 비난한 적도 있다.

나는 그 자리에서 반격할까도 생각했지만 곧 그만두었다. 나와 함께 이직한 강사들은 나중에 그가 곧 승진을 했다는 소식을 알려왔다.

그렇다 한들, 뭐 어쩌겠는가?

"그러니까 그가 우리를 공개 비난한 것도 결국은 상부에 충성심을 보이기 위해서였던 거지."

그렇다. 그 또한 이익의 일환이었던 것이다.

그제야 나도 많은 것을 이해할 수 있었다. 이익 동기가 최우선으로 작용하는 환경에서는 순수한 감정을 교류하기 어렵다는 것을. 그것은 상대가 누구든 마찬가지다.

우리가 이미 그 직장을 떠났다면, 그곳에서의 역할은 이제 남은 이들의 몫일 뿐이다.

나는 지금도 종종 이직한 사람들이 전 직장을 원망하거나, 전 직장의 직원들과 심한 갈등에 휘말리는 모습을 보게 되곤 한다. 그때마다 '어차피 떠나기로 했다면 그걸로 자잘한 감정은 정리하는 편이 좋을 텐데…' 하는 생각을 지울 수 없다.

어느 쪽의 입장이 옳고 그르건 간에, 비난하는 사람의 모습이 결코 좋게 보일 수만은 없기 때문이다. 더구나 그 자신이 이미 그 직장을 떠나기로 한 마당에라면 말이다.

당신이 직장을 떠나기로 했다는 것은 그 직장에 문제가 있다는 것이 드러났다는 의미이기도 하다. 그렇다면 다시금 내가 전 직장의 문제를 비난한다고 해서 내 입지가 더 나아질 일도 없지 않은가. 그렇다면 차라리 전 직장에 대해서는 일단 좋게 말하는 편이 자신의 평판이라도 보호하는 현명한 방법이 될 수 있다. 이를 테면, "전 직장도 충분히 좋은 곳이었지만 제가 좀 더 도전을 하고 싶었거든요."라는 식으로 말이다.

지금 당신의 길 위에서 열심히 달려 나가고 있다면, 너무 자주 뒤를 돌아보는 것은 좋지 않다. 특히 그것이 뒤에 있는 사람을 비난하기 위해 돌아보는 것이라면 더욱 좋지 않다. 그렇게 해서는 달리기도 비난도 제대로 할 수 없지 않겠는가?

지금 당신이 꿈을 이루어가는 길 위에 있다면, 누가 뒤에서 뭐라 하건 신경 쓰지 않는 것이 가장 좋다. 지금 서 있는 그 길은 다른 누구도 아닌 당신 인생의 길이다. 파리 몇 마리 웅

웅거린다고 일일이 상대하다 그대로 넘어질 수는 없는 노릇 아닌가? 지금 자신의 길 위에서 전속력으로 달리는 사람에게는 바람 소리밖에 들리지 않을 것이다. 눈앞의 광활한 풍경을 두고 구태여 파리나 보고 있을 틈이 없기 때문이다.

이제부터 당신 앞에 펼쳐지는 길은 분명 전보다 더 아름다울 것이다. 당신이 전 직장을 떠나기로 한 것도 더 나은 자신이 되기 위해서가 아니었던가.

그렇다면, 이제부터 남은 몫은 당신이 하기 나름이다.

1-16

고단한 풍파 끝에
서광이 비치는 것이 인생

한창 이 글을 쓰고 있을 때, 우리는 만저우리에서 하이라얼(海拉尔)로 가는 기찻길 위에 있었다. 기차 안에는 나와 샤오둥 외에 아무도 없었다. 샤오둥은 침대칸에 누워 소설을 보고 있었고, 나는 멍 하니 창밖을 보다가 이따금 노트북 키보드를 두드렸다. 사실 베이징에서의 생활 형편이 조금씩 나아질수록 예전의 힘든 경험에 대해서는 쓰고 싶지 않은 마음도 든다. 우리의 앞 세대가 겪어온 고난에 비하면, 나와 친구들이 겪은 어려움은 너무나 사소하게 느껴지기 때문이다.

그러나 샤오둥과 만날 때만은, 특히 이대로 쓰러지면 영원히 깨어나지 못할 만큼 서로의 잔에 술을 들이부을 때면, 불과 얼마 전까지도 끼니를 걱정할 만큼 어렵게 지냈던 날들이 자꾸만 떠오른다. 아무 가진 것이 없더라도 술잔만은 허심탄회하게 기울일 수 있는 관계가 진짜 우정을 나눈 사이라고 믿기 때문이다.

이 글은 그 어렵고 힘든 시절의 우리 두 사람에 대한 기록이다.

당시 샤오둥과 내가 속해 있던 육군사관학교는 똑같이 생긴 나무들이 빽빽이 들어선 방풍림 같은 곳이었다. 그 안에서 샤오둥과 나는 그 나무들 사이에서 숨쉬기조차 힘들어 하는 두 그루의 나무였다. 우리 둘은 어느 무리에도 속하지 못한 채 겉돌고만 있었다.

그러나 나는 무리와 다르다고 해서 내가 꼭 틀린 것이라고 생각하지는 않았다. 꿈이 너무 먼 곳에 있다는 이유로 눈앞에서 잘라내야 한다고도 생각하지 않았다.

내가 샤오둥과 알게 된 것은 1학년 때, 함께 교내 영어경연대회에 참가하면서였다.

사관학교에서는 모두가 똑같은 옷을 입고 똑같은 머리 모양을 하고 있었다. 표정마저 다들 똑같이 굳어 있어서 누가 누군지 구분하기 어려울 정도였다. 그러나 영어경연대회 현장만큼은 달랐는데, 참가자 중 첫 조에는 다리 하나를 절뚝거리는 선배가 있었다. 나중에 알고 보니, 신나게 축구를 하다가 삔 거라고 했다. 결과적으로 그 선배가 영어경연대회에서 전교 1등을 했고, 내가 2등을 했다. 그 선배는 유일하게 나를 초스피드로 패배시킨 상대였다.

대회의 시상식이 있던 날, 나는 선배의 옆자리에 서서 나보다 한 뼘 높은 자리에 있는 그를 올려다보았다. 그때 선배는 웃으며 나에게 봉투 하나를 내밀었다.

"자, 대회 당일 사진이야."

봉투를 열어 보니, 그날 선배가 특별히 사람을 불러서 찍은 대회 현장 사진들이 들어 있었다. 선배는 그날 찍은 사진들

중 내가 찍힌 사진을 모두 골라 따로 현상까지 해온 것이었다. 봉투 안에는 장문의 편지도 들어 있었다. 대부분의 내용은 잊어버렸지만, 지금까지도 내 가슴에 깊이 남아 있는 문장이 하나 있다.

"딱딱하기 그지없는 이 환경에서 널 알게 돼서 정말 기뻐. 앞으로도 계속 전진하는 삶을 살아가길 바라."

그 선배와는 그날 이후 다시 만나지 못했지만 편지 속 한마디, 특히 '딱딱하기 그지없는 이 환경'이라고 한 말에는 절절이 공감하지 않을 수 없었다. 더욱이 그때 나는 아직 1학년이었지만, 다음의 사실들도 분명히 인지하고 있었다.

여기 들어온 이상 나의 미래는 확고히 정해져 있다는 것, 그리고 학업 성적이나 훈련 성과가 아무리 우수하더라도 집안 배경이 좋거나 고위층과 닿는 인맥이 있어야만 좋은 부대로 배치될 수 있다는 것.

그러나 이렇게나 닫힌 환경에서도 진취적인 노력이라는 것을 행하는 이들이, 드물지만 엄연히 존재했다. 그리고 나도 그런 사람들 중 하나가 되고 싶다고 생각했다.

하지만 정말로 그렇게 되지는 못했다. 나는 좋아하지 않는 과목에 대한 반감이 심했고, 매학기 성적은 어김없이 나를 질망에 빠뜨렸다. 당시에는 그저 괴롭기만 했다. 모두가 학점에만 몰두할 뿐 훗날의 쓰임새 따위는 생각하지 않았다. 나는 그저 도망치고만 싶었다. 다들 그런 모종의 반발심과 무력감을 가지고 있었고, 나도 예외가 아니었다.

그러던 어느 날, 샤오둥이 내 앞에 나타나 뭔가를 내밀었다.

"샹룽, 이 책 한번 읽어볼래?"

나는 기숙사 계단에 앉아 그 자리에서 그 책을 다 읽었다.

그리고는 그 책에 대해 샤오둥과 오랫동안 이야기를 나누었다. 자세한 내용은 기억나지 않지만 『대학 시절에는 모르는 것(大學不知道)』(대학에서는 가르쳐주지 않는 공부, 직업, 인생 문제에 대한 자기계발서 - 옮긴이)이라는 제목의 책이었다.

<u>그날 샤오둥과 나는 대학 시절을 우리들과는 전혀 다르게 보낼 수도 있다는 것을 처음 알게 되었다. 매일매일을 각기 다른 빛과 향기로 채울 수도 있고, 계획을 세우고 이상으로 충만한 삶을 살 수도 있으며, 자유롭게 순간순간을 누릴 수도 있다는 것을.</u>

그러나 그런 것 가운데 무엇도 당시 우리는 가지고 있지 않았다. 빛나는 자유도, 삶다운 삶도, 경제적 자원도 없었다. 달랑 청춘 하나만을 가진 채 똑같은 하루하루를 이어가고 있을 뿐이었다.

"대체 우린 왜 이렇게 살고 있어야 하지? 최소한의 자유도 없이!"

내가 울분에 차서 한탄하자, 샤오둥이 말했다.

"우린 특별히 잘하는 게 하나도 없잖아. 그러니 멋지게 사는 건 둘째 치고, 다른 길로 가서 직업을 찾는 것도 어려울 수밖에."

그날 이후로 우리는 서로 마음을 터놓는 친구 사이가 되었다. 나는 고민이나 힘든 일이 있을 때면 도서관 한구석에서 샤오둥과 만나 이런저런 이야기를 나누었다. 사관학교에서는 학생들의 단독 행동마저 금지할 만큼 규정이 엄격했다. 혼자서는 도서관을 비롯한 다른 어디로도 갈 수 없을 정도였다. 그러나 우리는 샛길로 빠져 담장을 넘는 방식으로 도서관에서 자주 마주쳤고, 그때마다 이런저런 이야기를 나누었다. 이게 몇 년 간의 사관학교 생활 가운데 유일하게 뚜렷이 남아 있는 장면이다.

2학년 때에도 참가한 영어경연대회에서 나는 베이징 시 우승을 했고, 베이징 시 대표로 참가한 전국 대회에서는 3등을 했다.

그러나 무엇이 진짜 내 삶의 방향인지는 여전히 알 수 없었다. 사관학교를 졸업하면 소대장이 되는 것 아니냐고 말하는 사람도 있었지만, 나는 그런 말만 들어도 혀를 내둘렀다. 난 결코 그렇게 되고 싶지 않았다. 바로 그렇게 되지 않기 위해 노력해왔다고까지 말할 수 있을 정도였다.

기숙사의 룸메이트는 정신없이 온라인 게임을 하다가, 이런 고민을 하고 있는 나를 돌아보며 한 마디 했다.

"쳇, 허세 쩔기는!"

정말이지 주변 사람들과 마음속 이야기는 단 한 마디도 나눌 수 없는 환경이었다.

그러나 도서관에서 만나는 샤오둥만은 예외였다.

"너무 마음 쓰지 마. 네가 언젠가 밖으로 나가면, 그런 면들이 남들과는 다른 너만의 개성이란 걸 알게 될 거야. 여기와는 다른 새로운 사람들도 만나게 될 거고."

샤오둥의 말에, 나는 오랜만에 웃음을 지을 수 있었다.

내가 2학년 때 영어경연대회에 참가했던 사실은 익히 알려져 있지만, 그 참가 과정에 얽힌 험난했던 비하인드 스토리를 속속들이 아는 사람은 많지 않다.

신종 플루가 유행하고 있던 어느 날, 하늘에서는 눈이 쏟아지고 있었다. 당시 사관학교에서는 규정상 기숙사는 한 방에 8명, 그중 외출이 가능한 인원은 일주일에 2명까지였다. 하지만 신종 플루 때문에 두 달째 외출 인원은 거의 없는 상태였다. 신종 플루가 잠잠해졌다 싶을 때, 간부 두 명이 무단으로 외출했다가 기숙사로 돌아온 뒤 고열을 앓기 시작했다. 그런데 상부에서는 이들의 집안 배경 때문에 심하게 처벌하지는 못했다. 그래도 규정을 위반한 것은 사실이었기 때문에 뭔가 조치를 취하기는 해야 했다. 그 결과, 상부에서는 애먼 사람을 잡기 시작했다. 소대장 이상의 간부조차 절대로 외출할 수 없게 되었고, 생도들에 대한 보초도 강화되었다. 일반 생도인 나는 당연히 아무런 권리가 없었다. 상부의 지시대로 이제 외출은 불가였다.

그런데 마침 그 달에 《희망의 별(希望之星)》 영어대회 참가 일정이 잡힌 것이다.

나는 증명 서류와 수수료를 봉투 안에 넣고, 사관학교 외부에 있는 친구에게 부쳤다. 그런데 무슨 일인지 2주가 넘도록 편지는 친구에게 제대로 도착하지 않은 듯했다. 첫 번째 예상치 못한 난관이었다.

한참 후에야 친구에게서 전화가 걸려왔다.

"야, 넌 편지에 돈만 넣고 네 신상정보를 안 적으면 어떡하니?"

"아아!"

친구는 내 행동에 어처구니가 없다는 듯 쏘아붙였다.

"으이구, 이 바보 녀석!"

두 번째 예상치 못한 난관이었다.

게다가 사실 나는 이 무렵 영어대회 지원서를 보내놓고도, 실제 참가를 거의 포기하고 있던 터였다. 그런데 하늘이 도운 것이었을까. 가장 깊은 절망에 빠져 있던 그때 희망의 서광이 비쳐들었던 것이다. 그날 우연히 저녁에 샤오둥을 포함한 선배 몇몇과 술을 마셨는데, 그들의 격려로 나는 대회에 참가하기로 하고, 이튿날 오후 휴식시간에 나는 다시 그 외부의 친구에게 전화를 걸었다.

<u>지금까지도 나는 그 시절의 일을 떠올릴 때마다 우연의 연속이라 할 수 있는 여러 기회와 모든 주변 상황들이 맞아 돌아가게 해준 하늘의 안배에 감사한다.</u>

노력하는 사람에게도 운은 분명 간과할 수 없는 요소다. 절망하고 있던 나를 다시 한 번 일어설 수 있게 토닥여준 친구에게도 고마운 마음이 든다. 그날 이후 나는 최대한 긍정적인 마음을 가진 사람들과 친구가 되어야 한다는 것을 알게 되었다. 어떤 사람이 친구로 있느냐가 자신의 위치를 결정하게 되어 있기 때문이다.

나는 곧 자퇴를 하기로 결정했지만, 무슨 이유에서인지 나의 자퇴 신청은 좀처럼 받아들여지지 않았다. 그러나 나는 자유를 다시 찾기 위해서라면 어떤 댓가도 치를 각오가 되어 있었다. 학교 안에서는 자퇴 승인을 위해 간부들과 지루한 공방전을 벌이는 한편, 학교 밖에서의 길을 예비하기 위한 노력도 병행했다.

나는 몰래 학교를 빠져나가 신동방 영어학원의 강사 면접도 보았다. 학교에서부터 신동방이 위치한 중관춘까지는 거리도 꽤 먼 데다 교통도 자주 정체되는 곳이었다. 나는 혹시라도 예상 밖의 일이 생겨서 내 발목을 잡는 일은 없기를 바라며, 오전 9시에 잡힌 면접을 위해 6시에 일어나 침구를 정리하고, 그대로 담을 넘어 학교 밖으로 나갔다. 이어 택시를 타고 신동방에 도착, 면접이 끝난 뒤에는 버스를 타고 학교로 돌아왔다. 그날 오후 학교에는 무사히 돌아왔지만, 예상치 못한 피곤한 일이 기다리고 있었다.

간부들은 안정된 삶의 장점을 설파하며 어떻게든 나를 달래 붙들어 놓으려고 했다. 하나 같이 배가 잔뜩 나온 그들의 모습에 나는 몰래 웃음이 나왔지만, 일단은 아무 말도 하지 않았다.

그보다 더 두려운 일은 기숙사에서 기다리고 있었다. 룸메이트들은 하나 같이 나를 무슨 외계의 돌연변이라도 되는 듯 노려보았다.

그나마 다행이었던 것은 면접이 성공적이어서 강사 생활을 시작할 수 있게 되었다는 점이었다.

하루는 강의를 마치고 학교로 돌아오는데, 그 달 쓸 돈이 거의 다 떨어진 상태였다. 남은 돈이라고는 당장 버스 한 번 탈 수 있는 현금과 카드에 남아 있는 28위안(약 4800원)이 전부였다. 일단 버스를 타고 학교로 돌아오는데, 교문 앞에 도착할 때쯤 핸드폰 벨소리가 울렸다.

샤오둥이었다. 그동안 나에게 있었던 일을 모두 알게 되자마자 곧바로 전화한 것이었다. 샤오둥은 다짜고짜 나에게 밥은 먹었느냐고 물었다.

나는 빈 주머니를 더듬으며 "먹었어."라고 대답했다.

샤오둥에게는 그렇게 들리지 않았던 모양이다.

"얼른 학교 앞 분식집으로 와."

학교 앞에 있는 작은 분식집 문을 여니 샤오둥이 나를 기다리고 있었다. 테이블에도 이미 족발과 땅콩 볶음, 라면, 맥주 몇 명이 놓여 있었다.

"안 먹은 거 알아, 얼른 먹어."

나는 샤오둥의 말을 듣자마자 맥주부터 집어 들고 마시기 시작했다. 그런데 갑자기 눈물이 났다.

샤오둥은 말없이 훌쩍이기만 하는 나에게 "괜찮아, 다 지나갈 거야."라고 말했다.

학교 앞 분식집은 작고 낡은 곳이었고 테이블에 올라오는 것도 소소한 음식과 술이 전부였지만, 우리에게는 너무나 따뜻하게 느껴지는 곳이었다. 그날 우리는 작은 희망도 느낄 수 있었다.

다음 날에도 강의가 있었지만, 남은 현금은 전 날 다 써버린 상태였기 때문에 버스도 탈 수 없었다. 버스 정류장에는 등교하는 아이들이 버스를 기다리고 있었다. 그때 난감해하는 내 표정을 읽은 샤오둥이 무슨 일이냐고 물었다.

나는 일단 내가 처한 사정을 솔직히 이야기했다.

샤오둥은 자기 주머니도 텅 비었으면서 주머니를 더듬더듬 하더니 "지금 네 현금카드로는 얼마를 뽑을 수 있니?"라고 물었다.

"28위안." 나는 쑥스러워하며 대답했다.

"살렸나! 시금 내 현금카드로 72위안 뽑을 수 있기든. 네 카드로 뽑을 수 있게 송금해 보내줄 테니까 100위안(약 1만7천 원) 뽑아서 써."

당시에는 샤오둥도 나도 부모님께는 손을 벌리지 않으려고 애쓰고 있었다. 죽을 병이라도 걸렸다면 모를까, 그런 게 아니라면 부모님께는 항상 "전 잘 지내고 있어요, 걱정 마세요."라고만 말씀드리고 있었다. 몇 번 조금 큰돈이 필요한 일이 있었지만, 어떻게든 친한 친구들끼리 힘을 모아 해결하고 나서 평펑 울었다.

그날부터는 샤오둥의 도움 덕분에 버스는 타고 다닐 수 있게 되었다. 그렇게 며칠이 지나자 수중에는 다시 십여 위안밖에 남지 않게 되었다. 그날 저녁에는 남은 돈을 다 털어 샤오둥과 함께 분식집 라면을 먹으며 또 한 번 눈시울을 붉혔다.

그날 이후에도 우리는 함께 술을 마실 때마다 그 시절의 일을 떠올리며, 그 시절 이후의 고생은 그 시절에 비하면 아무것도 아니라고 되뇌곤 한다.

자퇴를 하기로 결정한 뒤에는 부모님의 반대에도 부딪혔다. 특히 부모님은 두 분 다 오랫동안 군인으로 살아오셨기 때문에 그 길만이 가장 안정적이라는 믿음이 강했다.

그러나 바람의 속도로 변하고 있는 이 세상에, 안정적인 길이 대체 어디 있단 말인가? '변화하지 않는 것은 변화 그 자체'뿐이다.

내가 베이징에서의 새로운 삶을 시작하기로 하며 고향 집을 떠나올 때 아버지는 "앞으로는 뭘 해서 먹고살 생각이냐?"고 물으셨다.

"제가 가진 능력으로요."

나는 그렇게 대답하고, 그동안 모아둔 돈 5000위안(약 85만 원)을 챙겨들고 베이징으로 향했다.

베이징에서 처음 구한 집은 욕실을 개조한 작은 방이었다. $10m^2$ 남짓한 공간이었지만 한 달 월세가 1500위안이었다. 입주 직후에는 첫 세 달 월세를 한꺼번에 지불해야 했다. 월세를 내고 남은 500위안(약 8만 원)으로 최소한의 세간을 마련하려니 도저히 답이 나오지 않았다. 당장 덮고 잘 이불이나 살 수 있을까 싶었다. 그 시기가 가장 힘들었다. 집을 구한 후 첫 2

주 동안은 라면만 먹으면서 버텼고, 사람들을 만날 여유 같은 것은 아예 없었다.

어차피 만날 수 있는 친구도 없었다.

그런데 며칠 후 샤오둥이 주말 휴가를 내고 나를 만나러 와 주었다. 손에는 각종 세면도구와 한 번도 쓰지 않은 타월담요까지 들고서.

나는 하늘이 우리에게 내리는 고난이 우리를 더 나은 존재로 단련시키기 위한 것이라고 믿는다. 사람은 평생에 걸쳐 수없이 많은 고난을 겪고 또 이겨내며 살아간다. 그러한 고난이 자신을 쓰러뜨리지 못했을 때 그 고난으로 인해 더 강해질 수 있다고도 믿는다.

3년 동안 정신없이 일하다 보니, 업계 안에서 조금씩 내 이름이 알려지기 시작했다. 나는 매일 강의를 하기에 앞서 벽에 대고 모의 강의를 한 뒤에 강단에 올랐다. 학생들은 1주일에 5시간 듣는 강의를 위해 나는 50시간을 준비했다. 어떤 학생들은 내가 자기들과 같은 또래인 90년대생이라는 것을 믿지 못했다.

어느 정도 경제적 기반이 마련된 뒤에는 글을 쓰고 영화 작업도 시작했다. 이제는 누구에게도 의지하지 않고 충분히 생활할 수 있을 정도가 되었다. 3년 후에는 나만의 집과 차가 생겼고 생활도 훨씬 여유로워졌다.

그 사이 샤오둥은 사관학교 생활을 잘 마치고 베이징 소재의 부대로 배치되었다.

우리는 시간이 날 때마다 만나서 술잔을 기울였다. 한 번 술을 마시기 시작하면 꼭 늦은 밤까지 마시며 우리의 지나온 삶과 미래에 대해 이야기하게 되었다.

시간이 흐르면서 생활도 점점 나아졌고 이별도 더 이상 고통스럽지만은 않게 되었다.

그런데 지금은 이렇게 만저우리에서 하얼빈으로 가는 이 기차 안에는 샤오둥과 나, 둘뿐이다. 모처럼 만난 평온 속에서 이 글을 쓴다. 지금은 새해 명절이라 이 여행을 함께 하겠다고 나서는 친구들도 없다. 샤오둥과 나에게는 이 여행이 모처럼 조용히 지난날을 추억하는 시간이 되어주고 있다.

어제는 샤오둥과 장시간 술을 마시며 많은 이야기를 나누다가 문득 깨닫게 되었다. 그때에 비하면 지금은 모든 게 많이 나아졌다는 것을. 그 시절의 고통을 떠올리다 보면 지금이 더욱 소중하게 느껴진다. 그 시절의 그런 경험이 있어서 지금은 이렇게 조금 더 환히 웃을 수 있는 것인지도.

앞으로도 시간은 더욱 빠르게 흐르고 많은 것들이 변해갈 것이다. 그러나 고통스럽고 혼란스럽기만 했던 그 시절이 우리가 서로에게 함께 있어주었다는 사실을 증명하고 있었다.

다음 날, 샤오둥은 잠에서 막 깨어난 나를 보자마자 말했다.
"오전 비행기표는 내가 예약해놨어."
나는 그런 샤오둥에게 웃으며 말했다.
"응. 아침은 내가 살게."
진실된 우정은 서로 오랫동안 연락이 없었더라도 다시 만나는 순간 처음의 그 감정으로 되돌아가게 해준다.

서로의 사정을 너무나 잘 아는 친구와의 여행이었던지라 모든 여정이 빠르고 순조로웠다.

우리의 감정도 멀리 고속으로 달리는 이 기차처럼 수없이 어둠의 터널을 통과하겠지만, 풍경은 점점 더 아름다워지고 우리는 더 많은 것을 보게 될 것이다.

　사람은 무수한 고난을 겪은 뒤에야 환한 서광을 볼 수 있다.

많은 사람들이 젊을 때에는 세상을 바꾸어나가겠다고 다짐하지만, 시간이 흐르면 자신이 오히려 세상에 의해 바뀌어 있는 경우가 많다. 가장 슬픈 건 우리가 처음의 꿈을 잊고 좋은 자질도 잃어가면서, 자신이 가장 싫어했던 바로 그 사람의 모습을 닮아가는 것이다.

PART 2

세상에 휘둘리지 않을 때
세상을 바꿀 수 있다

2-01

세상에 휘둘리지 않을 때
세상을 바꿀 수 있다

사관학교에 입학한 첫 날이었다.

당시의 분위기는 지금과는 조금 달랐지만, 어쨌거나 우리는 입학 첫 날 일제히 머리를 짧게 자르고, 똑같은 군복을 입고, 모든 규정을 준수해야 한다는 명령을 받았다. 우리로서는 답답했던 고3을 벗어나자마자 자유의 숨을 들이켜기는커녕 천편일률적인 군복부터 입으려니 영 내키지가 않았다.

당시는《사병돌격(士兵突擊)》이라는 군인 드라마가 인기를 끌던 때이다 보니, 사관학교에만 들어오면 쉬싼뚜어(許三多) 같은 영웅이 될 거라고 생각하는 순진한 이들도 많았다.

입학 후 셋째 날은 훈련이 유난히 고되게 느껴지는 날이었다. 고향을 그리워하며 기숙사에서 잠을 청하려던 밤 11시에, 긴급 집합 명령이 떨어졌다. 우리는 각자의 침낭을 등에 지고 깜깜한 밤에 갑자기 행군을 해야 했다. 그때만 해도 아직 베이징의 밤하늘에 드문드문 별도 보였던 기억이 난다.

행군이 끝나갈 즈음 다시 교관들의 명령이 떨어졌다. 그 자리에서 팔굽혀펴기 100회를 끝내야 기숙사로 돌아갈 수 있다는 것이었다. 60여회까지는 겨우겨우 했는데 그 다음부터는 도저히 버틸 수가 없었다. 그래도 100회만 채우면 돌아갈 수 있다는 말에, 있는 힘 없는 힘을 끌어모아 100회를 간신히 채웠다. 온몸이 후들거리고 눈가에는 눈물마저 핑 돌았다. 그런데 팔굽혀펴기가 끝났는데도 교관은 우리를 일어서게 하지 않았다. 엎드려 있는 우리는 팔다리도 아프지만 허리 근육마저 당길 지경이었다.

교관은 장교용 혁대를 휘두르며 우리의 엉덩이를 때렸다. 그러나 몇 분 후 엉덩이는 다시 위로 올라왔고, 교관은 다시 혁대로 우리의 엉덩이를 때렸다. 이미 우리는 온몸이 땀에 푹 젖어 있었다.

그때 어디에선가 훌쩍훌쩍 우는 소리가 터져 나왔다.

"아, 엄마 보고 싶어…"

울음을 터뜨린 건 '여드름'이라는 별명을 가진 친구였다. 그가 울음을 터뜨리기 시작하자, 다들 참고 있던 눈물이 둑 무너지듯 터져 나왔다. 땀으로 젖어 있는 몸 아래로 짜디짠 눈물이 뚝뚝 떨어졌다.

이런 와중에도 끝까지 눈물을 흘리지 않은 강인한 영혼이 딱 한 명 있었으니 그게 바로 나…는 아니고, 내 친구 다페이(達飛)였다.

나도 사실 이 일에 대해 다시 떠올리고 싶지는 않았다. 그로부터 몇 년이 흐른 지금은 카페에서 평온히 글을 쓸 수 있게 되었지만, 그날의 기억만은 여전히 악몽처럼 떠오르곤 한다. 그날 우리는 처음으로 집단 구타를 당했다. 그게 대체 왜 맞기까지 해야 할 일이었는지는 지금도 도저히 모르겠다.

당시만 해도 선배들이 후배들을 구타하는 것은 무척 일상적인 일이었다. 후배들이 선배의 말을 잘 들었느냐, 안 들었느냐와도 상관이 없었다. 선배와 교관들은 단지 자신들의 위신을 세우기 위한 수단으로 구타를 묵인했던 것뿐이다. 많은 신입생들이 그런 구타를 당한 이후 정신적 트라우마를 입기도 했다.

그런 그들도 선배가 되면 똑같은 방법으로 신입생들을 다룬다. 이렇게 해서 구타의 역사는 일종의 전통처럼 계승된다. 사실 폭력은 무능력의 다른 표현이기도 하다. 영국 영화 《이미테이션 게임(The Imitation Game)》을 보면, 앨런 튜링이 "사람들이 왜 폭력을 좋아하는지 알아? 기분이 좋아지기 때문이지."라고 말하는 장면이 나온다. 과연 기분이 좋아지기는 하는 걸까? 모든 폭력은 양쪽의 영혼을 모두 황폐하게 만들 뿐이다.

그날 기숙사로 돌아왔을 때는 모든 기력이 바닥난 상태였다.

간신히 입을 떼어 무슨 말이라도 나누어보려던 찰나, 교관이 또 다시 기숙사 문을 박차고 들어왔다. 자려고 준비하고 있던 친구들과 나는 또 다시 침대 앞에 차렷 자세로 서야만 했다. 그렇게 30분쯤 흘렀을 때였다. 교관은 눈물로 얼룩진 우리 얼굴을 보고는 조금 안쓰럽게 느껴졌는지, 전보다 한결 부드러워진 말투로 말했다.

"아까 맞은 거, 너무 원통해하지 마. 다 너희를 위한 거야. 너희도 나중에 교관이 돼서 신입생들 가르쳐 보면, 오늘 내가 왜 이럴 수밖에 없었는지 이해하게 될 거야."

그리고 기숙사 문이 닫혔다. 기숙사 안에는 한동안 정적만이 감돌았다. 그때 한 줄기 빛이 어둠을 가르듯 누군가가 입을 열었다. 다페이였다.

"아니! 나는 나중에 교관이 되더라도 절대 이런 식으로 신입생들을 패지 않을 거야. 말로 가르치고 행동으로 감화시킬 거라고!"

그렇다, 나도 그럴 것이다.

어떻게 폭력이 교육 수단이 될 수 있단 말인가?

잘못된 것을 언제까지고 계속 따를 수는 없다.

그날 밤 우리는 아직은 불확실한 미래에 자신만의 그림을 그려나가면서, 나중에 교관이 되더라도 후배들을 때리지 않을 거라는 다짐도 그 그림 속에 새겼다.

몇 년이 흐른 뒤 나는 사관학교를 자퇴했고, 지금은 글 쓰는 일과 영화 작업에 종사하고 있다. 그러나 지금도 그때만 생각하면 가슴이 메슥거려온다. 당시에 함께 훈련받았던 친구들은 지금 각 부대에 배치되어 현지의 사병들을 이끌고 있다. 그들 중에는 거리 상 가까운 곳에 있는 이들도 있다. 물론 아무 때나 쉽게 만날 수 있는 건 아니지만.

다페이가 있는 부대의 사병들은 대부분 95년생 이후 출생자라고 했다. 이들은 자신에 대한 평가와 보호의식이 높고, 독립적으로 사고하는 성향도 강해서 교관들이 특히 어려워하고 있다고도 했다.

얼마 전에는 못 본 지 오래된 다페이와 모처럼 만날 기회가 있었다. 그는 만나자마자 반갑게 인사하고 옛날 이야기를 조금 하더니, 한숨을 푹 쉬었다.

"왜, 요즘 사병들 때문에 그래?"

"말도 마, 정말 힘들어."

"왜?"

"솔직히 말하면… 그냥 때려잡는 게 제일 쉽고 편해. 그런데 너도 알겠지만, 난 정말 그렇게는 하기 싫거든."

이어서 그는 자신의 부대에서 있었던 일들을 들려주었다. 우리가 입학한 첫 날처럼 신입생들이 첫 도착 신고식을 하는 날이었다. 우리도 그랬듯이 그들도 갑작스럽게 규율과 명령의 지배를 받는 낯선 생활에 적응하기 어려워했다. 이에 교관들은 신입생들을 긴급집합시켰다. 같은 방식, 같은 어둠, 같은 울음이 이어졌다. 그 전에, 소대장인 다페이는 교관들에게 "어떤 수단을 써도 좋지만 폭력만은 안 된다."고 신신당부했다.

그러나 교관들은 신입생들의 우는 소리를 그냥 듣고 넘어가주지 않았다. 당장 우는 소리를 그치게 만들고 말겠다는 듯 신입생의 얼굴을 향해 손을 치켜들었고, 다페이는 즉시 그를 막아세웠다.

"폭력은 안 된다고 했잖아!"

그 순간, 교관은 신입생들 앞에서 자신의 위신이 무너졌다는 느낌을 받았다. 그는 자신을 저지한 다페이에게 소리쳤다.

"소대장님은 아직 너무 모르세요! 부대에서는 이런 방법도 필요할 때가 있다고요!"

다페이는 신입생 시절 자신의 다짐을 떠올리며 입술을 꽉 물고 말했다.

"내가 폭력은 안 된다고 했잖아. 그럼 안 되는 거야!"

교관은 그대로 말 없이 서 있다가 주먹을 쥐고 나가버렸다.

그날 이후 교관들은 음으로 양으로 다페이를 향해 음해를 퍼부었다. 교관들에게 해코지라도 당할까 봐 두려움을 느낀 신입생들은 다페이를 의지하지도 멀리하지도 않은 채 애매한 거리를 유지했다.

몇몇 교관들은 "다페이는 근본적으로 부대원들을 관리할 능력이 없으며 소대장 자격도 없다."고 말했고, 이런 목소리는 곧 상부에까지 전해졌다. 그로부터 얼마 후 다페이는 다른 부대로 이임되었다. 다페이는 여기까지 이야기하고 나서 나에게 이렇게 말했다.

"그때의 다짐이 정말 옳았던 걸까, 가끔은 그런 생각도 들어."

다페이의 말에 나도 눈물이 핑 돌았다.

명백히 구조적으로 문제가 있는 환경을 단순히 지적하는 것은 차라리 쉽다. '나는 저들과 다르다'고 느끼며 얼마든지 떳떳할 수 있기 때문이다. 그러나 우리 중 많은 이들이 종국에 가서는 자신이 싫어했던 바로 그 환경과 타협하고 말아버리는 현실을 발견하고 만다. 자신은 절대 저렇게 되지 않겠다고 다짐했던, 바로 그 모습으로 말이다.

나는 다페이가 들려준 이야기를 사관학교 출신의 다른 친구에게도 들려준 적이 있다. 그는 내 이야기를 듣자마자 이렇게 말했다.

"야, 걔 바보 아니니? 훈련 교관이면 당연히 폭력적인 수단도 쓸 수 있는 거야. 그걸 굳이 소대장이 끼어들어서 막는다? 요즘 애들은 절대 말로만 못 가르쳐! 게다가 훈련은 원래 훈련교관에게 맡겨두면 되는 거였잖아?"

이 말을 한 친구는 몇 년 전 신입생 집합 때 가장 먼저 울음을 터뜨렸던 바로 그 '여드름'이었다. 그는 부대에서도 상관들에게 남다른 충성심을 보인 덕에 동기들보다 빨리 진급했다. 그러나 휘하의 사병들 사이에서는 악명이 높았다. 그는 자신도 한때 싫어했던 바로 그 교관과 똑같은 상급자가 되어 있었고, 그의 소속 사병들도 그를 보고 배우면서 닮아가고 있었다. 그렇게 부대 내 폭력의 수단은 그가 있음으로 해서 더욱 더 단절 없이 승계되고 있었다.

그런 그에게 나는 "너, 많이 변한 것 같다."고 말한 적도 있다.

그러자 그는 대수롭지 않다는 듯 웃으며 말했다.

"나도 알아. 원래 세상을 바꾼다는 건 쉬운 게 아니잖아. 나라도 잘 적응해서 나가 떨어지지나 않으면 다행이지."

"아냐, 넌 지금도 충분히 세상을 바꾸어가고 있어. 다들 너 때문에 전보다 엄청 힘들어하고 있잖아."

그는 내 말을 농담으로만 웃어 넘겼다. 그러나 나는 그날 이후 다시는 그와 연락하지 않았다.

<u>많은 사람들이 젊을 때에는 세상을 바꾸어나가겠다고 다짐하지만, 시간이 흐르면 자신이 오히려 세상에 의해 바뀌어 있는 경우가 많다.</u>

나는 일전에 "세상을 바꾸어나가는 것을 실현 불가능한 거창한 일로만 생각해서는 안 된다. 우리가 살아 있는 한 얼마든지 가능한 일"이라고 말한 적 있다. 당신 자신이 좋은 사람이 되면 세상을 더 좋게 바꾸어갈 수 있고, 당신 자신이 나쁜 사람이 되면 세상은 당신으로 인해 더욱 나빠질 수도 있다. <u>가장 슬픈 건 우리가 처음의 꿈을 잊고 좋은 자질도 잃어가면서, 자신이 가장 싫어했던 바로 그 사람의 모습을 닮아가는 것이다.</u> 당사자에게 그 이유를 물어보면, 대부분 씁쓸하게 웃으며 "먹고 살려다 보니…"라고 말한다.

만약 내가 부대에 계속 남기로 했다면 어떻게 됐을까. 나 역시 처음의 다짐을 저버리고 말았을까…. 잘 모르겠다. 어느 한 순간 좋은 사람 노릇을 하는 건 어렵지 않다. 정말로 어려운 것은 그후로도 계속 좋은 사람이 될 수 있는가이다.

슈리(秀麗)는 1962년생의 농촌 출신 아낙이다. 그녀가 리(李)씨 남편을 만나 결혼했을 때는 열여덟 살이었다.

그녀의 아버지는 리씨 집안에서 수백 위안의 예물을 받고, 딸이 어릴 때 일찌감치 리씨 집안과의 혼인을 약속한 바 있었다.

슈리는 3년 연속으로 자연재해가 일어나던 시절에 태어났다. 그녀를 포함한 가족들은 모두 굶는 날이 굶지 않는 날보다 많았다.

그녀의 아버지는 딸이라도 일찍 굶주림이나마 면하고 살도록 마을의 부농이었던 리씨 집안과 정혼을 했던 것이다.

다행히 남편은 부잣집에서 곱게만 자란 철없는 망나니는 아니었다. 아내를 진심으로 아끼고 사랑했던 그는 아내가 시집온 후 힘들어하지는 않을까 살뜰히 보살폈다.

그러나 그녀의 불행은 혼인 첫 날부터 시작되었다. 다름 아닌 시어머니와의 관계 때문이었다. 당시만 해도, 특히 시골에서는 며느리가 혼인 첫 날 시부모에게 첫 찻잔을 대접하는 전통이 있었다. 며느리가 건넨 차를 시어머니가 다 마셔야만 며느리는 그제야 집 안으로 들어갈 수 있었다. 슈리는 최대한 공손히 차를 대접했지만, 시어머니는 보란 듯이 찻잔을 바닥에 던져버렸다. 찻잔이 산산이 부서지는 소리는 그대로 슈리의 앞날을 예고하는 듯했다.

남편이 밖에 나가 일을 하는 동안 슈리는 집안의 모든 살림을 담당했다. 그러나 그녀에게 쏟아지는 것은 시어머니의 싸늘

한 잔소리뿐이었다. 심지어 시어머니는 임신한 며느리에게 강가에서 빨래를 하고 오라며 산더미 같은 빨랫감을 안기기도 했다. 슈리는 참다 못해 남편의 품에서 울음을 터뜨렸다.

남편은 아내를 끌어안고 달래며, 자신의 어머니가 며느리이던 시절 겪었던 고초에 대해 이야기했다. 그의 어머니는 얼른 며느리 신분에서 벗어나 시어머니가 될 날만 기다렸다고 한다.

그러나 슈리는 결코 그런 바람을 품지 않았다. 자신이 시어머니가 되더라도 지금의 시어머니처럼 며느리를 대하지는 않겠다고 다짐했다.

젊은 시절에는 누구나 내가 누구처럼은 되지 말아야지, 하는 다짐을 품는다. 그러나 그 다짐을 끝까지 기억하고 실천하는 사람은 많지 않다.

얼마 후 슈리에게서 건강한 아들이 태어났다. 그녀는 남편과 함께 기쁨을 나누었고, 시어머니도 한달음에 달려와 손자를 안으면서 말했다.

"이 아이는 나중에 복 많은 농부가 될 거야."

그러나 슈리는 시어머니의 말이 조금도 기쁘지 않았다. 농촌에서 십수 년을 살아온 그녀는 농촌 사회가 얼마나 엉망진창이고 모순투성이인지 절절이 체험했기 때문이다.

그녀는 아들만은 도시에서 자유롭게 꿈을 펼치며 살기를 바랐다. <u>부모인 자신이 아들과 일찍부터 떨어져 사는 한이 있더라도, 아들만은 멀리 달리고(達) 높이 날면서(飛) 살아가기를 바랐다. 그래서 아들의 이름도 다페이(達飛)라고 지었다.</u>

그렇다, 슈리는 바로 다페이의 어머니다.

다페이는 새로 이임된 부대에서도 수년 전 다짐을 잊지 않고 자신만의 원칙을 고수했다.

한번은 다페이의 부대에서 신병 모집을 위해 한 지역 마을로 갔을 때였다. 지금도 그런지는 알 수 없지만, 당시만 해도 모병 현장에서는 군에 지원하는 자녀가 있는 가정에서 소속 부대의 소대장이나 훈련 교관들에게 뇌물을 주는 관행이 있었다. 자녀가 속하게 될 부대에 뇌물이라도 건네야 안심이 되기 때문에 부모들 쪽에서 오히려 더욱 뇌물을 주고 싶어 하는 면도 없지 않았다. 그러나 다페이는 교관들에게 절대 뇌물을 받지 말라고 명령했다.

교관들은 다페이의 명령을 이해할 수가 없었다. 이건 그냥 관례이지 않은가. 더구나 부모들이 자신의 불안감을 덜고자 자청하는 것뿐인데, 왜 안 된다는 거지?

"관례라고 다 옳은 건 아니지."

다페이는 교관들에게 일침을 놓은 뒤, 이어서 말했다.

"뇌물을 받은 다음에, 지원자에게서 간염이 발견됐다거나 시력 불합격 판정을 받으면 어떻게 할 건가? 불합격시키고 다시 가정으로 돌려보낼 건가? 그렇게 하면 우리 부대에도 손실이고, 이미 받아 챙긴 뇌물을 다시 돌려줄 것도 아니지 않나?"

교관들도 다페이의 말을 듣다 보니 고개가 끄덕여졌다. 이렇게 해서 다페이의 부대에서는 신병 지원자들에게서 뇌물을 받던 관행이 다페이로 인해 없어졌다.

변화는 신병들 사이에서도 일어났다. 처음에는 다페이도 폭력 없이 신병 교육을 하느라 애를 먹었지만, 시간이 흐르면서 점차 강압적 수단을 동원하지 않아도 명령에 위신이 서는 것이 눈에 띄었다. 이런 문화는 부대 전체에 퍼져, 다른 교관들도 폭력을 동원하기보다는 다페이처럼 이치를 설명하고 납득

시키는 방식을 택하기 시작했다. 그 결과였을까. 다페이가 인솔하는 부대에서는 공훈을 세운 병사만 3명이었고, 상을 받거나 명예칭호를 얻은 병사도 타 부대보다 월등히 많았다. 게다가 그의 부대에 있는 모든 신병들은 전역 전까지 자신만의 특장기를 하나 이상은 갖추게 되었다.

이런 공을 인정받아 다페이도 곧 승진했다.

한 준위(准尉)는 전역 후 자신의 여동생을 다페이에게 소개해주기도 했다. 다페이는 쑥스러워하며 그녀와 첫 데이트를 하기도 했다. 이름이 팡팡(芳芳)인 그 여성은 한 인터넷 기업에 다니고 있는, 능력 있고 착실한 여성이었다. 만남이 계속될수록 두 사람의 사이는 급속히 가까워졌다.

다페이는 그녀의 성품이 자신과도 비슷하다고 느꼈고, 인생을 함께하고 싶어졌다. 그해가 지나가기 전에 다페이는 그녀에게 청혼했다. 그녀는 감격했는지 눈물을 흘리면서도, 무슨 이유에선지 다페이의 청혼에 바로 답을 해주지 않았다. 며칠 후, 그녀는 다페이에게 이렇게 말했다.

"다페이 씨가 좋은 사람이라는 건 저도 잘 알아요. 그런데 다페이 씨의 부모님도 절 좋아하실지… 잘 모르겠어요."

사실 그녀는 그 전에도 한 번 혼담이 오간 적이 있었다. 남자 쪽의 부모님이 자신을 마음에 들어 하지 않아 결국 헤어졌다고 했다.

다페이는 그녀를 토닥이며 말했다.

"그런 걱정이라면 안 해도 돼요."

두 사람이 다페이의 부모님을 만나러 갔을 때였다. 다페이의 어머니는 닭을 잡아 두 사람을 대접하고, 팡팡의 손을 꼭 붙들며 말했다.

"이제부터는 너도 우리집 자식이니 힘든 일 있으면 언제든 얘기하렴. 특히 다페이 녀석이 힘들게 하거든 꼭 얘기해야 한다. 내가 아주 눈물 쏙 빠지게 혼을 내주마."

팡팡은 슈리의 손을 잡은 채 펑펑 울었고, 다페이는 옆에서 가만히 웃었다. 결혼을 앞둔 두 사람의 형편은 아직 풍족하지 않았지만, 서로를 아끼는 마음만은 가장 풍요로웠다. 결혼식 당일, 다페이는 친한 친구와 지인 십여 명만을 결혼식에 초대했다.

나는 신랑의 들러리를 맡아 신랑에게 술을 권하면서 말했다. "좋은 사람 만났으니 백년해로하길 바라."

<u>세상의 많은 죄악이 특정 한두 사람만의 악의에서 비롯된다기보다 뿌리 깊게 이어져내려온 문화나 전통에 의해 온존하게 된다.</u> 신병 시절에 폭행을 당했던 나는 선임이 되면 다시 신병을 구타한다. 왜? 내가 맞았으니까. 설움을 당했던 며느리는 시어머니가 되어 다시 며느리를 괴롭힌다. 왜? 내가 며느리일 때 그렇게 당했으니까.

<u>그러나 바로 그런 '전통'을 거부하고 처음의 선한 다짐을 잊지 않는다면, 처음에는 다소 힘이 들지 몰라도 하늘도 그 사람을 저버리지 않을 것이라고 믿는다.</u> 처음의 고난함은 오래 가지 않고, 그 자신의 삶도 점점 따뜻한 행복으로 채워질 것이다.

지난 주에는 대학 시절에 친하게 지낸 타 학교 친구 A와 만났다. 내가 기억하는 그는 몇 년 전까지만 해도 세상의 어둠과 제도의 불공평을 비판하는 소위 '분노 청년'이었다. 책읽기도 좋아했던 그는 언제나 외부의 온갖 험악한 소식을 접하고 와

서는 친구들 앞에서 열렬히 세상 문제를 성토하곤 했다.

그는 인민대학에서 공부하는 수재이기도 했지만, 나는 그의 분노에 찬 의기가 더 마음에 들었다.

하루는 그와 술을 마시며 내가 이렇게 말한 적도 있다.

"네가 언젠가 지금의 분노를 다 잃어버리면, 그땐 네가 너 같지 않을 것 같아."

그런데 지난주에 그와 만났을 때 우리는 술이 아닌 커피를 마셨고, 청바지 대신 정장을 입고 나타난 그도 더 이상 대학 시절의 그 '분노 청년'은 아니었다. 그는 커피를 한 모금 마시더니 이렇게 말했다.

"우리도 더 이상 어린 애는 아니잖아?"

맞는 말이었다. 그러나 나로서는 아직 전적으로 수긍하고 싶은 말은 아니었다.

"샹룽, 나 곧 교사나 공무원 시험을 준비할까 해."

나는 테이블의 커피만 바라볼 뿐 딱히 할 말이 없었다. 다만 그와 헤어지기 전에 한 가지 묻고 싶은 것은 있었다.

"결국 너도 세상과 타협하기로 한 거야?"

그러자 그가 웃으며 말했다.

"타협이라기보다… 좀 더 잘 다뤄보기로 했달까."

그제야 나도 조금 웃을 수 있게 되었다. 다행히 그의 본질까지 변한 건 아니었다.

살아가면서 우리 안의 모서리들은 차츰 둥글어지기 마련이다. 그러나 자신이 절대로 닮고 싶지 않았던 누군가와 닮아버리거나, 처음 품었던 선한 다짐까지 내던질 필요는 없다.

그렇다고 해서 반드시 다페이처럼 용기 있게 직진만 해야 한다는 뜻은 아니다. 살다 보면 어쩔 수 없이 내가 세상에 의해 바뀌어갈 수밖에 없는 현실을 수용할 수도 있다.

그러나 자신이 계속 나쁘게만 변해간다고 느낄 때 그 상태를 그대로 놓아두기만 해서는 안 된다. 최소한 인생의 마지막에는 내가 살아온 생애를 통해 세상을 조금 더 낫게 만들었다는 자부심 정도는 가질 수 있어야 하지 않을까? 그 '조금'이 정말로 작은 변화에 지나지 않는다 하더라도, 무력한 타협으로만 점철된 생애를 돌아보게 되는 것보다는 분명 나을 것이다.

2-02

어차피 나에겐
일어나지 않을 일이야!

　나는 베이징에서 사회생활을 시작한 뒤로 몇 년 간 중관춘 부근에서 살았다.
　이유는 간단했다. 근처에 대학이 있어서 생기발랄한 귀여운 학생들을 많이 볼 수 있었기 때문이다. 나는 별일 없을 때 학교 안으로 들어가 강의를 듣기도 하고 산책을 하기도 했다. 학원에서 일을 마치고 돌아오는 길에는 교정을 거니는 연인들을 볼 때도 있었다. 그런 것도 나름 소소한 행복이었다.
　그런데 대학가 근처에 집을 구한 데에는 다른 이유가 하나 더 있었다. 대학가의 대로변에는 해적판 도서를 파는 좌판과 그 책들을 구경하는 학생들이 많았기 때문이다. 나는 평소 책을 좋아해서 길을 지나다가도 요즘은 무슨 책이 새로 나왔나, 둘러보는 재미에 시간 가는 줄 모를 때가 많았다.
　해적판 도서는 보통 10위안(약 1700원)이면 살 수 있었다. 내가 10권이나 집어 드니 좌판 주인은 30%를 깎아줬다. 나는 10권이나 되는 책을 겨우 70위안(약 1만2천 원)에 살 수 있었다.

그 무렵 미국에서 공부하던 누나가 중국으로 돌아왔다. 누나는 미국에서 오래 생활한 탓에 나보다 저작권 개념이 투철했다.

"샹룽, 지금은 네가 돈을 아끼는 것처럼 느껴질지 몰라도 장기적으로는 중국의 지적 풍토에 해가 되는 행동이야."

"누나, 난 이 세상의 작은 개미 한 마리에 지나지 않아. 게다가 책을 한 무더기 퍼담아 온 것도 아니고 겨우 몇 권 산 것뿐인데, 뭘. 나까지 제값 주고 사지 않아도 책 쓰는 사람들은 이미 충분히 부자일 거야. 다들 이렇게 사는데, 왜 나만 엄청 해를 끼치고 있다는 듯이 말해?"

누나는 내 말에 단호히 고개를 저었다.

이 다음에 무슨 이야기를 하려고 하는지, 여러분도 아마 짐작할 것이다.

그렇다, 모든 일은 결국 나에게까지 돌아오게 되어 있다.

몇 년 후 나는 생애 첫 책을 출간하게 됐고, 그 책은 운 좋게도 출간 직후부터 많은 사랑을 받았다. 우리 자신의 이야기라고 느껴져서였을까. 책은 출간 두 달만에 20만 부가 넘게 팔렸다.

그러던 어느 날이었다. 나는 인민대학 근처에서 친구를 만나 돌아다니다가 여느 때처럼 거리의 해적판 도서들을 구경하기 시작했다. 그런데 어디선가 많이 본 것 같은, 하얀 바탕에 빨간 제목의 책표지가 눈에 들어왔다. 가까이 가서 보니…, 그렇다. '당신은 겉보기에 노력하고 있을 뿐'이라고 써 있었다.

이럴 수가! 내 책이잖아?

나는 바로 책을 집어 들었다. 몇 군데 인쇄 오류를 빼고는 정품과 거의 똑같았다.

나는 거친 숨을 몰아쉬며 좌판상에게 말했다.

"이거… 이거… 불법 아닙니까? 어떻게 이렇게 똑같이 만들어 팔 수 있습니까?"

그러나 좌판상은 나 같은 사람은 처음 본다는 듯 대꾸했다.

"뭔 상관이오? 요새 누가 책을 일일이 정품으로 사본다고…."

나 역시 그동안 대수롭지 않게 들어온, 너무나 익숙한 말이었다.

책을 든 채 멍 하니 표정이 굳어 있는 나에게 다시 좌판상이 말했다.

"아, 맘 놓으슈! 이런 책 쓰는 사람들은 이미 큰돈 벌었을 테니."

그리고는 행인들에게 다시 책을 팔기 시작했다. 아…, 몇 년 전 그때와 똑같은 바람이 내 뺨을 스치고 지나갔다. 좌판상이 했던 마지막 말이 자꾸만 내 머릿속에 맴돌았다.

'맘 놓으슈! 이런 책 쓰는 사람들은 이미 큰돈 벌었을 테니.'

그때 좌판 쪽으로 다가온 다른 학생이 자신의 친구에게 하는 말이 들렸다.

"괜찮아, 뭐 어때! 우린 가난한 개미들이잖아. 이런 게 무슨 대단한 일이라고."

아직도 많은 중국인에게는 이런 현실이 자신의 일로 와 닿지 않을 것이다. 이런 일이 문자 그대로 자신의 일이 되고 나서야, 이제까지는 자신과 무관하다고 생각해서 침묵했을 뿐이라는 사실을 직시하게 될 것이다.

나 역시 내가 저자가 되기 전까지는 모든 저자들이 대단히 큰돈을 버는 줄만 알았다. 일반인들은 몇몇 스타 작가들만 보게 돼서 더더욱 그런지도 모르겠다.

나는 직접 책을 내보고 나서야, 저자에게 돌아가는 인세는 권당 몇 위안(약 몇백 원)에 불과하다는 것을 알게 되었다. 아, 물론 이것조차 세전(稅前)의 기준이다.

중국에서는 책이 출간되자마자 몇 만 부쯤 팔리면 베스트셀러라고 불리기 시작한다. 그러나 이것만으로는 아직 기뻐할 일이 아니다. 조금 팔린다 싶은 책은 곧바로 해적판이 나오기 때문이다. 전자책 공유도 무시할 수 없다. 전자책을 구입한 사람은 자신이 다 읽고 나서 친구들에게 보여주거나 주위 사람에게 선물한다. 출판사에서도 정확한 판매 부수를 속이거나 저자에게 인세 보고를 미루기도 한다. 그렇다 보니, 혼신을 기울여 책을 쓰고도 그것만으로는 끼니조차 잇지 못하는 작가들이 많다. 그들의 책에 담긴 것은 높은 수준의 지성과 감성, 그리고 자신의 청춘인데도 말이다.

많은 작가들이 집필 이외의 생업을 따로 가지고 있다는 걸 아는 사람은 얼마나 될까? 그들이 그렇게 살 수밖에 없는 것도 글쓰기만으로는 먹고살 수가 없기 때문이다.

나는 전에도 내가 아는 한 작가에게 물어본 적이 있다.

"지금까지 세 권 정도 책을 쓰셨잖아요. 그중 잘 팔린 책은 아직 한 권도 없는데, 이렇게 어렵게 살면서도 책을 계속 쓰고 계신 이유는 뭔가요?"

그러자 그는 나에게 "누군가에게서 '당신의 글을 읽고 내 삶이 얼마나 크게 바뀌었는지 모른다'는 말을 들었을 때의 기분을 아느냐"고 물었다.

그렇다, 그에게 글쓰기는 삶의 행복이자 희열이었다.

그날 나는 집으로 돌아오는 길에, 이제껏 해적판으로 구입했던 책들을 정품으로 다시 구입했다. 수천 위안(약 수십 만원)이 들었지만, 늦게나마 나의 잘못을 되돌리고 저자들에게 경의를 표하고 싶어서였다. 앞으로도 나는 한낱 개미 한 마리일 뿐이라는 변명 뒤에 숨어 해적판을 사지는 않기로 했다.

당신도 스스로를 작은 개미일 뿐이라고 생각하는가? 그렇다, 정말로 한 마리 개미일 수도 있다. 그러나 해적판 저작물을 사는 개미는 작고 무해한 여느 평범한 개미가 아니라 무시무시한 흰개미라고 해야 할 것이다. 우리 모두가 한 마리의 흰개미가 되어 창작물을 야금야금 갉아먹기 시작하면, 혁신과 창조의 기둥은 헐어 무너지고 말 것이다.

내가 전에 만난 한 베스트셀러 작가는 글을 쓰지 않은 지 오래됐다고 고백한 바 있다.

"왜요?"

내가 묻자, 그가 허탈한 목소리로 말했다.

"책을 세 권째 썼을 때 처음으로 성공 비슷한 결과를 얻게 됐지. 판매고도 꽤 좋았어. 그런데 얼마 안 가서 바로 해적판이 돌기 시작하는 거야. 그 바람에 출판사는 도리어 타격을 입을 정도였어. 나중엔 무료 다운로드 파일까지 나오니 사람들이 미친 듯이 다운로드를 받기 시작하더군. 더 웃긴 건 뭐였는지 알아? 책이 좀 팔린다 싶으니까, 유통업체에서 저자 이름만 바꿔서 비슷한 내용으로 다시 책을 만들어 유통시키는 거야. 난 그때 알게 됐지. 저자에게는 마지막 한 줌의 영예도 주어지지 않는구나…."

"그랬군요…."

"그 다음부터는 도저히 글이 써지지 않더라고."

그때 같은 테이블에서 같이 밥을 먹고 있던 다른 친구가 작가에게 말했다.

"책이라는 건 사람들에게 읽히기 위해 쓰는 거 아닌가요? 인세 같은 게 그렇게까지 중요한가요? 책에 담긴 내용이 세상에 전해졌으면 된 거잖아요."

그러자 작가가 말했다.

"본인이 당사자가 되어 보지 않으면 절대로 알 수 없는 게 있지. 이를 테면, 창작물이 정직하게 유통, 거래될 때 창작자도 존중받고 있다는 느낌을 받을 수 있다는 것."

사실 나는 그 친구를 비난할 자격이 없다. 불과 몇 년 전까지는 나도 이 작가의 책을 해적판으로 산 기억이 있으므로.

다만 이렇게 잠깐의 이득을 손에 쥐고 난 뒤에는 내가 좋아하는 작가의 글과 생각을 영영 만날 수 없게 된다는 것만은 기억해야 한다고 말하고 싶다.

가끔은 이런 생각도 든다. 만약 내가 그때 해적판 도서를 구입하지 않기로 했다면, 좌판상도 해적판 도서 유통을 계속 할 마음이 조금이나마 줄어들었을까. 나라도 주변 사람들에게 해적판 도서는 구입하지 말라고 말려왔다면, 이 작가도 조금은 더 오래 글을 쓸 수 있었을까.

그후 나는 음악이나 영화 일을 하다가 그만둔 사람들을 종종 만난 적 있다. 이들이 필생의 꿈을 포기하기로 한 이유도 위에서 말한 작가의 이유와 대체로 비슷했다. 오리지널 창작자에 대한 대우가 너무 열악해서.

뮤지션이 창작한 음악은 저가에 사용되고, 작가가 쓴 시나리오에 작가 자신의 이름조차 올리지 못하는 경우도 허다하다. 이들이 정당한 창작의 권리를 되찾고자 하면, 세상 사람들이 흔히 하는 말이 있다.

"작품이 세상에 나와서 사람들에게 전해졌으면 된 것 아닌가."

그러나 창작자의 권리 문제는 창작자들만의 문제가 아니라 사회 전체의 문제이기도 하다.

미국이 오늘날 세계 최강의 문화 창작 능력을 보유하게 된 것도 다름 아닌 강력한 저작권 보호 때문이다.

『화성에서 온 남자, 금성에서 온 여자』를 쓴 존 그레이도 저서의 수입만으로 평생 생활은 감당할 수 있었다고 말한 바 있다. 또한, 그렇기 때문에 다른 강연에서는 "(창작 전의) 곤궁한 생활 여건과 헝그리 정신이 좋은 창작에 중요한 동력이 되기도 한다."고 말할 수 있었는지도 모르겠다.

아마 전 세계에서 미국 이상으로 오리지널 창작자를 철저히 보호하는 나라도 없을 것이다. 그래서인지 미국에서는 지금도 애플 스마트폰이나 MS 운영체제, 페이스북 같은 혁신 제품이 끊임없이 등장하고 있다.

미국에서는 타인의 제품이나 창작물, 디자인, 아이디어 등을 표절하면, 그 업계에서 영원히 떠날 각오까지도 해야 한다. 그러나 중국처럼 원 창작자가 아무런 보호를 받지 못하는 환경에서는 학술 논문을 표절하고도 별 다른 불이익 없이 계속 살아갈 수 있다.

나에게는 평소 이런저런 영상을 촬영하며 사는 친구가 있다. 그는 얼마 전에도 티베트에 관한 단편 영상을 찍어 유튜브에 올린 적 있다. 그런데 며칠만에 조회수가 천만 건을 넘어서더니, 몇 달 후에는 외국의 한 영화 제작사에서 전화가 걸려왔다.

"안녕하세요? 유튜브에 올리신 영상의 일부를 저희가 사용하고 싶어서 연락 드렸습니다. 영상 이용을 허락해주시기만 한다면, 저희 쪽에서도 합당한 비용을 지불하도록 하겠습니다."

친구는 전화의 내용보다도 따뜻한 목소리와 정중한 말투에 더 놀랐다. 중국에서는 한 번도 자신의 영상에 대해 이런 대우를 받아본 적이 없었기 때문이다.

"네, 좋습니다."

며칠 후, 영화사의 제작자가 직접 계약서를 들고 친구가 사는 지역까지 찾아왔다.

며칠 후, 이 친구는 영상 중 단 18초 분량을 사용하는 대가로 무려 3만 달러(약 3560만 원)를 받았다. 이 돈이 두둑한 여행 경비가 되어준 덕분에, 지금 친구는 북극에서 오로라를 촬영하고 있다. 이 영상도 곧 완성되어 사람들에게 공개될 예정이다.

최근 중국에서는 CCTV의 《아름다운 중국을 가다(美麗中國行)》라는 방송에서 영상작가 왕(王) 씨가 찍은 영상을 무단 도용, 이에 왕 씨가 분노한 사건이 있었다. 왕 씨는 방송에서 자신의 영상을 발견하고 CCTV 측에 전화로 항의했지만, CCTV 측에서는 도리어 이렇게 말했다고 한다.

"저희 쪽에서 영상을 사용한 데 대해 무슨 할 말이라도 있으십니까?"

시청자들은 CCTV 측의 안하무인의 태도에 더욱 분노했다. 시청자들은 원 창작자인 왕 씨를 적극 지지하고 나서는 동시에, CCTV 측의 창작물 도용을 맹렬히 비난했다. CCTV 측에서는 그제야 사과 성명을 겨우 내놓았다.

나는 이 사건으로 중국 내에서도 창작자의 권리에 대한 존중 의식이 한 단계 높아지는 계기가 되었다고 생각한다.

<u>한국에서 있었던 일을 하나 더 이야기하고 싶다. 몇 년 전 황동혁 감독이 동명의 소설을 영화로 만든 《도가니》가 상영되었을 때 한국 사회 전체에 파란이 인 적 있다.</u> 이 영화는 한국의 서울에서 4시간 거리에 떨어져 있는 광주에서 일어난 실제 사건을 바탕으로 하고 있다. 한국에서 사립 특수학교와 사회복지 시설 등은 정부 보조와 기업 모금 등을 받아 운영되는 사회복지법인이다. 그래서 '사립학교법'과 '사회복지사업법'의 적용을 받는 사립 특수학교는 운영의 자율성을 보장받는다는 미명 아래 외부의 관리나 감사는 전혀 받지 않고 있었다. 더욱이 사립학교 경영진들은 혼인, 친척 관계로 얽혀 있어서 사립학교는 곧 가족기업의 형태까지 띠고 있었다.

어떤 조직이 시장의 영향도 받지 않고 외부의 햇빛으로부터 차단되어 있으면, 자연히 모종의 부패가 생겨나기 마련이다. 심지어 이 사립 특수학교는 경찰, 정부와도 끈끈이 결탁해 있었다.

바로 이런 환경에서, 학교의 아이들은 심각한 수준의 성적 학대에 노출되어 있었다. 이에 저항한 아이들은 폭행을 당하다가 죽음에 이르기도 했다. 그중 몇몇 아이들이 용기를 내어 경찰에 신고하지만 경찰은 신고를 접수하고 조사에 착수하기는커녕 아이들을 다시 학교로 돌려보내버리고, 아이들은 다시 초죽음이 되도록 얻어맞을 뿐이었다. 더 안타까운 것은 아이들 대부분이 어릴 때부터 부모가 없었던 고아들이라 아무도 이들의 사정에 관심을 갖거나 마음 아파하는 이조차 없다는 사실이었다.

그러던 중 이 학교에서 아이들이 당해온 일을 한 의사와 변호사가 알게 된다. 그리고 이때부터 비로소 이 두 사람이 아이들을 위해 다시 싸우기 시작한다.

두 사람은 인권단체를 조직하고 법적 절차도 하나하나 진행해나가기 시작했다. 그러나 상대는 너무도 강한 세력, 급기야 의사가 암살을 당하기에 이른다. 실은 변호사 자신도 중병을 앓고 있는 데다 돌보아야 할 자녀가 있는 상황. 그럼에도 그는 언론과 사람들을 향해 끊임없이 진실을 알리고 도움을 호소한다.

그렇게 시간이 흘러 3년째가 되던 2005년, 드디어 법원에서는 가해자 4명에 대한 형을 확정했다. 교장과 총무주임은 징역 5년 10개월, 2명의 가해 교사는 징역 2년. 그런데 2심에서 다시 판결이 극적으로 뒤집힌다. 교장과 총무주임은 전과가 없고 피해자 가족과 합의했다(합의금을 받았음을 의미)는 이유로 집행유예로 풀려나버린 것이다.

<u>작은 개미들이 거악(巨惡)과 싸울 때 우리는 흔히 "달걀로 바위를 친다"고 말한다. 그러나 작은 날갈에서 태어난 약한 병아리도 닭이 되어 바위 위로 올라가면 눈부신 서광을 볼 수 있지 않을까.</u>

영화의 원작자인 공지영 작가는 2008년에 이 사건에 관한 인터넷 기사를 읽게 되었는데 "집행유예로 석방되는 그들의 가벼운 형량이 수화로 통역되는 순간 법정은 청각장애인들이 내는 알 수 없는 울부짖음으로 가득 찼다."는 기사문을 읽고 큰 충격을 받았다고 한다. 직접 광주로 가서 피해 학생들과 만

나 대화하고 아이들의 영혼에 새겨진 깊은 상처를 느낀 작가는 이 사건을 소설로 써야겠다고 결심, 2008년부터 2009년까지 인터넷 사이트에 소설을 연재한다. 이 소설이 총 1600만 조회수를 기록하면서, 곧 불같은 여론이 일어났다.

연재했던 소설이 책으로 출간되던 2010년 당시, 한국에서는 거리 어디에서나 이 책을 읽고 있는 사람을 찾을 수 있을 만큼 뜨거운 관심을 모았다. 바로 이 시기에 배우 공유는 군 복무 중이었는데, 부대 안에서 이 소설을 읽고 이루 말할 수 없는 전율을 느꼈다고 한다. 그는 부대 안에서 소속사의 매니저와 연락, 이 소설이 꼭 영화로 만들어졌으면 좋겠다고 말하며 자신이 직접 주연으로 출연하고 싶다는 뜻을 밝혔다.

이에 소속사에서는 시나리오를 구해 읽고, 곧바로 투자자 모집에 나섰다.

2011년에 촬영을 시작한 영화《도가니》는 그해 9월에 극장에서 상영되었다. 이 영화는 중국에서도 곧바로 자막판이 출시되어 각종 SNS를 뜨겁게 달구었고, 중국의 대표적인 문화 공유 사이트인 더우반(豆瓣)에서도 9.1의 평점을 얻었다.

한국에서도 이 영화는 개봉 즉시 인터넷에서 백만인 서명운동을 불러일으켰다. 사람들은 명백한 불의에 대한 법원의 판결이 이렇게 약하면, 비슷한 죄악은 확대될 수밖에 없다고 성토했다. 사태가 걷잡을 수 없이 확대되자, 정부와 사법 당국도 이 사건에 대해 다시 관심을 기울이기 시작했다.

영화가 개봉 6일째 되었을 때 광주지방경찰청은 사건 재조사를 결정했다. 재조사를 시작하고 나서야 현행 성폭행방지법상 장애인을 성폭행한 범죄자에게 내려지는 7년 이상의 징역형, 아동을 성폭행한 범죄자에게 내려지는 10년 이상의 징역

형이 너무 낮다는 것을 발견했다. 심지어 성폭행 범죄는 공소시효가 7년이어서 가해 교사 중 2명에 대해서는 기소조차 할 수 없었다.

그러자 인터넷에서는 성폭행 범죄에 대한 형량 기준 강화와 공소시효 폐지를 요구하는 목소리가 높아졌다.

광주지방경찰청은 강간치상 혐의를 적용하여 공소시효를 15년으로 연장하고 재수사에 돌입, 가해 용의자를 14명으로 확정했다. 그런데 그 사이에 가해 용의자 가운데 한 명이었던 교장이 사망하면서, 한국 정부가 가해자를 대신하여 피해 학생에게 배상을 하기로 했다.

사건이 본격 재조사 기미를 보이자, 광주에 있는 심신장애 가정 보호단체로 성적 학대 경험을 토로하는 청각장애 학생들의 제보가 쏟아졌다. 이로써 그 해에 접수된 사건 피해자는 12명에서 30명으로 늘어났다.

영화가 극장에서 상영된 지 37일째 되었을 때 한국의 국회에서는 찬성 27표, 기권 1표라는 압도적인 득표수로 성범죄방지법 수정안(일명 '도가니 법')이 통과되었다. 이 법안은 여성 장애인이나 13세 미만 아동에게 성범죄를 저지른 자는 최고 무기징역에 처하며 공소시효는 폐지한다는 것이 핵심 내용이다. 사회복지시설이나 특수학교 근무자인 경우에는 가중 처벌하도록 한 이 새로운 법안은 2012년 7월부터 시행되었다고 한다. 나아가 사회복지기관은 경영 상태를 공개하고 외부 감사를 받도록 한 '도가니 방지법', 즉 《사회복지사업법 수정안》 발의도 촉구되어 심리에 들어갔었다.

영화 《도가니》가 극장에 걸린 지 한 달여 만에 해당 사립 특수학교의 사회복지법인은 허가가 취소되었고 학교는 폐쇄되었다. 광주지방정부는 한화 57억 원 상당의 법인 재산을 몰수, 장애인복지기금으로 활용하기로 했다.

사람들은 이 모든 성과가 영화의 힘이라고 말한다. 그러나 나는 아이들을 위해 끝까지 싸운 한 명의 의사와 한 명의 변호사가 있었기 때문이라고 생각한다. 그들 한 사람 한 사람은 작은 개미에 불과했지만 세상이 좀더 공정해져야 한다는 믿음을 버리지 않았다.

<u>나도, 당신도, 마찬가지다. 우리의 삶은 감당하기 거칠고, 자신은 한없이 미약하고 무력하게만 느껴질 수 있다. 하지만 그렇다고 해서 정말로 아무것도 할 수 없다는 뜻은 아니다. 자신을 과소평가하지 말기를 바란다. 당신은 분명 당신이 할 수 있는 무언가를 통해 세상을 지금보다 더 나아지게 만들 수 있다.</u>

실은 지금 이 순간에도 모든 사람이 조금씩 세상을 바꾸어 가고 있다.

당신 하나는 미약한 존재일지 모르나, 그런 당신 역시 일정 부분 이런 역할을 담당하고 있다.

그러니 저런 거창한 역할은 내 몫이 아니라고 생각하지 말기를 바란다. 당신은 그보다 훨씬 더 중요한 사람이다. 이 세상은 분명 당신이 있어야만 더 좋아질 것이기 때문이다.

2-03

남을 위한 진실한 봉사인가, 과시를 통한 자아실현인가

2015년 8월, 중국 동북부의 톈진항(天津港) 폭발 사고가 일어났을 때 중국 전역에서 많은 사람들이 재난 지역에 보내온 관심과 성원을 기억하는 이들이 많을 것이다. 한 사람의 손이라도 더 보태기 위해 각지에서 자원봉사자도 몰려들었다. 천재지변이 일어난 곳에는 이렇게 따뜻한 마음이 모여 다시금 차가운 이 세상을 데운다. 누군가를 돕기 위해 안락한 자리를 박차고 일어나는 것은 최소한 방에서 키보드만 두드리는 것보다 용기 있는 행동일 것이다.

티베트 지역 출신인 내 친구 N은 어디든 안 다녀본 곳이 없는 자칭 '방랑객'이다. 그런 그가 최근 몇 년 간 주로 갔던 곳은 원촨(汶川), 위수(玉樹) 등 지진 재난 현장이었다. 물론 재난 지역민을 돕기 위해서였다. 그는 그곳에서 일하다 보면 생명이 얼마나 소중한지, 촉박한 순간순간의 시간이 얼마나 귀하고 가치 있는 것인지 절감하게 된다고 했다. 톈진항에서 폭발이 일어났던 날도 그는 두 말 없이 짐을 꾸려 톈진으로 떠났다. 생수 두어 병과 최소한의 생활필수품을 가방에 담고 자전거에 실었다.

나는 톈진으로 가는 N을 배웅하며, 그동안 궁금했던 것을 물어보았다.

"네가 사람들을 도우면서 가장 크게 얻는 게 뭐니?"

"생명에 대한 존중."

"네 안전은 걱정 안 돼?"

"사실 난 어릴 때 부모님이 돌아가셔서 의지할 사람 없이 산다는 게 어떤 건지, 도움이 절실하다는 게 어떤 느낌인지 너무 잘 알아. 그래서인지 어딘가에 도움이 필요한 사람이 있다는 말을 들으면, 얼른 가서 도와야겠다는 생각부터 들어. 도움을 받는 입장에서는 한 사람의 도움도 결코 작은 게 아니거든."

N은 사람들을 돕는 것 혹은 삶에 새로운 도전이 끼어드는 것을 좋아한다는 느낌이 들었다. N이 베이징에서 톈진까지 자전거를 타고 가기로 한 것은 베이징-톈진 간 고속철이 정상 운행되지 않고 있었기 때문이다. 그는 간단한 침낭 도구와 이틀치 먹을 것 등을 튜닝한 자전거의 뒤편에 묶고, 톈진으로 달려갔다.

그런데 무슨 이유에선지 N이 톈진에 도착한 뒤로 전화 연락이 전혀 되지 않았다. 나는 SNS와 문자 등의 메시지를 남겼지만, 그가 제대로 확인하는 것 같지도 않았다. 그때 나는 다른 어디선가 또 폭발이 일어났다는 뉴스를 보게 되었다. 이대로 N과 영영 연락이 닿지 않으면 어쩌나 하는 걱정마저 들었다. 베이징에서 아무것도 할 수 없는 나로서는 N의 안전을 기도하는 수밖에 없었다.

다행히 며칠 뒤 N은 무사히 베이징으로 돌아왔다. 먼 거리를 오가느라 자전거는 거의 다 망가졌고, 베이징에서 가져갔던 짐은 텅텅 비어 있었다.

그간 무슨 일이 있었는지 너무나 궁금했지만, 그로부터 며칠이 더 지나서야 N과 만날 수 있었다.

N은 술을 몇 잔 들이켜고 나서야 톈진에서 겪은 일들을 풀어놓기 시작했다. 분주하면서도 막막했던 긴급구호 현장, 몸을 사리지 않고 화재 진화에 나선 소방관들, 의연하게 재난 현장을 버티어가던 주민들에 대해 담담하게 이야기했다. 그러다가도 갑자기 뭔가가 생각난 듯 목소리가 격해지기도 했다. <u>재난의 현장 이면에 뭔가 더 처참한 현실이 있거나, 이루 말할 수 없는 부조리가 숨어 있는 듯했다.</u>

그러나 그가 제대로 말하려 하질 않으니, 나로서는 그저 뭔가 어두운 그림자가 있나 보다고만 짐작할 뿐이었다.

그때 같은 자리에 있던 L이 끼어들었다.

"실은 나도 톈진에 자원봉사 가려고 한 적이 있었어. 그런데 기차표 구하기가 너무 힘든 거 있지? 겨우 한 장 구해서 가긴 갔는데, 막상 갔더니 역에서 바깥으로 도저히 빠져나올 수가 없는 거야. 그래서 어떻게 됐는지 알아? 그냥 베이징행 기차표를 사서 다시 돌아와버렸어."

그 순간 나도 모르게 푸훗, 웃음이 터져나왔다. 무슨 시트콤의 에피소드 같아서 실제 일어난 일이라고는 느껴지지 않았다.

바로 그때 N이 테이블을 쾅 치며 입을 열었다.

"정말이야! 사람들이 어마어마하게 밀려들었거든. <u>그런데 정작 구호에는 아무 관심이 없고, 다들 이상한 과시 의식에 빠</u>

져 있는 것 같았어."

이어 N은 자신이 겪었던 이해할 수 없는 일들을 하나하나 이야기해주었다.

"기껏 톈진에 도착했더니 아무도 재난 현장에도 못 들어가게 하는 거야. 이유가 뭐였는 줄 알아? '자원봉사 허가증'이 없어서 안 된대. 내가 '한 사람이라도 더 들어가야 재난 피해를 줄일 수 있는 마당에 허가증 타령이라니요, 이게 말이 됩니까?'하고 따졌더니, 그제야 들어가게는 해주더라고."

N은 상대적으로 재난이 경미한 구역에서, 부상자 호송 차량의 교통을 안내하는 봉사팀에 투입되었다. 부상자들 중에는 화상으로 피부가 벗겨진 긴급 환자들이 많았는데, 도로는 폭발 때문에 신호등이 다 망가져서 교통 혼잡이 극심했다. N이 속한 봉사팀은 모두 타지에서 온 10명으로 이루어져 있었다. 우선 병원의 일손이 부족해서 6명은 병원으로 투입되었고, 나머지 4명은 도로에서 2명씩 한 조를 이루어 부상자 호송 차량을 안내했다. 한 조는 일반 차량을 도로 가장자리로 인도하고, 다른 한 조는 부상자 호송 차량을 도로 가운데로 인도하는 작업이었다. 그중 N이 맡은 작업은 대형 버스와 트럭이 통과하는 것을 막고, 일반 자가용의 서행을 유도하는 것이었다. 그런데 같이 한 조가 된 남자가 자꾸만 투덜거렸다.

"아, 여기까지 와서 고작 교통경찰 노릇이나 하다니."

"그게 무슨 뜻이죠?"

N이 묻자, 남자가 대답했다.

"전 원래 중대 재난구역으로 가고 싶었거든요. 그럼 평생 잊을 수 없는 특별한 체험이 됐을 텐데! 여기까지 와서 고작 교통경찰 노릇이라니, 이건 정말…"

"이것도 다 사람들 돕는 일이잖아요."

"그렇지만 중대 재난구역으로 갔으면 훨씬 의미 있는 일을 할 수 있잖아요. 이런 일은 너무 시시하지 않아요?"

N은 남자의 대답에 입을 다물 수가 없었다. N은 곧 고개를 저으며 말했다.

"그러니까 여기까지 온 이유가, 멋진 경험을 쌓고 싶어서였다는 거예요? 사람들을 돕기 위해서가 아니라?"

그러자 남자도 더 이상 아무 말도 하지 않았다. 그리고는 별반 열의 없이 차량 안내를 하기 시작했다. 누가 봐도 '이건 정말 재미가 없고 귀찮다'는 듯한 표정이었다.

N은 그날 맡은 일을 끝마치고 다시 텐진 역으로 갔다. 역 앞에는 재난지역으로 반입되지 않은 물과 식량이 잔뜩 쌓여 있었다. 엄청난 수의 자원봉사자도 몰려들었지만, 인원이 지나치게 많으면 현장이 위험해질 수 있다는 이유로 다들 진입을 통제당하고 있었다. 더 믿을 수 없었던 건 자원봉사자들의 표정이었다. 이들은 하나같이 재난 지역의 비극에 대한 걱정이나 안타까움보다는 묘한 기대와 흥분에 들떠 있었다. 여기저기서 셔터 누르는 소리도 터져 나왔다. 셀카봉을 들고 셀카를 찍는 사람늘이었다. 텐진역 앞에서 사신을 찍게 된 것 자제가 대단한 기념이라고 생각하는 모양이었다.

N이 말했다.

"그거 알아? 매일 그렇게 많은 자원봉사자가 밀려드는데, 정작 그 자원봉사자들 때문에 인력 낭비가 더 심해진다는 거. 다들 관련 경험 없이 즉흥적으로 온 사람들이니, 무슨 일을 어떻게 해야 하는지 알고 있을 리가 없잖아? 그렇다 보니 자원봉사자가 밀려들수록 그 봉사자들을 관리하느라 현장이 더 혼란스러워지는 거야. 여기에 봉사자들 숙식도 간단한 문제가 아니었어. 현장이 재난 지역이니 당연히 먹을 것도 부족하고, 호텔이나 여관이 정상적으로 운영되고 있을 리 없잖아? 그렇다 보니 재난 지역에서는 재난 피해자에 더해서 자원봉사자들까지 구호·관리의 대상이 돼버리는 식인 거야.

이건, 톈진 사람들이 각박해서 봉사자들의 도움은 받지 않겠다고 해서 생긴 문제가 아냐. 그보다는 재난 지역 사람들을 도우려고 오는 사람보다 다른 어디서도 못해본 짜릿한 경험을 기대하고 오는 사람이 더 많아서랄까. 자신의 도움으로 누구 하나라도 어려움에서 벗어나기를 바라는 게 아니라 뭔가 남다른 경험을 쌓아서 자신이 더욱 가치 있어 보이고 싶어 하는 것 같았어. 아, 대체 누가 누굴 도우러 온 건지!"

N은 당시의 일이 생각나는 듯 너무나 괴로워하는 표정이었다.

티베트가 고향인 N과 처음 만난 건 몇 년 전 내가 티베트로 여행을 갔을 때였다. 우리가 친해진 지 얼마 되지 않았을 때, 위수에서 지진이 발생했다는 소식이 들려왔다. N은 곧바로 위수로 떠나겠다고 말했다. 어릴 때부터 부모님 없이 고된 성장기를 보낸 N은 한동안 자신보다 힘든 처지에 있는 사람을 보는 것조차 싫었다고 한다. 그러다가 우연히 자원봉사를 하러 위수에 갔을 때 처음으로 재난 지역의 비참함은 일반인의 상상을 뛰어넘는 수준이라는 걸 알게 됐다고 한다. N은 지진 소식을 듣자마자 인터넷에서 관련 자료를 찾아보고, 위수에 다녀온 사람들에게 자문도 구하는 등 만반의 준비를 갖추고 위수로 떠났다. 그리고는 며칠 뒤, 이루 말할 수 없는 비통한 심정을 안고 다시 티베트로 돌아왔다. 재난 지역 사람들의 눈물과 이별, 고통, 죽음은 평범한 일상을 살아가고 있던 사람이 어느 날 갑자기 감당할 수 있는 체험이 아니었다. 그는 현장에 있는 내내 자기 자신이 통째로 무너지는 느낌을 받았다고 한다.

"난 그렇게 갑작스러운 재난으로 누군가와 영원히 헤어질 수 있다는 생각은 해본 적이 없어. 남을 돕는다는 건 절대 쉬운 일이 아니더라. 나 자신의 어떤 목적을 위해서가 아니라 순수하게 남을 위해 뭔가를 하는 건 아무나 할 수 있는 일이 아니란 걸 알게 됐어."

그렇게 N의 이야기를 듣다 보니, 몇 년 전 나에게도 있었던 일이 떠올랐다.

나는 강사로 일하기 시작한 그해부터 베이징대의 한 영어 동아리와 손잡고 무료 영어반을 운영한 적 있다. 영어 교육업계의 양극화가 심해지면서 가난한 학생들에게는 교육 기회가 제한, 박탈되어가다시피 하는 현상을 지켜보면서 만든 하나의 대안이었다. 나는 최소한의 교통비 정도만 받고 강의를 담당하기로 했다. 나중에는 뜻을 함께 하는 강사들도 여럿 합류했다. 어떤 반은 수강생이 100명을 넘어설 만큼 참여 학생도 늘어갔다. 우리는 베이징 외에 중국의 중소 도시와 먼 시골 지역까지 무료 영어반을 확대 운영하기로 결정했다.

강사 생활을 시작한 지 얼마 안 되었던 당시, 나는 학생들이 귀 기울여 무언가를 듣고자 하는 그 눈빛이 무척 좋았다. 강사 생활을 하면서 얻는 가장 큰 보람은 꼭 지식의 전수나 성취함 같은 것이 아니었다. 바로 이런 경청의 눈빛에서 전해지는 느낌, 그 느낌이 가장 행복했다.

바로 그때 묘한 도취감이 나에게 환상을 불어넣기 시작했

다. '내가 하고 있는 일은 정말 훌륭한 거야. 날 필요로 하는 곳이라면 어디든 가야 해….'

무료 영어반 강사들과 함께 허난성 신양(信陽)에 있는 작은 시골 마을에 갔을 때였다. 그곳은 학교 여기저기에서 닭이 울고 돼지가 마구 뛰어다닐 만큼 낙후된 지역이었다. 교장 선생님은 아이들이 무척 기뻐할 거라며 우리를 환대해주셨다.

"그런데… 여기에는 얼마나 오래 머무르실 예정인가요?"

"2주 정도 있을 계획입니다. 저희가 아직 학생이라 방학 기간에밖에 있을 수 없거든요."

2주라는 말에 교장 선생님은 다소 실망스러운 표정을 짓더니, 우리가 아직 대학생이라는 말에 한 번 더 표정이 굳어졌다.

"지금 아이들은 난생 처음으로 도시 이야기를 들을 수 있다며 들떠 있습니다. 그런데 아이들 가슴에 기대만 불어넣어 놓고, 2주 만에 가버리시겠다고요?

갈 수 없는 곳, 볼 수 없는 세상에 대한 이야기만 잔뜩 듣다가 선생님들만 사라지고 나면 아이들 마음은 어떻게 되겠습니까? <u>이런 건 그냥 선생님들의 자아실현이지, 아이들에게 베푸는 교육 기회가 아니에요.</u>

저희는 2년 정도 이곳에 머무르면서 아이들의 졸업까지 지켜볼 수 있는 분들을 찾고 있었습니다."

우리는 아무 말도 할 수 없었다. 그리고 그날 처음으로 깨달은 것이 있었다. <u>나는 솔직히 그 정도까지 감수할 각오는 되어 있지 않았다는 것, 그리고 나는 세상을 사랑한다기보다 나 자신을 더 사랑하고 있었다는 사실이었다.</u>

결국 우리는 무책임한 노릇은 시작도 하지 않는 편이 좋겠다고 판단, 다음 날 바로 기차를 타고 베이징으로 돌아왔다. 그 뒤로 한 달이 지나기도 전에, 전국 각지로 영어반 운영을 확대하기로 했던 당초의 계획은 자연스럽게 무산되었다. 그후로 나는 다른 많은 공익 모임들도 비슷한 과정을 거치면서 해산되는 모습을 지켜보았다.

그리고 더 시간이 흐르면서 깨닫게 된 것이 있었다. 자기 나름의 고정적 소득이나 삶의 기반이 부실한 상태에서 공익을 도모한답시고 남을 도우려고 들면, 공익이라는 가치까지 허망한 자아실현의 도구로 팔아먹기 쉽다는 것이었다. 한순간의 혈기에만 기댄 얄팍한 열정은 누구에게도 진정한 도움은 되지 못한 채 한낱 자기애적인 추억만 남길 뿐이었다.

다행히 천재(天災)와 인재(人災)를 불문하고 어려운 일이 닥치면 사방팔방에서 도움의 손길이 전해지는 것이 우리가 살고 있는 세상의 훈훈한 모습이다. 톈진항 폭발이 일어났을 때 나는 갓 창업한 회사에서 일을 하고 있었다. 그러나 온종일 마음이 편치 않았다. 고향이 톈진인 한 직원은 이틀째 부모님과 연락이 되지 않는다며 눈물만 뚝뚝 흘렸다.

그는 아무래도 고향에 가봐야겠다며 휴가 신청을 했다.

나는 두 말 없이 보내주었다.

다른 동료들은 나에게 "평소의 혈기 같으면 당장 재난 현장으로 달려가실 것 같은데, 왜 안 가고 계세요?"라고 물었다.

글쎄. 나도 뭐라고 대답해야 할지 알 수 없었다. 다만 톈진으로 떠나는 직원에게 얼마간의 돈을 쥐어주면서 말했다.

"이건 꼭 누구에게랄 것 없는 기부금 같은 거야. 이걸 주는 건, 지금 우리의 도움을 필요로 하는 사람이 바로 우리 앞에 있으니까."

그는 어떻게든 눈물을 삼키려고 애쓰면서 고맙다고 말했다.

나도 그 다음부터는 아무 말도 할 수 없었다. 그저 기도하는 마음뿐이었다.

<u>한 사람 한 사람의 힘은 충분치 않을지 몰라도 수많은 따뜻한 마음들이 모이면 세상은 분명 따뜻해진다. 단 한 자루의 초만 있어도 어두웠던 방 전체가 밝아지는 것과 같다.</u> 초 하나로 넓은 광장을 비추려면 광장 곳곳에 놓인 등잔에도 불을 붙여야 할 것이다. 당신이 만약 등잔에 불을 붙일 수 있는 초 한 자루라면, 당신은 어떻게 할 생각인가. 사람들을 비추기 위해 등잔에 불을 붙일 것인가, 홀로 자기 자신만을 밝힐 것인가.

2-04

뛰는 가슴은 한기를 몰아낼 수 있고, 작은 미소 하나로 온기를 전할 수 있다

강사 생활 초기에 나는 하루 10시간씩 강의를 했다. 대학원 시험 준비 기간이라도 되면 학생들과 강사들 모두 극도의 열의와 집중도를 보였다. 학생들은 대부분 새벽 5시 반이면 일어나 찬바람을 맞으며 강의실로 향했고, 강사들도 새벽 6시부터는 강의를 시작해야 했다. 학생들이 열의에 불타 있다 보니, 강사인 나도 자연스럽게 그들의 영향을 받아 더욱 열정적으로 강의하게 되었다.

하루에 10시간이나 강의를 하다 보니 옷차림은 신경 쓸 새가 없었고, 면도도 제대로 하지 못하는 때가 많았다. 밥을 챙겨먹을 시간도 없었던 데다 먹을 마음도 들지 않았다. 적당한 공복감이 있으면 오히려 강의에는 집중이 잘 되었기 때문에 나도 끼니를 챙기는 데 연연하지 않았다. 조금씩 짬이 날 때마다 커피 한 잔에 초콜릿을 물고 있다가 다시금 강의실로 향했다.

이렇게 기계처럼 일을 하다 보니, 피로가 누적되고 감각이

둔해지면서 삶의 질이 급격히 떨어졌다. 강의 하나하나를 잘 마치는 데 급급하다 보니 학생들의 미래에 대해 진지하게 생각하기도 어려웠다. 한 강의가 끝나면 바로 다음 강의가 이어졌고, 학생들이 우르르 빠져나가면 다시금 지친 표정의 학생들이 들어와 자리를 채웠다.

그날도 나는 끼니를 거른 채 수 시간째 강의를 계속하고 있었다. 그런데 그날따라 연속으로 강의를 하다 보니 피로가 극에 달해 정신마저 가누기 어려울 정도가 되었다. 다음 번 강의는 샤오궈(小郭)라는 학생과의 1:1 강의였다. 그녀는 밝은 얼굴로 들어오더니 나에게 상자 하나를 내밀었다. 집에서 어머니가 만들어주신, 쇠고기 구이가 들어 있는 도시락 상자였다.

"수업은 천천히 하시고, 우선 이거부터 드세요."

그 순간, 나도 모르게 눈물이 핑 돌았다. 우리는 가족의 관심을 당연하다고 받아들이는 반면, 낯선 사람이 나에게 친절하리라고도 기대하지 않는다. 그렇기 때문에, 전혀 기대하지 않았던 누군가가 불쑥 내 마음에 불을 지피면 가슴이 벅차오르는 감동이 밀려들 수밖에 없는 것이었다.

나는 고맙다고 말하고, 그날은 도시락을 먹으면서 강의를 진행했다.

원래 1:1 강의는 2시간짜리였지만, 그날 이후 샤오궈 양을 가르칠 때는 2시간을 훌쩍 넘겨 강의하는 때가 많아졌다. 그녀는 진지하게 필기를 하다가 이렇게 물었다.

"선생님, 강의 시간 다 끝난 것 같은데요?"

"아까 도시락 먹은 시간은 마저 채워야지."

사람은 심장 없는 양철 로봇이 아니다. 나는 나도 모르게 감화된 온기에 무언가로라도 보답을 하고 싶었다. 도시락을 먹은 시간은 채 5분도 되지 않았지만, 나는 30분을 훌쩍 넘겨 강의를 마치곤 했다.

선량한 성품과 긍정적인 마인드는 대부분 타고나는 데다, 그 둘은 대체로 함께 가는 듯하다. 성실한 자세도 마찬가지. 그녀는 매일 새벽 5시 반에 일어나 도서관으로 향했고, 피곤하면 잠시 밖으로 나가 음악을 들으며 달렸다. 전화기는 항상 꺼두고 있다가, 공부를 하던 중 나에게 묻고 싶은 것이 있을 때에만 문자메시지를 보내기 위해 가끔씩 켰다.

이듬해에 그녀는 예상보다 훨씬 높은 점수로 자신이 원했던 학교에 합격했다. 그녀는 합격 기념으로 나에게 식사를 대접하고 싶다고 했다. 그날 나는 그녀에게 내심 궁금했던 것을 물어보았다.

"그날 선생님한테 도시락은 왜 줬던 거니? 혹시 선생님 감동시키면 강의를 더 잘해줄 것 같아서? 하하하."

그녀는 같이 하하하 웃고는 고개를 저으며 말했다.

"아뇨. 그냥… 선생님이 너무 배고파 보여서요. 좀 먹고 하시라고…"

"결론은 그냥 불쌍해 보였다는 거구나. 하하하."

나는 말은 그렇게 했지만 살짝 눈물이 나오려고 했다. 그날 나는 그녀에게 술을 사면서 다시 한 번 축하의 말을 전했다. 그러나 실은 내가 받은 감동의 보답이기도 했다. 그날 나는 대도시의 작은 온기 하나가 사람들 사이의 거리를 얼마나 좁힐 수 있는지, 얼마나 따뜻하게 할 수 있는지 느낄 수 있었다. 지금은 예전보다 사교의 도구가 다양해졌지만, 정작 그 도구들 때문에 소통의 비용은 늘어나고 마음의 거리는 더 멀어지는 면도 없지 않다. 그러나 별 뜻 없이 건네는 작은 미소나 사소한 호의는 멀리 있는 줄만 알았던 사람의 마음까지 환하게 비추어준다.

"가차 없이 냉혹한 이 도시에서 살다 보면, 초심 따위는 어느새 온데간데 없어진다. 돈을 벌기 위해, 유명해지기 위해, 세상이 원하는 인재가 되기 위해 정신없이 뛰다 보면, 내가 과연 무엇을 위해 이렇게 살고 있는지조차 잊게 된다."

오래 전 어느 책에서 읽었던 문장이다. 이 문장은 그대로 지금도 많은 사람들에게 인생의 비망록처럼 여겨지고 있지 않을까.

그로부터 며칠이 지난 어느 날이었다. 미국에 있던 누나가 유학 생활을 마치고 중국으로 돌아온다는 소식을 전해왔다. 누나를 만나기 위해 달려간 공항의 출구에서는 저마다 큰 짐, 작은 짐을 들고 낑낑대며 자신을 마중 나온 사람의 얼굴을 찾고 있었다.

나도 곧 누나의 모습을 볼 수 있었다. 나는 바로 누나의 짐들을 받아 들고, 누나와 함께 신나게 버스 정류장으로 갔다. 그런데 정류장으로 향하는 길가에 배낭을 멘 채 커다란 트렁크를 끌며, 손짐까지 든 어머니와 어린 딸이 있었다. 어머니는 짐이 많은 탓에 아이의 손까지 잡아줄 수가 없었다. 두 살 정도로 보이는 여자아이는 여기저기 돌아다니다가 바닥이 미끄러웠는지 털썩 넘어지고 말았다. 아이는 손에 들고 있던 것들을 모두 바닥에 쏟은 채 사람들에게 둘러싸여 울음을 터뜨렸다. 그러나 주위에 있는 중국 사람들은 특유의 무관심으로 멀뚱멀뚱 아이를 볼 뿐 아무도 나서서 도와주려 하지 않았다.

아이의 어머니는 손이며 어깨에 들린 짐을 어쩌지 못해 아이가 우는 것을 그저 지켜볼 수밖에 없었다.

그때 누나가 다가가 아이를 일으키고 울지 않도록 달래주었다. 아이는 누나의 따뜻한 손길에 곧 울음을 그쳤다. 나는 아이의 어머니에게 가서 짐을 거들어주고, 모녀가 같이 버스 정류장까지 갈 수 있도록 도와주었다. 아이의 어머니는 누나와 나에게 연신 고맙다고 인사하며, 꼭 사례하고 싶으니 연락처를 남겨달라고 했다.

모녀가 버스에 오르는 것을 본 뒤, 나는 누나에게 물었다.

"왜 굳이 가서 아이를 도와준 거야?"

"왜라니? 그럼 도와주지 말았어야 한다는 거야?"

그렇다, 응당 가서 도왔어야 하는 일이다. 그러나 각박한 현대 사회에서는 누군가를 돕기 위해 나서는 것 자체를 사치스럽다 못해 이상하게까지 여기는 것이 현실이다.

"미국에서는 길 가던 노인이 넘어질 것 같은 기미만 보여도 여러 사람이 다가가서 부축해주는 게 당연한 일이야. 그런데 중국에서는 그런 일이 일어나면 신문에, TV에까지 나오지. 정말 슬픈 현실이야."

그리고 다시 몇 달이 흐른 어느 날이었다. 나는 시나리오 한 편을 완성하고 여러 번 다듬은 뒤, 한 영상 사이트의 시나리오 공모전에 응모했다. 몇 주 후 시나리오 공모전 책임자에게서 별다른 시나리오 수정 요구도 없이, 꽤 높은 가격에 내 시나리오를 사겠다는 연락이 왔다.

나는 이런 일이 처음이라 적잖이 놀랐다. 보통은 시나리오에 대해 이렇게 저렇게 수정해달라고 요구한 뒤 다시금 지루한 가격 협상까지 벌여야 했기 때문이다.

이어, 그 책임자는 "마케팅 부장님이 작가님을 한 번 뵙고 싶어 합니다."라고 말했다.

나는 그가 알려준 주소로 찾아가 마케팅 사무실의 문을 열었다. 그러자 한쪽에 앉아 있던, 30대 중반으로 보이는 한 여성이 나를 반갑게 맞아주었다.

"리샹룽 씨, 오랜만입니다. 그날 공항에서 샹룽 씨와 누님에게 신세 많이 졌어요."

이렇게 공교로울 수가! 누군가로부터 은혜를 입거나 누군가에게 원한을 사면 그 누군가와의 인연이 나비효과를 일으키는 것이 이 세상인 걸까. 선의 씨앗이든 악의 씨앗이듯 뿌린대로 언젠가 그 열매가 맺히듯, 우리가 어떤 행동을 하고 살았는가에 따라 그에 걸맞는 일이 우리 인생 위에 펼쳐지는 것인지도 모르겠다. 그렇기에 우리는 때로 어떤 의도나 계산 없이 순수하게 누군가를 돕는 과정에서 우연히 온기의 전달자가 되는 경우도 있을 것이다.

나는 평소 음식이나 택배를 배달하는 사람이 오면, 잠시 집 안으로 초대에서 물을 한 잔 건네는 습관이 있다. 처음에는 그분들도 어색해 했지만, 나중에는 편안한 미소를 지으며 짧게나마 휴식을 즐기는 모습을 볼 수 있었다.

얼마 전 나의 SNS에서 책 추첨 이벤트를 진행하고 배송 작업을 시작할 때였다. 나는 책들을 포장한 뒤 택배 회사에 연락을 했다. 택배직원이 물건을 받으러 왔을 때 나는 먼저 그에게 책을 한 권 건네고, 송장을 다 작성한 뒤 송장도 건넸다. 직원은 내가 송장을 작성하는 동안 내가 건넨 책을 보고 있다가, 나에게서 택배비 받는 것을 잊은 채 송장과 물건만 들고 나가버렸다. 한참 후 다시 돌아온 직원이 나에게 물었다.

"참, 그런데 택배비는 선불인가요, 착불인가요?"
"아까 보신 책은 마음에 드세요?"
"아, 네. 제가 책만 보고 있다가 택배비 받는 것도 잊었네요. 하하하."
나는 테이블에서 다른 책 한 권도 그에게 주며 말했다.
"그럼 이 책도 한 번 보세요. 이건 그냥 드리는 거예요."
그러자 직원은 머리를 긁적이며 어쩔 줄 몰라 했다.
"아…, 네. 감사합니다. 하하하."
직원은 책을 보고 나서 다시 송장의 주소와 연락처, 이름을 확인하더니 갑자기 놀란 듯 소리를 지르며 말했다.
"이럴 수가! 이 책을 쓰신 분이었군요!"
그때부터 잠시나마 고맙다, 아니다, 하면서 황송하고도 쑥스러운 인사말이 오고갔다. 훈훈하다면 훈훈하지만 조금은 우스꽝스럽기도 한 장면이었다.
그렇게 택배직원이 떠난 뒤로도 나는 한동안 입에 걸린 미소가 떠나지 않았다.
그날 밤 그 택배직원은 나의 SNS 계정을 구독 추가했고, 그 덕분에 나도 그의 '모멘트' 페이지를 보게 되었다. 그의 '모멘트' 상단에는 "원래는 내일쯤 퇴사하고 고향으로 돌아갈 생각이었다. 오늘은 낯선 사람의 예상치 못한 친절에 이 도시에 조금 더 머물러 보기로 했다."고 써 있었다.
바로 어제까지도 이어졌을, 그의 고단했을 삶이 느껴져 내 눈에 잠시 눈물이 맺혔다.

지금도 이 도시 어딘가에는 당신과 일면식도 없는 수많은 낯선 사람들이 각자 제 몫을 다하며 삶을 살아가고 있다. 우리는 그들에게 작은 미소 한 번 건네는 것만으로도 그들과 좋은 친구가 될 수 있을지 모른다. 뛰는 가슴은 한기를 몰아낼 수 있고, 작은 미소 하나로도 온기를 전할 수 있다. 우리는 그렇게 얼마든지 사랑의 메신저가 될 수 있다.

2-05

우리는 당면한 삶을
묵묵히 잘 살아가면 된다

"2015년 8월 10일, 중국미디어대학(中國傳媒大學)의 학생이었던 리(李)모 군이 영화 캐스팅 담당자를 소개해주겠다며 저우(周)모 양에게 접근, 강간 미수 후 살해한 사건"이 중국 언론을 떠들썩하게 한 일이 있었다. 이 뉴스는 즉시 SNS를 통해 중국 전역으로 빠르게 퍼져나갔다. 내가 속한 영화업계에도 리모 군, 저우모 양과 평소 친분이 있던 이들이 적지 않았다. 나는 뉴스에만 나오는 줄 알았던 일이 나와 가까운 세계에서도 일어날 수 있다는 것을 처음 절감하게 되었고, 분노와 안타까움 못지않게 충격과 당혹감이 밀려들었다.

이 시기에 중국의 거의 모든 SNS는 이 사건에 대한 이야기로 도배되다시피 했다. 언론들도 저마다 이러저러한 관점에서 사건을 분석하고 논평했다. 다들 엄청난 관심을 기울이는 것 같았지만, 실은 트래픽에만 목을 매는 것처럼 보이기도 했다.

그런데 친구들끼리 사적인 이야기를 공유하는 '모멘트'에서는 불과 몇 시간만에 이 뉴스에 대한 이야기가 사라져버렸다.

반응이 잠잠해진 것일까? 아니, 다들 자신의 일상으로 돌아간 것이었다. 사람들은 전처럼 쇼핑이나 음식 사진을, 직장인들은 상사에 대한 뒷담화를, 미남미녀들은 셀카를, 여행자들은 여행지에서 찍은 사진을 올리기 시작했다. 한때의 떠들썩한 반응으로 달라진 것은 아무것도 없었다.

피해자 부모의 눈물과 고통은 여전히 그대로겠지만, 시지어 그들조차 몇 년이 지나면 딸의 빈 자리에도 익숙해질 것이다.

어릴 때에는 '헤어짐'이나 '떠나감'이라고 하면 기차역에서의 작별 같은 것을 주로 떠올렸다. 그러나 지금처럼 통신수단이 발달해서 멀리 있어도 서로의 안부를 확인하고 소통할 수 있다면, 세상은 그만큼 넓어진 것이라고 생각했다.

<u>그로부터 한참 시간이 흐른 지금은 '이별'이라는 말의 무게가 조금 더 무겁게 느껴진다. 한 번 떠나면 영원히 다시 만날 수 없는 이별이 있다는 것을 알게 되었기 때문이다.</u> 누군가가 저 세상으로 떠난다는 것은 타오르던 등불이 갑자기 꺼지는 것과 같았다. 돌연 맞닥뜨리게 되는 이런 어둠 속에서 우리는 비로소 깨닫게 된다. 살면서 연연했던 돈이나 인기, 인정 같은 것들도 바로 이렇게 삶과 함께 한순간에 사라져버린다는 것, 그러므로 지금 당면한 삶을 충실히 살아가는 것이야말로 다른 무엇보다 중요하다는 것을 말이다.

얼마 전, 3년간 사귀어온 남자와 결혼했던 친구 페이페이(菲菲)가 떠오른다. 그녀는 남편의 투박한 손과 성실하게 일하는 모습이 좋았다고 한다. 결혼 후 두 사람은 베이징의 작은 셋방에서 신혼생활을 시작했다. 직장을 다니던 남편이 사업을 시작하고 나서는 생애 처음으로 큰돈도 벌어보았다. 그렇게 형편

은 점점 나아지고 앞으로의 삶도 행복해질 것만 같았다.

여기서 끝나는 이야기였다면 '아름다운 사랑의 결말'이 될 수도 있었을 것이다. 그러나 두 사람의 결혼 생활은 바로 이때부터 '사랑의 무덤'으로 변해버렸다.

페이페이의 외삼촌은 산시(山西) 지역에서 석탄기업을 경영하고 있었다. 한동안 석탄산업의 호황으로 큰돈을 번 외삼촌은 새로운 회사를 세우고 그 회사의 최대 주주가 되었다. 이때부터 외삼촌은 사업 이익에 더하여 막대한 주식 배당금까지 손에 넣을 수 있었다. 이 이야기를 전해 들은 페이페이의 남편은 자신의 전 재산을 아내의 외삼촌 회사의 주식에 쏟아붓기로 했다. 페이페이는 남편의 선택을 극구 말렸지만, 남편은 아내의 외삼촌이 아내의 친척이므로 자신에게 사기를 칠 일은 없을 거라고 확신했다. 이렇게 해서 가정의 재산은 물론 남편 회사의 자금까지 전부 외삼촌 회사의 주식을 사는 데 투입되었다.

이와 동시에, 두 사람의 사랑의 감정도 한순간의 눈먼 이익에 잠식되어버렸다. 감정이 사라진 결혼 생활에 남은 것이라고는 허름하고 형식적인 껍데기뿐이었다.

1년 후, 국가에서 석탄 가격을 통제하기 시작했다. 그러자 페이페이의 외삼촌의 회사도 파산했다. 수백만 위안(약 수억 원)에 달했던 페이페이 가정의 재산도 외삼촌 회사의 파산과 함께 그대로 날아가버렸다.

남편은 평생 굴릴 수 있었던 막대한 이익이 사라졌다며, 아내에게 왜 진작 자신을 뜯어말리지 않았냐고 원망했다. 아내의 외삼촌만 아니었다면 주식투자 같은 건 할 일도 없었을 거라며, 이 모든 게 아내의 외삼촌 때문이라고 원망했다.

페이페이는 1년 전 자신이 울며불며 남편을 뜯어말렸던 일을 이야기했다.

'아, 그래⋯. 그때 아내는 심하게 날 말렸었지. 내가 듣지 않았던 거구나.'

원망에만 열을 쏟았던 남편은 흥분이 가라앉자 지난 일이 하나하나 떠오르기 시작했다. 그는 아내에게 미안하다고 말했다.

페이페이는 돈 문제를 의논하기 위해 외삼촌을 찾아갔다. 그러나 그 사이 외삼촌은 자신의 부모와도 사실상 연을 끊은 상태였다. 하물며 그의 직계가족보다 더 먼 사이인 그녀와 만나 줄 리 만무했다.

그날 이후 페이페이의 가정에서는 매일 같이 싸움, 비난, 사과, 원망이 반복되었다. 도저히 끝이 나지 않는 싸움에 페이페이는 심신이 모두 피폐해져만 갔다.

하루는 친구들과 만나 이야기를 나누던 중, 한 친구가 '가고 있던 길이 맞는 길이 아니라는 걸 알게 됐을 때 어떻게 해야 하는가'라는 질문을 던진 적 있다. 이런 경우에 할 수 있는 선택은 크게 두 가지다. 하나는, 가던 길을 그냥 계속 가는 것이다. 이렇게 하면 갑작스러운 변화를 감당하지 않아도 되지만, 잘못된 길을 택한 데 따르는 고통도 줄어들지 않는다. 다른 하나는, 가던 길을 멈추고 과감히 방향을 트는 것이다. 방향을 트는 동안은 두렵고 괴로울 수도 있지만, 모든 상황에 차차 익숙해질 것이다. 무엇보다 용기 있는 방향 전환의 결과로 그 다음부터 새로운 삶의 국면이 펼쳐질 수도 있다.

일도 사랑도 마찬가지다. 그 길이 맞는 길이 아니라는 걸 알

> 았을 때는 과감히 손에 쥔 것들을 내려놓을 수 있어야 한다. 그동안 어떤 자리에서 무엇을 해왔든 그 모든 것은 이제 과거의 일이 되었다. 우리의 삶도, 세상도, 사람도 끊임없이 변한다. 변했다고 느껴지는 사람과의 관계를 내려놓기로 하는 것은 배신이 아니다. 오히려 그것은 서로의 미래를 위한 최선의 선택일 수도 있다.

그날도 페이페이와 남편은 대화를 하다가 지루한 싸움으로 이어졌다. 하필 그날은 남편의 친구도 그 자리에 있었다. 이제는 지겹기까지 한, 여느 때와 똑같은 패턴의 싸움이었다. 페이페이는 하루도 거르지 않고 이어지는 싸움에 너무나 지쳐 있었다.

하필 그날 남편은 하지 말아야 할 말까지 마구 쏟아부었고, 이성을 잃은 페이페이는 베란다로 달려가 "한 번만 더 그렇게 말하면 뛰어내리겠어!"하고 소리쳤다.

이성을 잃은 것은 남편도 마찬가지였다. 그는 거기서 멈추지 않고 더 크게 소리쳤다.

"어디, 할 수 있으면 해봐!"

그는 아내가 정말 그런 이유로 뛰어내릴 수 있다는 생각해본 적 없었을 것이다. 죽음이라는 것이 삶의 여러 압박이 쌓이고 쌓여 둑 무너지듯 순식간에 결행될 수 있다는 것 또한 알지 못했을 것이다. 누군가가 어느 날 갑자기 이별을 통보하는 것 또한 어느 한 순간 때문이 아니라 그 전까지 쌓아온 숱한 인내와 실망 때문이듯이.

페이페이는 남편의 말이 입 밖으로 떨어지기 무섭게 18층 건물의 베란다에서 땅으로 툭 떨어졌다. 무슨 일이 일어났는지 의식할 새도 없이 순식간에 벌어진 일이었다.

남겨진 사람들은 한동안 침묵 속에서 움직일 수조차 없었다. 그녀는 원망에 사로잡혀 자포자기한 것일까, 자신에게 상처를 준 사람에게 후회하도록 만들고 싶었던 것일까.

설령 그 목적을 이루었다 한들 대체 무슨 의미가 있을까.

페이페이의 부모님은 절망했고, 그녀의 아버지는 수차례 혼절했다. 그녀의 남편은 바닥에 무릎을 꿇은 채 소리 없이 눈물만 흘렸다. 남편은 과연 무슨 생각을 했을까. 그가 무슨 생각을 했는지는 알 수 없지만, 그 눈물만은 진심이었으리라고 믿고 싶다.

페이페이의 부모님은 깊은 상심으로 눈물 흘리며 딸을 떠나보냈지만, 딸의 남편을 처벌하지는 않기로 했다. 그날 이후 침식을 포기하다시피 한 남편은 눈이 항상 충혈되어 있었다. 몸무게도 1주일 만에 20kg가 줄었다.

남편을 후회하게 만드는 것이 페이페이의 목적이었다면 그 목적은 분명 이루어졌다. 그러나 그녀 자신이 사라진 것 외에 달라진 것은 아무것도 없었다. <u>이 세상은 누군가가 떠난다고 해서 달라지지 않는다. 오히려 끝까지 남아 살아나가는 사람들에 의해 조금씩 바뀌어갈 수 있을 뿐이다.</u>

비통한 슬픔에 잠겨 있던 페이페이 가족의 눈물을 생각하면 지금도 가슴이 아려온다.

그러나 <u>시간이 우리에게 주는 냉정한 자비는 영영 잊을 수 없을 것만 같았던 얼굴도, 당장의 가눌 길 없는 슬픔도 조금씩 천천히 희석시킨다. 우리는 모두 소중한 누군가가 떠나간 뒤의 삶에도 종국에 가서는 익숙해진다.</u>

그러나 페이페이의 남편에게는 그렇게까지 긴 시간이 필요하지도 않았던 모양이다. 그는 얼마 지나지 않아 두 번째 결혼을 했다.

페이페이의 부모님도 일상으로 돌아와 다시 전과 같은 삶을 이어나갔다.

나를 포함한 친구들도 마찬가지였다. 다시 SNS도 하고 이런저런 고민을 하며 바쁘게, 평범하게 살아가고 있다.

태양도 다시 떠올랐다. 소중한 누군가가 세상을 떠났다고 해서 태양이 운행을 멈추거나 떠오르는 방향이 바뀌는 일은 일어나지 않았다.

그렇다. 이 세상은 결코 우리가 없어진다고 해서 어떻게 되지 않는다. 우리들 하나하나는 사실 거대한 생명의 무리를 이루고 있는 작은 개미일 뿐이다.

그러므로 살아 있는 동안 최대한 좋아하는 일을 하고, 도움이 필요한 낯선 사람을 도우며, 세상에 무언가를 남기기 위해 노력한다면, 그것만으로도 이제까지 살아온 이유와 앞으로 살아갈 의미는 충분한 것인지도 모른다.

사실 우리 인생의 시간은 생각보다 길지 않을 수도 있다. 그러므로 너무 많은 시간을 사소한 일에나 매달리거나, 남 때문에 괴로워하는 데 쏟아붓지 말아야 한다. 차라리 새로운 사람들을 더 만나고, 못 가본 곳을 향해 한 걸음 더 내디딜 때 우리 삶도 원망이나 아쉬움을 떨치고 가슴속 이상에 더 가까워질 수 있을 것이다.

2-06

바
테이블

다롄(大連, 중국 동북부 랴오닝성(遼寧省) 소재)에 갔을 때 우연히 만나게 된 P는 전국 규모의 나이트클럽 체인을 운영하는 사장이었다.

나의 독자라며 자신을 소개한 P는 나이트클럽을 운영하는 사람답게 사연도 많은 사람이었다.

나는 그날 싸인회 때문에 다롄에 갔었다. 그날 밤 10시쯤에는 다롄의 밤하늘 아래에 있는 싱하이(星海) 광장 사진을 웨이보에 올렸다.

그러자 P가 나의 웨이보 계정으로 메시지를 보내왔다.

"다롄까지 오셨으면 저희 가게에서 술이나 한 잔 하고 가시죠."

그래서 그날 그가 운영하는 나이트클럽에 가게 되었다. P는 종업원에게 샴페인 두 병을 가져오라고 지시했다. 클럽은 특유의 현란한 조명 아래 탁한 공기로 가득 차 있었지만, 아직 그렇게 시끄러운 편은 아니었다. 다만 여기저기 음악에 몸을 맡긴 채 흐느적거리는 사람들이 보였다.

P 자신은 술을 마시지 않았다. 그의 앞에는 생수 한 병이 놓여 있었다.

"샹룽 씨는 마시고 싶은 만큼 실컷 마셔요."

나는 그의 물잔을 보며 물었다.

"사장님은 왜 술 안 드세요?"

"저는 얼마 전에 큰 수술을 해서요. 당분간 술은 마시면 안 됩니다."

내가 고개를 끄덕이자 그가 다시 말했다.

"실은 병상에 있으면서 샹룽 씨 책을 읽게 됐어요."

"그래요? 어떤 이야기가 가장 재미있던가요?"

"사랑 이야기요."

그는 그렇게 말하고 물을 한 잔 마셨다.

"저는 학창 시절에 풋풋한 연애 같은 건 못해봤거든요. 그래도 지금은 죽을 때까지 함께 살아갈 아내가 있지만요."

클럽 안의 음악 비트가 빨라지자 댄스홀에 있는 사람들의 춤도 격해지기 시작했다. 부스 테이블의 조명은 살짝 취기가 도는 여자들을 은은하게 비추고 있었고, 룸에 있는 남자들은 음악에 맞춰 기계적으로 몸을 움직이고 있있다.

나는 멍 하니 룸과 부스에 있는 사람들을 구경하고 있었다. 그때 P가 내 귓가에 대고 큰 소리로 말했다.

"룸이나 부스에는 그냥 돈 많은 사람들밖에 없어요. 진짜 사연이 있는 사람들은 모두 바 테이블에 있죠."

대학에서 건축을 전공했다는 P는 1996년에 대학을 졸업하고, 아무런 준비도 돼 있지 않은 채로 덜컥 사회에 첫 발을 내디뎠다.

당시 그는 장발에 기타를 메고 다니며 밤에는 바에서 연주를 하고, 낮에는 생계를 위한 다른 일을 했다.

그때 알게 된 몇몇 친구들이 있었다. 그는 음악을 좋아했던 데다 노래방을 하면 큰돈을 벌 수 있다는 말을 들어서, 친구들과 함께 노래방 창업에 뛰어들기로 했다. 그런데 막상 일을 시작해 보니 다뤄야 할 인간관계가 만만치 않았고, 불법과 탈법의 경계선상을 넘나들어야 하는 경우도 많았다. 또 음악보다는 술과 더 가까운 일이었다.

P는 특히 협상과 계약에서 큰 능력을 발휘했다. 중요한 협의가 오가는 일이면 언제나 그가 나서서 해결했다. 그러나 매일 술에 절은 몸으로 작은 셋방으로 돌아오는 것이 일상이었다.

첫 해에 그는 무려 수십만 위안(약 수천만 원)을 벌었다. 그 시절의 물가를 감안하면 어마어마한 액수였다. 그러나 이 일은 법의 사각지대를 악용해야 하는 때가 많았고, 하루 종일 어두운 데서 탁한 공기를 마시며 살아야 하는 것도 내키지 않았다.

무엇보다 부모님께조차 자신이 무슨 일을 하고 있는지 떳떳이 말씀드릴 수가 없었다. 그래서 그는 노래방 운영에서 발을 빼기로 했다. 그러자 동료들이 거세게 만류해왔다. 심지어 조직폭력배를 동원해 협박하기까지 했다.

그래도 그는 굴하지 않고 빠져나와, 그동안 모은 재산으로 보따리 무역을 시작했다. 그러나 그가 잘 모르는 분야였던 데다 몇 번의 불운이 겹치면서 모은 돈만 날리고 끝나버렸다. 가장 힘들었던 때는 공원 벤치에 누워 잠을 자는데, 경찰에게 쫓기는 바람에 밤새 도망을 다녀야 했던 때였다.

바로 그때 노래방 시절의 동료 하나가 그를 찾아왔다. 그는 "네가 머리가 좋으니 다시 협상을 좀 맡아주었으면 좋겠다, 지금은 나이트클럽 체인 사업을 준비 중이다, 우리 모두 너를 필요로 하고 있다, 제발 돌아와 달라."는 취지로 말했다.

그는 조금 망설였지만 끝내 대답을 하지 않았다.

그러자 동료는 아까보다 조금 더 차가워진 말투로 말했다.

"너 계속 그렇게 살다가 굶어 죽더라도 우릴 원망하진 마라."

그리고는 냉정하게 떠나버렸다.

다음 날, 어떤 젊은 여자가 그를 찾아와 말했다.

"당신이 좋은 사람인 것 같아 부탁드려요. 제가 모아둔 돈이 조금 있는데 그걸로 하고 싶은 일이 있으면 하시고, 대신 저를 다른 곳으로 좀 같이 데려가주세요."

P는 그러겠다고 했다.

알고 보니, 그녀는 동료들이 운영하는 노래방의 접대부였다.

그녀가 바로 그의 현재 아내이다.

중국이 세계무역기구(WTO)에 가입했던 날인 2001년 12월 11일은 P가 다롄에서 첫 나이트클럽을 오픈한 날이기도 했다. 당시만 해도 다들 '외국에는 클럽 문화라는 게 존재한다던데'라고만 들어 보았을 뿐 그게 정확히 무엇인지는 아무도 알지 못하던 때였다.

P는 나에게 이렇게 말했다.

"다롄을 불야성의 도시로 바꾸어버린 사람이 바로 저였죠. 그 전까지만 해도 젊은 사람들이 밤에 유흥을 즐기는 문화 자체가 존재하지 않았거든요."

그의 나이트클럽은 첫 해부터 어마어마한 손님이 모여들었고, 비싼 술도 날개 돋친 듯 팔려나갔다. 그는 곧 산처럼 쌓인 돈방석 위에 앉게 되었다.

그해에는 그의 인생에 두 가지 중요한 일이 일어났다. 하나는 결혼이었고, 다른 하나는 노래방 동료 중 몇 명이 불법행위로 경찰에 체포된 일이었다.

P는 나이트클럽을 운영하면서 많은 사람들을 보았다. 댄스홀에서 비틀거리며 춤을 추는 사람들, 도시 한복판에서 방황하는 사람들….

그는 나이트클럽을 오픈하면서 한 가지 규정을 만들었다. 홀의 부스나 룸에 온 손님한테서는 주문한 대로 돈을 받지만, 바에 온 손님한테서만큼은 낮은 단가의 정액만 지불하면 무제한으로 술을 마실 수 있도록 한 것이다. 그러자 <u>바 테이블은 눈물과 만취의 인생 토로장이 되었다.</u>

나는 P에게 물었다.

"바 테이블에서 있었던 일 가운데 가장 잊을 수 없는 일은 뭔가요?"

P는 잠시 침묵에 잠겨 있다가 천천히 입을 열었다.

나이트클럽 체인을 여러 군데 오픈한 상태였던 2005년 어느 날, 머리를 노랗게 물들인 청년 하나가 늦은 오후에 바 테이블에 앉았다.

"뭘로 드릴까요?"

바텐더가 묻자 청년이 말했다.

"술은 마실 생각 없습니다. 저는 이곳 사장님을 뵙고 싶습니다."

P는 그날 오전 내내 중요한 사업계획에 대해 논의한 터라 몹시 피곤했다. 또 업계의 특성상 이런 일을 하는 사람들은 낮에 자고 밤에 일어나는 것이 보통이었다. 그는 벌써 스무 시간째 잠을 못 자고 있었다. 소파에 누워 겨우 눈을 붙이려는 순간, 어떤 손님이 소리를 지르는 바람에 벌떡 다시 일어났다.

그는 소리가 났던 곳으로 달려가면서, 술과 관련된 시비가 붙었겠거니 생각했다. 그는 바에 도착하자마자 노랑머리 청년을 발견하고 미소를 지으며 물었다.

"손님, 혹시 무슨 문제가 있었습니까?"

그러자 노랑머리 청년이 벌떡 일어나면서 신경질적으로 말했다.

"여기서는 도대체 같은 말을 몇 번을 해야 하는 겁니까?"

P는 정색하고 바텐더에게 물었다.

"자네, 혹시 술 섞어 팔았나?"

바텐더는 도리질을 쳤다.

P는 곧바로 보안직원들에게 말했다.

"당장 이 새끼 끌어내!"

P의 말이 끝나기 무섭게 보안직원 세 명이 다가와 노랑머리 청년의 양팔을 붙잡고 끌고 나갔다. 청년은 이대로 물러날 수 없다는 듯 발버둥 치며 소리쳤다.

"사장님, 저 뭐든지 할 수 있습니다. 제발, 한 번만 저를 믿어 주세요!"

청년은 있는 힘을 다해 소리쳤지만, 시끄러운 클럽 안에서 그의 말은 누구의 귀에도 들리지 않았다. 취한 채 비틀거리고 있는 사람들 눈에도 그는 보이지 않았다.

P는 여기까지 이야기하다가 내 앞에 있는 술잔에 손을 뻗었

다. 나는 그의 건강이 염려되어 도로 술잔을 빼앗았다.

할 수 없이 그는 연거푸 물만 마셨다.

"그래서 어떻게 됐는데요?"

나의 물음에 그는 물잔을 힘없이 내려놓으며 말했다.

"사흘 뒤 신문을 보다가, 그 청년이 은행 강도 현행범으로 붙잡혔는데 현장에서 총격을 당하고 사망했다는 기사를 보게 됐죠. 만약 그때 그 청년을 고용했더라면, 그런 비극은 일어나지 않았을지도 모르는데…. 어떻게든 이 세상에서 잘 살아갔을 텐데…"

마침 라이브 무대에 올라온 밴드는 〈아직 내일이 있다면(如果還有明天)〉이라는 노래를 부르기 시작했다. 테이블에 있는 손님들, 웨이터, 바텐더 할 것 없이 모두가 음악을 들으며 두 손을 들고 흔들거나 몸을 움직이고 있었다. P와 나만 이런 사람들에게서 벗어나 딴 세상에 속한 듯 말이 없었다.

그의 명의 하에 있는 나이트클럽은 이제 중국의 거의 모든 대도시에 존재하고 있다고 해도 과언이 아니었다. 어느덧 그는 업계의 거물 내지 백만장자가 되어 있었다.

돈이 많아지고 지위가 높아지자 미모의 젊은 여성들이 갑자기 그의 주위에 많아지기 시작했다. 그 무렵 P가 아내에게 생활비를 박하게 줘서인지 몰라도 그의 아내는 마트에서 계산원 일을 하기 시작했다. 한 사람은 밤에 일을 하고 한 사람은 낮에 일을 하게 된 것이다. 서로 생활 리듬이 다르다 보니 생각이며 행동도 달라지기 시작했다. 결국 집 안은 두 사람의 생활 공간이 아니라 일종의 전쟁터로 변해버렸다.

그의 주위는 어느새 그를 추어올리는 사람으로만 바글거렸고, P가 어디를 가든 그를 남들 앞에서 내세우려는 이들이 많아졌다. 그런데 세상에서 단 한 사람, 그의 아내만이 그에게 시종 맞서고 차갑게 굴고 있었다.

그는 점점 집에도 잘 들어가지 않게 되었다. 낮이고 밤이고 사람들과 어울리며 먹고 마시는 세월이 수개월 이어지던 어느 날, 그의 몸이 경고를 보내오기 시작했다. 처음 극심한 복부 통증을 느꼈을 때만 해도 단순한 위염이려니 생각했다. 도저히 참을 수 없어 병원에 간 뒤에야 의사에게서 "간경화"라는 말을 들었다. 정확히 언제일지만 알 수 없었을 뿐 언젠가 올 일이었다고 예상하고 있었기에 P는 크게 놀라지 않았다. 그는 담담하게 의사에게 물었다.

"치료하면 회복될 수 있나요?"

의사는 아무 말도 하지 않았다.

아무리 생각해도 무절제하게 살아온 대가라고밖에 할 수 없었다. 술자리나 모임은 이제 가고 싶어도 갈 수 없게 되었다. 현란한 조명의 클럽 대신 병원의 하얀 침대에 누운 그는 휘황찬란했던 자신의 지난날을 돌아보았다.

"샹룽 씨도 혹시 《굿바이 미스터 루저(Goodbye Mr. Loser·夏洛特煩惱, 중국 2015년작)》라는 영화 보셨나요?"

나는 고개를 끄덕였다.

"그 영화에서도 화려하게 살던 주인공이 중병에 걸리니까 아무도 찾아오지 않죠. 그 장면을 보는데 남일 같지 않아 몸이 다 뻣뻣해지더군요. 세상에서 딱 한 여자만이 영화속 주인공을 찾아왔는데, 그때 정말 미친 듯이 눈물이 났습니다."

P의 아내는 일을 그만두고 매일 곁에서 P를 돌보았다.

아내는 때로 잔소리를 하기도 하고 원망을 퍼붓기도 했다.

그러더니 하루는 책을 한 무더기 사들고 왔다.

"당신 어차피 누워 있는 것밖에 할 일도 없잖아. 요즘 한창 인기가 많은 책이래. 심심하면 한 권씩 봐."

그 책들 중 하나가 내 책이었다고 한다.

P는 이불을 얼굴까지 뒤집어 썼다. 자꾸만 나오려고 하는 눈물을 아내에게 들키고 싶지 않았기 때문이다. 아내는 이불 밖으로 빠져나온 P의 손을 꼭 잡아주었다.

그날 밤 P는 나에게 이렇게 말했다.

"따지고 보면, 저는 지금 모든 걸 가졌어요. 그런데 가끔은 뭔가가 없다는 느낌도 들었어요."

"그게 뭔데요?"

"앞으로는 일을 좀 쉬고, 아내랑 딸과 함께 여행을 자주 다니고 싶어요. 지금껏 살아오면서 그런 행복이 별로 없었다는 걸 알게 됐거든요."

나는 고개를 끄덕였다.

그때 P는 갑자기 뭔가 생각난 듯 말했다.

"샹룽 씨, 혹시 제 이야기도 글로 쓰실 생각인가요?"

나는 웃으며 마지막 잔을 비웠다.

"그게 그렇게 궁금하세요?"

"그럼요! 만약 쓰신다면, 저한테 가장 먼저 보여주세요. 아내랑 딸이랑 같이 우리가 주인공인 글을 읽어보고 싶어요."

나는 웃으며 P에게 말했다.

"지금까지도 인생의 주인공으로 살아오셨잖아요."

P는 나이트클럽을 떠나는 나를 배웅하며 말했다.

"언제 다시 또 만날 수 있을까요?"

"우리가 다시 만나는 게 뭐가 그렇게 중요해요? 집에서 기다리고 있는 가족들을 언제든 다시 볼 수 있다는 게 더 중요하죠."

P는 진심으로 행복하게 웃었다.

지금 이 글을 쓰고 있는 나처럼.

미국 애니메이션 《업(Up, 미국 2009년)》에는 이런 대사가 나온다.

"행복은 세상을 지배하는 권력이나 산해진미가 아니다. 인생에 사랑할 사람이 있는 것, 배고플 때 먹을 밥이 있는 것."

화려한 시절이 지나가고 곱던 얼굴에 주름이 패도, 당신은 내 손을 잡고 사랑한다고 말해줄 수 있나요?

우리가 모두 노년이 되었을 때, 아무것도 가진 것 없던 시절에 날 선택해줘서 고맙다고 말할 수 있나요?

아니, 감사해야 할 사람은 바로 나겠죠?

2-07

행복은
단순한 믿음

 2013년 4월 15일, 미국 보스턴에서 마라톤 대회가 열렸을 때에는 마침 나의 친누나도 미국에 있었다.

 보스턴 대학에서 언론학을 공부하고 기자가 된 누나는 그날 마라톤 대회장의 종점에서 인터뷰 대상을 물색하고 있었다.

 그런데 그때 어디선가 "펑!"하고 폭탄이 터지는 소리가 들렸다. 주위에 있던 몇몇 사람은 폭발 소리와 함께 그대로 어딘가로 날아갔다. 현장은 순식간에 울음과 비명으로 뒤덮였고, 귓가를 찢는 듯한 굉음은 거리를 공포로 물들였다.

 대체 무슨 일이 일어난 건지, 누가 어떤 행동을 벌인 것인지 아무도 알지 못했다. 정확히 몇 명이 다치고 죽었는지, 다음번 폭발은 어디에서 일어날지도 알 수 없었다. 사람들은 한꺼번에 소용돌이치듯 어딘가로 달아나기 시작했다.

 바로 그때, 두 번째 폭발이 일어났다. 관중과 선수를 가리지 않고 부상자가 속출했다. 짧은 순간에 걷잡을 수 없이 사상자가 늘었다. 그날 사망한 사람 가운데 한 명이 누나의 학교 동기였다.

현장은 급격히 통제력을 잃고 아비규환이 되었다. 하지만 이날의 폭발로 다리가 절단된 한 남자는 몸부림치거나 울부짖지 않고 의연히 기도만 할 뿐이어서 주위를 놀라게 하기도 했다.

이날 폭탄 테러를 자행한 형제는 차량을 탈취하고 도주하는 과정에서 경찰과 총격전을 벌였고, 이 과정에서 형이 사망하고 동생은 붙잡혔다.

며칠 후에 폭발 현장에서 멀지 않은 한 마을에서는 모자를 낮게 눌러쓴 남자가 테러로 인한 소요를 틈타 절도 행각을 벌이는 일마저 일어났다. 남자가 쏜 공포탄 소리에 겁먹은 사람들이 날짐승처럼 흩어졌고, 현장은 다시 혼란에 빠져들었다. 남자는 행인에게서 돈을 빼앗고 현장에서 빠져나가려고 시도했다.

그런데 이때 길가에 있던 한 노파가 손에 쥔 묵주에 입을 맞추며 신께 보호를 간구하는 기도를 드리고 있었다. 그러더니 갑자기 남자를 향해 일격을 날렸다. 다른 쪽 손으로는 여전히 묵주의 십자가를 꼭 쥔 채였다.

노파의 주위에 있던 사람들은 눈앞에서 펼쳐진 믿을 수 없는 광경에 잠시 움직임을 멈추었다. 노파에게서 어떻게 저런 힘이 나올 수 있지? 더 놀란 것은 노파의 공격을 받고 쓰러진 남자였다. 이 틈을 놓치지 않고 주위에 있던 청년 몇 명이 달려들어 남자를 제압했다.

곧 경찰이 도착했다.

기자들도 달려왔다. 그중 한 기자가 노파에게 물었다.

"두렵지 않으셨나요? 대체 어디서 그런 용기가 나왔나요?"

"하느님이 날 보호해주실 거라는 믿음이 있었으니까."

기자에게 대답할 때도 노파는 십자가를 굳게 쥐고 있었다. 그것은 우리 중 누구도 본 적 없는 신에 대한 굳은 믿음이었다.

나에게 이 모든 이야기를 들려주던 누나는 이야기하는 내내 눈시울이 붉게 젖어 있었다.

"난 그때 이 시대에는 믿음의 힘을 잊고 살아가는 사람이 정말 많구나, 하는 걸 느꼈어. 다들 사람들에게 기만당할까 두려워하고 의심하기 바쁠 뿐 신앙 같은 건 아예 잃어가고 있었어."

보스턴 폭탄 테러의 범인은 사형을 선고받았다. 사형이 집행되기 전에야 그는 울면서 자신의 죄를 자백했다고 한다. 그의 마지막 고백은 형 집행 현장에 배석한 한 수녀가 들어주었다.

누나는 바로 이 해에 세례를 받고 기독교 신자가 되었다.

이 일때문인지, 누나는 유학을 마치고 돌아오자마자 우리 가족을 전도하려고 했다. 나에게도 자꾸만 교회에 가자고 하면서 손을 잡아끌었다. 처음에 누나의 손에 이끌려 교회에 가게 된 나는 타이라오(苔老)라는 목사를 알게 되었다. 그는 늘 미소 띤 얼굴로 행복을 전하는 사람으로, 처음 만나는 누구에게라도 따뜻한 목소리로 안부를 물었다.

교회에 간 첫 날, 나는 모르는 사람들 앞에서 갑자기 자기 소개를 해야 했다. <u>우리가 사는 세상에서는 누구나 이러저러한 사회적 꼬리표를 달고 있다. 교사다, 공무원이다, 어느 회사의 임원이다 하는 등의 소속, 직함, 직위 같은 것들. 그러나 이</u>

런 외적 신분의 장식이 늘어갈수록 자기 자신이 정말로 어떤 사람인지는 잊고 살아간다. 시간이 흐를수록 남는 것은 사회적 신분이라는 꼬리표일 뿐, 내가 상대가 본질적으로 어떤 사람인가 하는 것은 기억해내려고 하지 않는다.

목사는 자기소개를 앞둔 사람들에게 간단히 자신의 이름과 (타지 출신이라면) 출신지 정도만 말하면 된다고 했다. 직업이나 직함도 말할 필요가 없다고? 정말 그런 게 자기소개일 수 있다고?

그러나 나는 곧 그 단순한 사실에 묘한 감동을 받았다. 사실 지나온 시간을 돌이켜 보아도 초등학생 때는 자신의 이름과 살면서 가장 재미있었던 일을 말하면 그만이었는데, 중고등학생이 되면서부터는 자기소개를 하면서 부모님 직업도 말하기 시작했던 것 같다. 그러다가 대학생이 되면 다니는 학교와 전공을 밝히며 자기소개를 했고, 졸업한 뒤에는 직업과 직위를 말하는 것이 곧 자기소개가 되었다. 그런데 그런 게 정말 자신에 대한 소개일까, 진짜 자신이 누구인지는 잊고 있다는 반증은 아닐까.

모든 사람들의 자기소개가 끝나자, 목사는 자기소개 겸 자신이 살아온 이야기를 하기 시작했다. 우리는 모두 그날 처음 만난 사이인데도 서로를 신뢰하고 있었다는 사실을, 나는 한동안 의식도 못하고 있었다.

그러다 문득 낯선 사람에 대한 이런 무조건적인 믿음을 나는 꽤 오랫동안 경험해보지 못했다는 생각이 들었다. 별다른 목적 없이 내가 타인에게 미소를 건네본 적이 있었던가. 별다른 용무 없이 누군가가 나에게 전화를 걸어온 적 있었던가.

처음 만난 사람과는 무조건 어색하기 마련이라는 생각은 어떻게 해서 처음 내 머릿속에 자리 잡게 되었을까.

목사는 평소와 마찬가지로 미소를 잃지 않은 얼굴로 계속 이야기를 이어나갔다. 대학 시절 전공이 영어였다는 그는 그때만 해도 다른 여느 남학생들과 마찬가지로 대리 출석에 대리 시험을 일삼는 불성실한 학생이었다고 한다. 당연히 성적도 엉망이었다.

그러던 어느 날, 기독교인인 친구에게서 "네가 지금처럼 살아가는 건 하느님께서 좋아하시지 않는 일"이라는 말을 듣게 되었다. 그날 이후 그는 그 친구와 많은 이야기를 나누면서 처음으로 생명, 죽음, 영혼의 문제에 대해 생각해보게 되었다. 그 후 대학을 졸업한 뒤 미국으로 가서 5년간 신학을 공부했고, 중국으로 돌아와 목사가 되었다.

이 모든 이야기를 하는 내내 그는 마치 대단한 행복이라도 전하는 듯 기쁨에 찬 미소를 짓고 있었다. 그날 나는 집으로 돌아오는 내내 뭐라 설명할 수 없는 기묘한 기분이 들었다. 굳이 표현하자면 괴로움보다 즐거움에 가까운 감정이었지만, 전형적인 세속적 행복감은 아니었다. 나는 머릿속으로 목사의 삶을 대략 추측해보았다. 그는 힘들었던 시절을 거쳐 지금은 어느 정도 안정을 찾은, 고진감래의 주인공인 걸까? <u>무엇보다도 목사의 얼굴에서 한시도 떠나지 않았던 그 미소의 정체가 너무나 궁금했다.</u>

하루는 우리 가족이 목사 부부의 식사 초대를 받아 목사의 집을 방문할 일이 있었다. 문을 열고 들어가 보니 한눈에도 깔끔하게 정돈된, 방이 3개나 되는 큰 집이었다. 목사 부부에게는 아들도 셋이나 있었다. 막내는 첫째의 등에 자꾸만 올라

타려고 하면서 놀고 있었고, 둘째는 구석에서 혼자 뭔가를 만지작거리며 소리를 지르고 있었다.

목사의 부인은 대학 시절에 지금의 남편을 만나, 남편과 함께 미국으로 가서 신학 공부를 했다. 그런데 아직 아무런 경제적 기반도 갖추어지지 않았을 때 덜컥 임신을 하게 되었다고 한다. 부인은 이 또한 신의 뜻이라고 생각하고, 가족들의 반대에도 불구하고 남편과 결혼했다. 미국이라는 타향에서, 사랑과 믿음 외에는 그야말로 아무것도 없는 신혼 생활이었지만 고단하다는 생각은 해본 적 없다고 했다. 지금은 이렇게 세 아이의 엄마가 되었고, 육아와 살림은 가끔씩 오는 보모와 함께 꾸려가고 있다고 했다.

나는 목사의 가정을 지켜보면서, 가족들 모두 뭔가 모를 행복감에 포근히 감싸여 있다는 느낌을 받았다.

'베이징에서 이렇게 큰 집에 보모까지 둘 정도면 경제적으로 정말 풍족한가 보다'하는 생각이 들었다. '미국 유학도 갈 수 있었던 데다 아이도 셋이나 낳을 정도라면, 목사는 돈을 많이 버는 직업인가?'하고 궁금하기도 했다.

식사가 끝나갈 즈음 부인은 일어나서 보모에게 갔다. 그날의 일당을 계산하고 지급하는 것 같았다. 꽤나 세세하게 계산이 오고가는 듯한 대화가 들렸다.

음식은 특별히 비싸다고 할 것 없는, 평범하고 소박한 가정식이었지만 정말 맛있었다. 식사를 마친 뒤에는 거실에서 목사 부부와 둘러앉아 이런저런 이야기를 나누었다. 아이들은 한쪽에서 시끄럽게 놀고 있었고, 목사는 전과 다름없이 환한 미소를 짓고 있었다. <u>오늘의 행복에 대한 감사와 아름다운 내일에 대한 기대와 믿음을 품고 있는 듯한 미소였다.</u>

그런데 나는 그 자리에서 결국 궁금했던 것을 물어보고야 말았다.

"혹시 목사가 되면… 돈도 많이 벌 수 있나요?"

그날 나는 집으로 돌아오는 내내 마음이 편치 않았다. 목사에게서 들었던 말이 오랫동안 귓가에 맴돌았기 때문이다.

"지금의 사목 활동으로는 수입이 전혀 없습니다."

"그럼 생활은 어떻게 꾸리시는 거죠?"

내가 깜짝 놀라며 묻자, 그는 겸연쩍은 얼굴로 대답했다.

"외부에서 얻는 번역일도 하고, 지금은 친구 회사의 일도 돕고 있어요."

'번역 원고료로 가정의 살림을 꾸릴 수가 있을까? 아이는 셋이고, 집은 이렇게 크고, 부인은 전업주부인데? 그런데도 이 사람은 이렇게 행복한 미소를 짓고 있는 건가? 대체 어떻게?'

목사는 내 표정을 읽었는지, 내가 묻지 않았는데도 내 의혹을 해소해주었다.

"당장의 수입은 많지 않지만, 저는 언제나 하느님이 필요한 모든 것을 예비해주시리라는 믿음이 있으니까요."

알고 보니, 그날 내가 본 보모도 우리 가족을 식사에 초대하느라 그날 하루만 일하기로 한 가사 도우미였다.

목사의 세 아이들은 모두 중국 국적이었다. 중국에서는 자녀가 한 명만 허용(1979년부터 시행되었다가 2015년에 폐지된 '계획생육' 정책을 가리킴 - 옮긴이)되기 때문에 둘째부터는 낙태를 하거나 막대한 벌금을 물어야 했다. 목사는 아이들 모두에게 세상을 보여주고 싶어서 벌금을 무는 쪽을 택했다고 한다.

사실 목사의 수입은 대부분 지금 살고 있는 집의 월세로 나가고 있었다. 그러므로 생활비를 마련하자면 반드시 추가로 일을 해야만 했다. 그런데 이 추가 노동은 고정적인 일이 아니다 보니, 가정 경제는 자주 위기에 처했다. 그러나 상존하는 경제적 불안에도 불구하고 위기는 매번 잘 넘길 수 있었고, 지금까지도 큰 탈 없이 잘 살아가고 있다고 했다.

이런 이야기를 하면서도 목사의 얼굴에서는 시종 미소가 떠나지 않았다. 아니, 무척 행복해 보이기까지 했다.

<u>더 나은 내일이 기다리고 있다는 믿음, 삶에 필요한 모든 것은 하느님이 최선으로 안배해주시리라는 믿음 때문이었다. 아니, 굳이 종교적인 표현을 동원할 것 없이, 그것은 지금 이대로의 삶이야말로 가장 아름답고 행복하다는 믿음인지도 모르겠다.</u>

나는 이런 이야기를 다른 친구에게도 들려준 적이 있다.

그 친구는 현재 여자친구만 없을 뿐 연봉이 꽤 높은 직장에 다니고 있었고, 베이징에 안정적인 집도 있었다. 최소한 그 목사에 비하면 경제적 압박은 전혀 없다고 할 수 있었다. 그러나 <u>그는 만날 때마다 인생에는 도무지 낙이 없다는 표정을 짓고 있었다. 그가 가장 많이 토로했던 것은 야근의 고달픔이었다.</u> 역시나, 그는 내 이야기를 듣자마자 "에이, 거짓말!"이라고 일축했다.

"내 수입으로도 베이징에서 나 하나 겨우 먹고살 만한 수준인데, 나보다도 적은 수입으로 베이징에서 아이를 셋이나 키우면서 행복해할 수 있다고?"

"믿을 수 없다는 뜻이야?"

"당연하지! 왕쓰충(王思聰, 완다(萬達)그룹 회장인 왕젠린(王健林)의 아들, 즉 부유층 2세)이라면 모를까!"

그날 불어오던 바람이 차갑게 내 얼굴을 스치던 순간, 나도 누나의 깨달음을 조금은 이해할 수 있었다. 우리는 정말 믿음이라는 것에서 멀어진 삶을 살고 있구나. 경제는 조금 더 발전했을지 모르지만 믿음의 온도는 어디서도 찾을 수 없게 됐구나… 나는 여기서 어떤 종교적 믿음만을 말하는 것이 결코 아니다.

정확히 언제부터인지는 알 수 없지만, 중국 사람들은 모든 삶의 믿음을 돈에만 두기 시작한 것 같다. 바로 돈을 통해서만 뭐든 할 수 있다는 믿음 말이다. 「중국인의 인생 목표는 단순, "돈을 많이 벌면 좋죠. 돈이 있으면 뭐든 할 수 있으니까요."」라는 신문 기사를 본 기억도 난다.

과연 백만 위안(약 1억 8천만 원)을 벌면 '이제 드디어 풍족하다!'고 느낄 수 있을까. 아마도 '백만 위안을 더 벌자!'는 것이 다음 번 목표가 될 것이다. 그렇다면 대체 어디까지 가야 비로소 심신을 내려놓고 편히 쉴 수 있게 될까.

"그건 당신은 벌 만큼 벌고 있으니 하는 소리"라고 말하는 사람도 있을지 모르겠다.

물론 이 세상에 돈이 중요하지 않다고 생각하는 사람은 없다. 다만 돈이 모든 삶의 값어치 그 자체라고 말할 수는 없다는 뜻이다. 돈으로 사랑이나 우정, 꿈을 살 수는 없다고 말하면 너무 뻔한 소리가 될까. 그러나 "돈이 아주 많게 된 덕분에 진심으로 행복한 미소를 지으며 살아갈 수 있게 됐죠."라고 말하는 사람 역시 딱히 본 적 없는 것도 사실이다.

우리 가족이 식사 초대를 받았던 그날, 목사도 나에게 묻고 싶었던 것이 있었던 모양이다.

"그런데 상룽 씨는 왜 한 번도 웃지 않나요? 원래 예술하는 사람들은 웃는 걸 좋아하지 않나 보죠?"

나는 딱히 할 말이 없어서 그때 처음으로 씨익 웃었다. 갑자기 웃으려니 너무 어색했다.

베이징에서 고군분투하는 몇 년 동안 나는 부모님이 물어오는 안부도, 친구들의 관심도 모두 부담스럽기만 했다. 별로 친하지 않은 누군가가 나에게 호의를 베풀거나 밥을 사겠다고 하면 대뜸 '나에게 뭘 원하는 걸까?'하는 생각부터 들기도 했다.

우리 가족이 목사의 집을 떠나기 전에 나는 한 가지를 더 물어보았다.

"목사님은 사람이 언제 행복해질 수 있다고 생각하세요?"

"사실 행복해지는 건 쉬워요. 지금 존재하는 행복을 그대로 믿기만 하면 되거든요."

아…, 믿기만 하면. 믿고자 한다면.

행복은 그렇게 단순한 것이었구나.

그날 이후로 나는 매일 웃는 얼굴로 출근해보기 시작했다.

막상 웃어보고 나니, 웃는 것도 실은 쉬운 일이었다. 세상에는 좋은 사람이 더 많다고 믿을 수만 있다면.

나는 앞으로도 낙관을 이어갈 생각이다. 행복은 단순한 믿음이니까.

2-08

평범한 보통 사람에게
베푸는 도움

이솝 우화에 나오는 유명한 이야기가 있다.

사자 한 마리가 단잠을 자고 있는데 생쥐가 하도 귀찮게 하는 통에 할 수 없이 잠에서 깨어나고야 말았다. 화가 난 사자는 생쥐를 밟아 죽이려고 했다. 그러자 목숨을 잃을 위기에 처한 생쥐는 작은 앞발을 공손히 모은 뒤 싹싹 빌면서 말했다.

"제발 한 번만 살려주십쇼. 살려만 주신다면, 저도 언젠가 꼭 사자님을 돕겠습니다요."

생쥐의 말에 사자는 실소가 터져나왔다.

"나는 백수의 왕 사자다. 누가 감히 나를 도울 수 있단 말이냐?"

그러나 사자는 조그마한 생쥐가 귀여워서 그냥 놓아주었다.

그런데 며칠 후, 사자는 숲을 지나다가 사냥꾼이 걸어놓은 그물에 사로잡히고 말았다. 다행히 지나가던 생쥐가 사자를 발견하고 그물을 쓱쓱 갉아준 덕분에 사자는 무사히 빠져나올 수 있었다.

백수의 왕이라고 자부해오던 사자는 자신이 언젠가 생쥐의 도움을 받게 될 날이 오리라고는 상상도 해본 적이 없었다. 만약 그날 생쥐를 놓아주지 않았다면 생쥐도 그 자리에서 죽었겠지만, 자신도 언제 죽었을지 모를 일이었다.

우리의 삶도 비슷하다.
사람들은 남의 비단(좋은 일) 위에 내 꽃(축하)을 더하는 일은 마다하지 않지만, 지금 한창 시련을 겪고 있는 사람에게는 다가가 인사하는 것조차 망설인다. 성공한 사람에게는 어떻게든 연락을 취해 만나려고 하지만, 초라해 보이는 보통 사람들과는 통성명조차 하려고 하지 않는다. 잘나간다는 사람의 일이면 앞다투어 얼굴을 내밀고 도우려고 하지만, 정말로 도움이 필요할 수도 있는 무명의 장삼이사에게는 아무 관심이 없다. 그러나 소위 성공한 사람일수록 이미 많은 자원을 갖추고 있어서 남의 도움은 딱히 필요하지도, 고마워하지도 않을 가능성이 높다. 오히려 무명의 장삼이사(張三李四)에게 베푼 작은 도움은 상대가 크게 느끼고 고마워하다가 나중에 크게 보답해올 수도 있다. 도움이야말로 사람의 등급을 따지면서 베풀기보다는, 그 도움을 긴절히 필요로 하는 사람에게 순수하게 베풀 수 있어야 한다고 생각한다.

몇 년 전 있었던 일이다.

한 청년이 외국에서 영화 연출을 공부하고 돌아와 야심차게 영화 작업을 시작해보려고 하던 차였다. 그러나 영화 투자자들은 하나같이 수익을 장담할 수 없는 신인 감독의 작품에 투자하기를 주저했다. 할 수 없이 그는 이런저런 방법을 찾다가 자신의 고등학교 동기인 샤오우(小鳴)가 한 영화사의 프로

듀서로 일하고 있다는 사실을 알게 되었다.

영화업계 사람들은 하나 같이 샤오우와 연락하는 것 자체가 쉽지 않을 거라고 충고했다. 그러나 청년에게는 남은 방법이 그것뿐이었기에 실패를 각오하고 일단 찾아가 보았다. 놀랍게도 샤오우는 청년을 만나주었을 뿐 아니라 다음 날 바로 20만 위안(약 3500만 원)을 들고 와서 투자를 약속했다.

청년은 생각보다 쉽게 풀리는 일이 조금 믿기지 않았지만, 그 자리에서 바로 이유를 물을 엄두는 나지 않았다. 그는 일단 시나리오를 다듬고, 작업 기간 내내 최상의 결과물을 만드는 데만 매진했다. 드디어 영화가 공개되던 날, 투자자들이 작품을 만족스러워하는 모습을 보면서 그도 비로소 안도의 한숨을 내쉴 수 있게 되었다.

그리고 그날, 드디어 샤오우에게 자신의 영화에 투자를 결정한 이유를 물어보았다.

샤오우는 담배를 한 대 꺼내 물더니, 학창 시절로 돌아간 듯 친근한 말투로 말했다.

"5년 전에 우리 아버지 돌아가셨을 때 나에게 유일하게 500위안(약 9만 원) 빌려준 사람이 너였잖아. 그후로도 갚으라는 독촉 한 번 없이."

'그런 일이 있었나?'

청년은 잘 기억나지 않는 일이었다. 그렇게까지 중요하게 생각하지 않고 있었던 일이다. 다만 상대방의 신분이나 친분을 따지지 않고, 도움을 필요로 하는 사람이 있으면 일단 도우며 살아왔다고는 자부할 수 있었다. 아마 그런 도움 중 하나였을 것이다. 청년은 그날을 계기로, 도움을 필요로 하는 사람이 있다면 일단 손을 내밀어야겠다는 결심을 굳히게 되었다.

그렇다, 실은 내 이야기다.

샤오우에게 돈을 갚으라고 독촉하지 않았던 건 정말로 나에게는 기억나지 않는 일이었기 때문이다.

몇 년 후에는 나만의 영화작업실을 갖출 수 있게 되었다. 하루는 작업실에 놀러온 친구가 작업실의 직원들을 보다가 나에게 말했다.

"이 직원들이 다 네가 책임져야 할 식구인 셈인데, 책임질 수 있을 만큼 투자는 들어오니?"

"그건 나도 장담 못해. 그런데 샤오우의 이야기를 들으면서 한 가지 결심한 것은 있어. 앞으로도 나는 상대가 누구든 도움이 필요한 사람이 있으면 최대한 도우면서 살 거야. 물론 그렇게 한다고 해서 직원들을 책임지는 데 도움이 된다는 보장은 없지만."

<u>사실 우리들 대부분은 빛나는 주연보다는 무명의 단역에 가까운 존재이고, 각자의 세상에서 나름의 부침을 겪으며 살아간다. 그중 일이 순탄하게 풀리면서 자신이 잘 나간다고 느껴지는 때일수록 득의양양하거나 거만해지지 않도록 조심해야 한다.</u> 위선이라도 좋으니 반드시 겸손을 떨어야 한다는 뜻이 아니다. 잘나가던 시기에 쌓아둔 덕이라도 있으면, 시련을 겪는 시기에 함부로 돌을 맞을 일도 줄어들기 때문이다.

사관학교에 입학한 뒤 베이징에서 처음 홀로 생일을 맞던 때가 떠오른다. 캔맥주 몇 개랑 달랑 초 하나 켠 케이크가 전부였던 그날, 유일하게 나와 함께 있어주었던 친구는 베이징에서 경찰학교에 다니고 있던 웨이(微)였다.

웨이는 하나뿐인 초에 불을 붙인 뒤 나에게 말했다.

"자, 이제 소원 빌어봐."

"내 소원은… 앞으로도 생일만은 외롭지 않았으면 좋겠다는 것."

"걱정 마. 내가 졸업할 때까지는 네 생일마다 같이 있어줄 테니까."

정말 그후로도 4년 간 웨이는 생일마다 나와 함께 있어 주었다.

4년 후, 베이징에서 경찰학교를 졸업한 웨이는 광둥성으로 가게 되었다. 광둥으로 떠나기 전에 네 번째이자 마지막으로 내 생일을 함께 해주었던 날, 웨이는 나에게 이렇게 물었다.

"베이징에서 보낸 네 번의 생일 중에 가장 기억에 남는 생일이 언제였어?"

"4년 전 첫 번째 생일."

"왜?"

"그때가 내 인생에서 가장 외로웠는데, 네가 같이 있어 주었으니까."

그후로는 베이징에서의 일과 삶이 자리를 잡아가면서 내 생일에 함께하는 친구들도 제법 많아졌다. 그러나 나는 여전히 생일만 되면 촛불 하나 켜고 나에게 소원을 말해 보라고 했던 그때의 웨이가 떠오른다. 가장 어려운 시절에 받은 도움은 고마운 마음과 함께 오랫동안 잊을 수 없는 기억으로 남는다.

모든 사람의 인생에는 나름의 기복과 우여곡절이 있다. 우리는 빛나는, 어두운, 높고 낮은 자리를 지나며 저마다의 굴곡을 경험한다. 내가 가장 힘든 시기를 지나고 있을 때 손 내

> 밀어주는 누군가는, 내가 양지에 있을 때 무심코 작은 도움을 베푼 적 있는 바로 그 사람일 수도 있다.

받는 사람에게는 절실하지만 주는 사람에게는 사소한 것일 수도 있는 도움이라면, 눈에 보이는 신분에 얽매이지 말고 기꺼이 베풀며 살아가는 것이 좋다고 말하고 싶다. 꼭 언젠가의 나를 위해서만은 아니다. 그것이 종국에는 우리 모두의 삶을 더욱 따뜻하게 만드는 방법이 될 것이기 때문이다.

2-09

싸우고 상처 입는 편이
영원한 침묵보다 낫다

나는 첫 책이 나온 이후로 정기적으로 웨이보에서 추첨으로 책을 선물하는 이벤트를 진행해오고 있다. 그중 책을 받기로 되어 있던 여학생이 하루는 나에게 개인적인 쪽지를 남겼다.

"혹시 실례가 안 된다면, 제가 찾아가서 책을 받아도 될까요? 직접 만나 뵙고 드리고 싶은 이야기가 있는데…."

그녀의 쪽지는 한 번으로 그치지 않았다.

"꼭 들어주셨으면 하는 이야기가 있어요. 제발 만나주세요."

며칠 후 다시 비슷한 쪽지를 받고 나서 나는 어쩐지 그녀의 요청을 외면하기 어려운 기분이 들었다. 나는 곧 그녀와 약속을 잡고, 그녀가 있는 구랑위(鼓浪嶼)로 떠났다.

남방의 아름다운 자연 풍광을 뒤로 하고 나는 곧 웨이보를 통해 그녀와 만날 수 있었다.

머리를 양 갈래로 묶은 베이베이(貝貝)는 샤먼(廈門)대학교(푸젠성(福建省) 소재)에 다니고 있는 학생이었다. 샤먼 지역의 습윤

한 공기에 베이베이의 발그레한 얼굴이 더욱 앳돼 보였다.

그날 그녀는 나에게 자신의 친척 여동생인 J의 이야기를 들려주었다.

J는 고등학생이 된 어느 날 집 안에 감도는 묘한 분위기를 읽고, 어머니에게 조심스럽게 물었다.

"엄마, 저 혹시 동생 생겨요?"

"응."

엄마는 딸의 대답이 끝나기도 전에 당연하다는 듯 대답했다.

J는 동생이 생기면 부모님의 사랑이 동생에게만 쏟아질 것 같은 예감에 불안하고 슬퍼졌다. 그러면서도 어머니의 배가 불러올수록 동생이 남자아이일까, 여자아이일까 궁금하기도 했다. J는 이왕이면 자신과 통하는 게 많은 여자아이이기를 바랐다. 그럼 조금이라도 덜 외로울 것 같았다.

그러나 야속하게도, 태어난 아기는 남동생이었다.

J는 우울함을 넘어 절망감마저 들었다. 부모님도 동생이 태어난 뒤로는 자신에게 점점 소홀해지는 듯했다. J는 집에서 점점 말이 없어졌다.

공부에도 좀처럼 집중하지 못했다. 가장 좋아했던 과목에서조차 성적이 뚝뚝 떨어졌다.

급기야 어머니까지 학교에 불려왔다. 자신 때문에 선생님 앞에서 고개를 숙이는 어머니를 보며 J는 수치심과 자괴감에 견딜 수 없었다.

그날 이후 부모님은 서로 싸우는 날이 많아졌다. J가 부모님에게 혼나는 날도 많아졌다. 마음 깊은 곳에 있는 외로움을 꺼내 보이기 싫었던 J는 무조건 입을 꾹 다물기만 했다. 어머니도 딸이 왜 항상 입을 다물고 있는지 짐작 못하는 바는 아니었지만, 굳이 대답을 다그치지 않았다.

그런데 몇 달 후 갑자기 집에서 J가 보이지 않았다. J의 부모님이 딸을 찾았을 때 딸은 이미 농약 한 병을 다 마셔버린 뒤였다. 달리 손을 쓸 수도 없을 만큼 늦은 발견이었다. J는 그렇게 세상을 떠났다.

베이베이의 이야기를 듣는 동안 나도 충격에 몸을 가누기 힘들어졌다. 그녀의 이야기를 듣기 시작할 때만 해도 전혀 예상할 수 없는 결말이었다.

J의 어머니는 정신적 충격을 받고 우울증에 빠졌다.

베이베이는 상심에 잠긴 얼굴로 고개를 가로저으며 말했다.

"정말 착한 아이였는데, 어떻게 그런 선택을 했는지…."

나의 솔직한 생각은 그랬다.

'차라리 부모님께 화도 내고 반항했다면, 죽음은 택하지 않았을지도 모르는데….'

그렇다. 싸움도 일종의 커뮤니케이션이다. 그 결과로 한쪽 혹은 양쪽이 다 심한 상처를 입을지라도, 싸우는 과정 자체가 중요한 커뮤니케이션이다. 차라리 싸우고 상처를 입는 편이 영원한 침묵보다 낫다.

다행히 나의 부모님은 민주적인 편이어서 나와 누나의 인생에 대해서는 대부분 나와 누나의 선택을 존중해주셨다. 나의 부모님은 직업 군인, 즉 공무원이어서 수십 년간 나인 투 식스의 안정적인 삶을 살아오셨다.

그에 반해 나와 누나는 똑같은 생활이 이틀만 반복돼도 지겨워할 만큼 자유분방한 성격이었다. 여기저기 마음껏 돌아다니는 것도 좋아했다. 당연히 누나와 나는 여행에 대한 생각도 부모님과는 많이 달랐다. 누나와 나는 인생은 짧고 유한한 것이므로 사는 동안 최대한 많은 곳을 다녀보아야 한다는 입장이었다.

나는 누나와 싸우기도 많이 싸웠다. 온 집 안을 돌아다니며 하루 종일 싸운 적도 있다. 이러다가 집이 무너지는 것 아닐까 싶을 만큼 지독하게 싸운 적도 많았다.

그러나 <u>그 과정에서 서로의 본심이 있는 그대로 표출되었기 때문에 부모님도 우리가 무엇을 원하는지, 무슨 생각을 하는지 낱낱이 알 수 있었다.</u>

부모님은 나와 누나의 싸움을 "애들 싸움"이라며 대수롭지 않게 취급했지만, 우리가 악을 쓰면서 쏟아내는 말을 다 들으시면서 부모님 자신의 생각도 조금씩 바뀌어가는 듯했다. 아버지는 나중에 부대에서 전역한 뒤 과감히 창업을 하셨고, 어머니는 평소 낭비라고만 여겨온 전국일주 여행을 떠나셨다.

"여행은 돈 낭비 시간 낭비라면서요?"

내가 어머니에게 짓궂게 묻자, 어머니는 "으이구, 녀석!"하고는 그냥 웃으셨다.

나는 베이베이에게 한 커플의 이야기를 들려주었다.

여자는 우울하거나 짜증나는 일이 있을 때마다 남자친구에게 화를 냈고, 남자는 그때마다 여자친구가 왜 화를 내는지 이해할 수 없었다. 남자는 어떻게든 여자친구를 달래보기 위해 자신이 알고 있는 모든 우스갯소리를 늘어놓기도 했지만 소용없었다.

그후로도 여자친구는 자주 화를 냈고, 남자는 어떻게 해야 할지 몰라 머리만 쥐어뜯었다.

여자친구는 정확히 무엇이 속상한지 말하지 않은 채 다짜고짜 화만 냈고, 남자는 모든 걸 오로지 추측으로만 알아내려고 노력했다. 그러나 추측으로 맞출 수 있는 것은 아무것도 없었다. 답답해서 견딜 수 없었던 여자는 더욱 더 난폭하게 화만 냈다.

남자는 이 모든 상황이 점점 지겨워지기 시작했다. 그때부터 그는 아무 말도 하지 않았다. 추측도 농담도 그만두었다. 여자는 화가 나서 전화기를 꺼버렸고, 남자는 기약 없는 잠수를 타버렸다.

그렇게 한 달이 흘러갔다.

그 사이 남자에게는 새 여자친구가 생겼다. 여자는 길을 지나다 우연히 두 사람이 다정하게 손을 잡고 걸어가는 모습을 보게 되었다. 여자는 그날 눈이 붓도록 펑펑 울었다. 아무리 생각해도 남자친구와의 관계가 왜 이렇게 된 건지 이해할 수가 없었다.

그녀는 나에게 찾아와 이제까지의 일을 털어놓으며 또 다시 펑펑 울었다.

나는 그녀에게 물었다.

"너흰 어쩌다가 서로 아무 얘기도 하지 않게 됐니?"

그녀는 지난 일을 하나하나 돌이켜 보다가, 처음 냉전에 돌입하게 된 계기를 떠올렸다.

"남자친구가 내 생일을 잊어버렸거든."

"그럼 그것 때문에 화났다고, 남자친구한테 솔직히 말하지 그랬어."

"난 남자친구가 내 마음을 다 알고 있을 줄 알았거든."
"남자친구가 어떻게 모든 걸 알고 있을 수 있니? 화가 났으면서 화난 이유도 제대로 말해주지 않고 싸우지도 않으면, 뭐가 어떻게 달라질 수 있겠어?"

그후로도 두 사람은 다시 만나는 일이 없었다. 싸우기 위해서라도 연락하거나 침묵을 깨려고 노력한 적이 단 한 번도 없었기 때문이다.

그런 의미에서 사랑의 반대말은 미움이 아니라 오히려 침묵인지도 모른다.

침묵은 모든 친밀한 관계를 막다른 길목으로 몰아버린다. 갈등이 침묵으로 대체되어버리는 순간, 억눌린 분노의 불길은 관계의 모든 것을 소리 없이 태워 없애 버린다.

겉으로만 평화로운 침묵으로는 아무것도 해결되지 않는다. 차라리, 싸우는 게 더 낫다.

내 이야기를 다 들은 베이베이는 말없이 고개를 끄덕였다.
"실은 저도 며칠 전 심한 복통에 시달렸는데, 무슨 일 있냐고 묻는 남자친구에게 아무 말 않고 그냥 참았어요. 나 아프니까 좀 와달라고, 그때 솔직하게 말을 할걸 그랬네요."

그녀는 자신의 부모님에게도 꼭 말씀드리고 싶은 게 있다고 했다.

"부모님은 저더러 대학을 졸업하면 부모님이 경영하시는 공장에서 일을 하라고만 하세요. 전 제가 살고 싶은 삶이 따로 있는데…. 한두 번 주장한다고 제 뜻이 받아들여지진 않겠지만, 수십 번을 주장해서라도 저는 꼭 제가 살고 싶은 삶을 살 거예요."

누군가에게 맞서 무언가를 주장해야 할 때 상대방의 반격이나 비판, 싸늘한 반응을 너무 두려워할 필요는 없다고 말하고 싶다.

CCTV의 아나운서인 추이용위엔(崔永元)은 이런 말을 한 적이 있다.

"내가 누군가를 비판하는 것은 진심으로 그를 아끼는 마음이 있기 때문이다. 내가 그에 대해 하고 싶은 말이 하나도 없다면, 그에 대한 나의 애정도 남아 있지 않다는 의미다."

싸움이란 관계의 틈을 확인하고 또 좁힐 수도 있는 하나의 계기다. 갈등을 피하기만 한다고 해서 평화가 유지되지는 않는다. 멈춰버린 관계가 그대로 소멸해버리기를 바라지 않는다면, 차라리 한바탕 싸울 용기를 내는 편이 나을 수도 있다.

2-10

넓은 바다를 마주하고 난 뒤에야 누리게 된 봄날

나보다 열 살이 많은 라오쑹(老宋) 형은 그만큼 일찍 많은 것을 경험하고 다양한 세계를 접해왔다. 그는 역사학과 대학원 입학을 준비하다 영어 강사의 길에 들어섰지만, 해박한 지식과 유머로 학생들 사이에서도 인기 만점이었다.

그는 허난(河南)에서 대학교를 다니다가 졸업하고 혈혈단신 베이징으로 상경, 낡고 좁은 셋방에서 대학원 시험을 준비했다. 그러나 이렇다 할 수입 없이 베이징 생활을 버티기 힘들었던 그는 영어에도 자신이 있겠다, 새로운 일에 누선해볼 겸 영어강사의 길에 들어서게 됐다.

그 길로 그는 5년 내내 강사 생활을 하게 되었다. 이 5년 사이에 그는 대학원 시험에도 합격했고, 박사과정 이수도 시작하는 동시에 영어교육 업계에서도 꽤나 이름을 날리는 강사가 되었다. 이로써 생활고도 해결되었음은 물론이다.

그가 학원에서 가르친 것은 대학원 시험 영어였다. 그런데 그는 영어 강의가 끝난 뒤에도 정치학 강의를 추가로 하기도 했다. 정치학까지 강의하는 영어 강사를 학생들이 신기하게 바라보면, 그는 "역사학을 공부하다 보면 정치학에도 정통하게 된다."며 그제야 자신이 역사학과 박사과정을 밟고 있다는 사실을 수줍게 고백하기도 했다.

그는 평소 외모를 별로 꾸미지 않는 데다 대머리이기까지 해서 여든 노인처럼 보일 때도 많았다. 그는 엄연히 80대가 아니라 고작 80년대생일 뿐인데도 말이다.

그의 강의를 처음 듣는 학생들은 기대감 제로의 외모에 실망부터 하기 일쑤였지만, 곧 그의 깊고도 넓은 지식과 끊임없이 웃음을 자아내는 재치에 매료되고 만다. 나중에는 다들 강의가 너무 빨리 끝나는 것 같다며 아쉬워할 정도였다.

당시 그는 학업에, 강의에, 시간이 없었을 텐데도 책까지 여러 권 집필하고 있었다. 그렇게 많은 일을 하면서 치열하게 살았기 때문에 곧 베이징에서 집도 차도 살 수 있었고, 그 와중에 사랑하는 여자도 만나 결혼까지 했다. 사실 이 시기 그의 일상은 일, 돈, 귀가, 수면의 무한 반복이었다. 마치 한시도 쉬지 않고 무언가를 입력하는 키보드 같았다. <u>끝없이 다양한 관심 분야를 넓혀가고 새로운 도전을 마다하지 않는 그는 분명 경이로운 노력가였다.</u>

그해에 새로운 영화의 크랭크인을 앞두고 있었던 나는 대학교 신입생 역할을 맡을 배우를 찾고 있었다. 마침 그때 그가 나를 찾아와 "카메라 앞에서 연기 한 번 해보는 것이 평생의 소원이었다."며 캐스팅을 졸랐다.

"형, 우리는 대학생 신입생 역할을 찾고 있어요. 여든 노인처럼 보이는 형이 신입생 역할을 어떻게 한다는 거예요?"

그러자 그는 자신의 턱을 만지작거리며 말했다.

"여기 있는 수염을 다 밀어서 머리에 붙이면 되지 않을까? 하하하."

우리는 일단 구체적인 역할을 정하지 않은 채 그의 캐스팅을 적극적으로 고려해보았다. 그러다 결국 대사 없는 단역 하나를 맡기기로 했다. 촬영 당일 그가 학교 체육복을 입고 우리 앞에 나타났을 때, 촬영 기사부터 모든 스태프들이 그의 미친 존재감에 웃느라 정신이 없었다. 그는 대본대로 정확히 연기를 하지도 않았다. 영화야 망가지건 말건, 자기 마음대로 대사도 바꾸고 이상한 상황 설정까지 하기 일쑤였다.

드디어 모든 소원을 성취한 그는 마치 아량이라도 베풀 듯 나에게 말했다.

"리 감독, 난 할 만큼 했으니까 편집은 알아서 하라구!"

그런데 놀라운 일이 일어났다. 다른 영화작업실에서까지 그를 찾기 시작한 것이다. 그의 놀라운 연기력… 때문이 아니라, 생긴 게 너무 평범해서 어떤 단역이든 맡길 수 있었기 때문이다.

그는 매번 자신의 연기가 끝나면, 자신이 해야 할 산적한 일들을 위해 곧바로 돌아가야 했다. 그는 사실 촬영팀과 오붓하게 식사 한 번 한 적이 없을 만큼 시간이 없었다.

그는 먼저 자리에서 일어날 때마다 능청스럽게 말했다.

"리 감독, 이번 작품에서는 내 분량이 너무 적은 것 같아. 다음 번엔 분량 좀 왕창 늘려줘. 나, 뭐든 할 수 있어. 벗는 연기도 자신 있다구!"

"형이야 할 수 있겠죠. 하지만… 파트너가 무슨 죄예요?"

"하하하."

그는 그렇게 웃으면서 떠났고, 그후 우리는 더욱 좋은 친구가 되었다.

나중에 그는 자신이 젊은 나이에 대머리가 된 건 인생을 너무 피곤하게 살아서인 것 같다고 말하기도 했다.

앞에서도 언급했지만, 그는 매일 강의를 하는 것 외에도 상당 시간을 집필에 매진했다. 밤을 꼬박 새우며 글을 쓴 뒤 다음 날 바로 학원에 나오는 때도 많았다. 더 놀라운 것은 이 모든 활동을 다 하면서 대학원 박사 논문도 쓰고 있었고, 집에서는 집안일까지도 하고 있었다는 사실이다.

삶은 때로 안정을 찾기 시작하면서 처음의 의욕과 소망을 상실하기도 하고, 탈진할 듯 소모적으로만 보였던 노력이 마침내 성공의 열매를 맺기도 한다.

그는 스스로 벌여놓은 빡빡한 일들을 전부 다 해내는 데 성공했다. 집과 차의 할부금도 모두 갚고, 박사 논문도 완성하고, 상당한 여유 자금도 모았다. 한 마디로, 이제부터는 풍족하고 여유롭게 살 수 있게 되었다.

그러나 그에게 삶이란 생존만을 의미하지 않았다. 그는 그 자리에서 다시 먼 꿈을 향해 나아가기 시작했다.

이때부터 그는 나의 영화작업실에도 꽤 자주 드나들었다. 특히 내가 투자금을 모은 뒤 새로운 영화 촬영을 시작할 즈음이면 자신도 출연시켜달라고 조르기 위해 더욱 자주 드나들었다. 결국 그는 우리 작업실에서 촬영하는 거의 모든 영화의 대학생과 아버지 역할, 심지어 할아버지 역할까지 도맡아 하기에 이르렀다.

우리 작업실의 한 여배우는 영화마다 공교롭게도 라오쑹의 딸 역할을 맡게 되었다. 그러다 보니 나중에는 라오쑹을 아예 "아빠"라고 불렀다.

"감독님, 아빠 왔어요?"

"곧 올 거야. 걱정 마."

"감독님, 이번에도 아빠가 제 아빠 역할이에요?"

"그럼! 한 번 아빠는 영원한 아빠니까."

몇 번은 제작비가 빠듯해서 그에게 출연료 지급이 며칠 늦어질 수도 있다고 말한 적이 있다.

그러자 그는 손을 휘휘 저으며 말했다.

"사정이 어려우면 나한테는 안 줘도 돼. 나야 그냥 재미있어서 놀러오는 건데, 뭐."

촬영장 분위기는 대체로 활기차고 유쾌했다. 그는 자신의 차를 타고 촬영장에 도착해서 배역에 맞는 분장을 하고, 나에게 와서 "리 감독, 이번 연기는 어떻게 하는 게 좋을까?" 묻고는 남자5 등을 연기한 뒤 곧바로 촬영장을 떠났다.

각자 자신의 보람과 기쁨을 위해 하는 일이었기에 현장은 더욱 즐거웠다.

사람들 눈에 비친 그는 분명 다재다능하고 박학다식한 성공 인물이었다. 집안 배경이나 인맥 없이 홀로 상경해서 기반을 다지고, 수입을 얻고, 가정을 꾸리고, 높은 수준의 경제적 여유까지 갖추었다는 것은 분명 많은 사람늘이 선망할 만한 삶이었다.

여기까지 이야기하다 보면 사람들이 흔히 빠지는 오류가 있다. 마치 삶이란 본래 이렇게 늘 바쁘기만 한 것이 옳다고 생각하게 되는 것이다.

그러나 <u>정작 현실에서 이렇게 분투하며 살아온 사람들은 어느 단계 이후부터 천천히 담담한 평온으로 진입하는 시기도 겪는다. 영원히 이렇게 바쁘게만 살면 삶도 사람도 마비되</u>

어버릴 수 있기 때문이다.

사실 내 눈에도 처음에는 라오쑹 형이 영원히 그렇게 바쁘게 살 것처럼만 보였다.

그런데 어느 날 그는 자신이 버는 돈이 늘어갈수록 얼굴의 웃음은 줄어간다는 사실을 깨달았다고 말했다.

지금도 그는 역사 공부와 역사 강의를 좋아하고, 영어도 가르치고 있다. 그러나 이제 생존을 도모하기 위해 발버둥치는 시기는 어느 정도 지나갔다고 판단, 또 다른 꿈을 추구할지 말지 고민하기 시작했다.

삶이 자신의 의지와 무관하게 안정기에 접어들자, 박학다식하고 유머러스하며 공사다망하게만 살아온 그는 다시금 새로운 도전을 통해 정체로만 느껴지는 현재의 안정을 돌파하고자 했다.

그런데 그때 아이가 태어났다.

그는 중국에서 하던 일을 그만두고, 미국 텍사스 주에 있는 한 대학에서 새로이 박사 공부를 하기로 했다.

"무슨 박사 공부를 또 한다는 거예요?"

내가 묻자, 그는 "다 아이를 위해서"라고만 대답했다.

그의 환송회 날에는 영화작업실 식구들도 모두 모였다. 나를 포함한 우리들 모두는 촬영장에 늘 웃음을 가져다주었던 그와의 이별을 몹시 아쉬워했다.

그가 미국으로 떠나던 날이었다. 그에게 "그런데 왜 꼭 미국으로 가려는 거예요?"라고 그에게 묻는 이가 있었다.

그에게 라오쑹은 "중국 근현대사 공부를 하려고."라고 대답했다. 그의 이런 대답은 미국 대학원의 면접관들이 듣기에도 의아했던 모양이다.

"중국 근현대사를 왜 미국에서 공부하려는 거죠?"

"몇 가지 특별한 이유가 있어서요."

그 '특별한 이유'가 무엇인지 이해할 수 없었던 젊은 면접관은 옆에 앉은 노교수를 바라보았다.

중국통이었던 노교수는 '특별한 이유'라는 말을 듣자마자 고개를 끄덕이며, 악비(岳飛, 영토회복을 위해 금나라와 싸운 남송(南宋)의 충신이자 명장)를 떠올렸다. 그리고는 라오쑹에게 말했다.

"자네, 악비 이야기나 좀 들려주게나."

"교수님, 악비는 근현대사 인물이 아닌데요?"

"그럼 자네가 하고 싶은 이야기, 아무거나 한 번 해보게."

라오쑹은 그 자리에서 청대 말기에 일어난 의화단('청나라의 전복'과 '외세의 배격'을 목표로 무장 봉기를 일으킨 비밀결사 조직) 운동과 팔국연합군(의화단에 대항하기 위해 영국, 러시아, 독일, 프랑스, 미국, 이탈리아, 오스트리아, 일본 등이 연합한 군대)이 중국에서 약탈해 간 문물에 대해 이야기했다.

면접관들은 그의 이야기가 끝나기도 전에 "네, 알겠습니다."라고 말하며 서둘러 그를 돌려보내고 그를 합격시켜주었다.

미국에서 새롭게 시작된 그의 삶은 중국에서와 180도 달랐다. 우선 1년 내내 아무런 수입이 없었다. 출산 직후였던 아내도 산후조리와 육아를 위해 일을 그만둔 상태였다. 갑자기 바뀐 여유로운 삶에 적응하지 못해 처음에는 불안과 초조, 심지어 절망감까지 밀려들었다고 한다.

다행히 그는 미국에서 새로운 친구들을 많이 사귀었다. 그가 살던 집은 마침 넓은 바다를 마주하고 있었는데, 날씨가 따뜻하고 공기가 맑다 보니 하루하루가 꽃 피는 봄날 같았다고 한다.

그의 일상도 빡빡한 일정과 밤을 지새우는 노력으로 점철되지 않았다. 그는 인생에서 처음으로 느긋한 여유라는 것을 제대로 맛보았다. 새로운 삶의 여유에 적응한 것이다.

아침에 아무리 일찍 일어나도 이메일부터 확인하지 않고, 아무거나 편히 읽고 싶은 책을 폈다. 오후에는 수영복을 챙겨 들고 나가 바다에서 헤엄을 치기도 했다.

그는 그렇게 조금씩 자기 안의 불안과 조바심, 이제까지 짊어져온 압박들을 하나둘 내려놓기 시작했다.

오랫동안 분주하게만 살아온 사람들은 보통 갑자기 늘어난 여유를 버거워한다. 그들에게는 바쁘게만 사는 것이 어쩌면 더 쉬운 일인지도 모르겠다. 그들에게는 갑자기 늘어난 여유 속에서도 불안해하지 않는 것이 도리어 어려운 일이다.

그로부터 얼마 후에는, 라오쑹의 아내가 아이를 데리고 중국으로 돌아갔다. 미국에는 라오쑹 혼자만 남게 되었다.

라오쑹은 텍사스 사람들과 함께 자연에서의 활동을 즐겼다. 미국 생활 초기의 불안과 초조감이 이제는 사라졌고, 그에게는 그동안 중국에서 모아둔 돈도 있었다. 그 돈으로 1년쯤은 일하지 않아도 충분히 먹고 살 수 있었다.

그는 이 1년 동안의 휴식이 아니었다면, 평생 바쁘게 살 줄 밖에 모르는 생존의 노예가 되었을지도 모른다고 말했다.

그는 더 나아가, 텍사스에서 벗어나 휴스턴과 라스베가스, 샌프란시스코까지도 가보았다. 미국의 국도를 타고 혼자서 미국을 종횡무진 누볐다. 샌프란시스코의 금문교를 지나 그가 마지막으로 도착한 곳은 로스앤젤레스의 어느 해안가였다.

눈앞으로 펼쳐진 거대한 바다의 차갑고 거친 파도 소리가 그렇게 상쾌할 수 없었다고 한다. 그는 그 자리에 서서 한동안 말없이 파도만 바라보았다. 이제까지의 삶이 하나둘 떠오르면서 눈물이 흘러내렸다.

1년 후, 그는 비자가 만료되어 중국으로 돌아왔다. 돌아가자마자 그는 베이징에 있는 집을 팔고 베이징을 떠나기로 했다.

그는 한평생 최선의 노력을 다하면서 살아왔다. 단 하루도 그냥 흘러가는 시간이 없을 만큼 바쁘게만 살아왔다.

그러나 그는 미국에서 지내는 1년 동안 처음으로 새로운 사실도 알게 되었다. 삶은 조금 더 천천히 흘러가도 되고, 자신도 그렇게 바쁘게만 살지 않아도 되었다는 것을.

그날 나는 영화작업실 식구들과 함께 그와 만나 싼리둔(三里屯, 술집거리로 유명한 번화가)에서 식사를 했다. 그는 나에게 그동안 지내온 이야기를 들려주다가 이렇게 말했다.

"중국인들은 너무 바쁘게만 사는 것 같아. 웃을 새도 없이 말야."

"그렇죠…. 그런데 다들 사는 게 그렇지 않겠어요?"

"난 이제 칭다오(青岛)에서 역사 가르치는 일을 하게 됐어. 베이징의 집을 팔고 칭다오에 집을 새로 구했는데, 바로 앞으로 탁 트인 바다가 보이는 집이야. 앞으로는 바쁘게만 살지 않을 생각이야. 넓은 바다도 보면서 느긋한 봄날을 누려볼까 해."

그렇게 말하는 그의 목소리는 지난날의 치열한 삶은 존재하지도 않았던 듯 담담하고 평온했다.

"그래도 전에 그렇게 바쁘게 살았던 게 아무 의미도 없는 건 아니죠?"

"물론이지! 그때 그렇게 치열하게 살았으니까 지금 같은 봄날도 있는 거지. 난 다시 그때로 돌아간다 해도 치열하게 공부하고 바쁘게 돈 벌면서 살 거야. 아, 맞다! 재미있는 일도 더 많이 찾아다니면서!"

그는 다시 새로운 꿈을 떠올리기라도 하듯 아이처럼 웃었다. 자리가 파하기 전에 그는 마지막으로 나에게 이런 말을 했다.

"내가 정말로 원하는 건 뭘까, 라고 지난 십 년 간 스스로에게 물으면서 살았어. 그래서 더 이것저것 원하는 걸 찾아다니며 신나게 살 수 있었던 것 같아. 내가 이렇게까지 노력하는 건 그냥 정상적으로 살고 싶어서일 뿐이야."

치열한 삶을 살았던 사람들은 하나같이 이런 말을 하는 것을 볼 수 있다.

젊은 시절에 쏟아부은 노력은 나중에 어느 것 하나도 쓸모없어지지 않는다. 그 모든 노력이 꿈을 단단히 뿌리 내리게 하고, 쑥쑥 자라게 하고, 울창한 숲이 되게 만든다.

물론 그 꿈이 어느 한쪽 방향으로만 치우치거나 비틀린 욕망으로 변질되지 않게 하는 것이 있다면, 아마도 지혜와 분별일 것이다. 그러므로 미친 듯이 달려나가는 길 위에서도 두 눈 크게 뜨고 꽃이 피는 봄의 방향을 찾을 수 있어야 한다. 가끔은 속도를 늦추어 바다의 파도 소리도 듣고, 새가 어느 가지에 숨어 노래하는지도 살펴보아야 한다. 그래야 그 모든 노력이 정확히 행복이 있는 방향으로 향할 수 있을 것이기 때문이다.

그날 라오쑹은 우리 영화작업실 식구들의 배웅을 받으며 행복한 미소를 머금고 베이징을 떠났다. 한때의 추억이 깃든 도시를 뒤로 하고, 자신의 또 다른 선택을 위해.

안녕, 라오쑹 형.
기회가 되면 칭다오로 놀러 갈게요.
저도 더 이상 버틸 수 없을 만큼 있는 힘껏 달리고 나면,
형처럼 꼭 넓은 바다를 보러 갈 거예요.

어느 날 갑자기 당신 삶에 끼어든 누군가가 잠시나마 달콤한 시간을 선물해주었다면, 그것은 분명 흔치 않은 행운이다. 그러나 삶에 안정이 깃들 때 정말로 해야 하는 노력은 언젠가 그 안정이 사라지더라도 홀로 설 수 있는 능력을 준비하는 것이다.

PART 3

가장
안정적인 사랑

3-01

가장
안정적인 사랑

최근 나는 왕리(王立)라는 친구와 함께 그의 회사 근처에서 간단히 식사를 할 일이 있었다.

왕리는 29살의 CEO로, 집값이 비싸기로 유명한 싼환(三環, 제3순환도로) 부근에 자가 주택이 있는 데다 근사한 마세라티 Maserati도 소유하고 있었다. 그러나 부모님의 도움은 한 푼도 받지 않은 자수성가형이기도 했다.

나는 그에게 물었다.

"네 인생에도 걱정거리란 게 있니?"

그는 자신의 차를 가리키며 말했다.

"저게 계속 저기 그대로 있을까 가끔 불안불안해. 아마 태어나자마자 저런 걸 가지고 있었다면 잃어버릴까 봐 불안하지 않았을 거야. 자신의 노력으로 갖게 된 게 아니면 소중함도 덜 느낄 테니까."

"지금 나한테 자랑하는 거냐? 하긴 나도 내가 산 자전거를 잃어버리면 당장 찾으러 돌아다니겠지. 물론 뭐 네 말대로 어디서 공짜로 받은 자전거라면 그 정도는 아닐 것 같긴 하다만. 뭐, 어쨌든 둘 다 아쉽긴 하겠지만."

그는 몇 년 전 바로 그 차를 타고 다니며 린(琳)이라는 미모의 여성을 사로잡은 적도 있다. 당시 린은 명문대를 졸업한 뒤 방송국 아나운서로 일하고 있었다. 미모와 능력을 겸비한 그녀의 주위에는 당연히 관심을 보이는 남자들도 많았다. 린은 그중 가장 젊고 능력 있어 보이는 왕리를 택했다.

1년 후 왕리의 회사는 주식시장에 상장되었고, 얼마 후 두 사람은 결혼했다.

반 년 후, 린은 상사의 횡포와 비리를 참다못해 회사에 사표를 던지고 나와버렸다.

왕리는 자신의 모든 수입을 린에게 가져다주었고, 퇴사한 린은 집에서 주로 TV를 보거나 온라인 쇼핑을 하며 지냈다. 왕리는 자주 아내와 함께 외출해서 영화나 연극을 보러 가기도 했고, 아내가 외국에서 공부할 수 있는 기회를 만들어주기도 했다.

그는 아내에게 물질적으로나 정신적으로 가장 행복한, 안정적인 삶을 선물하고 싶다고 말했다.

린도 그런 안정적인 삶이 풍요롭고 행복했다. 다만 한 가지 문제는, 그녀가 누리는 모든 안정이 자신을 사랑하는 남자 한 사람에게만 의존하고 있다는 사실이었다. 언젠가 그 한 사람과 헤어지기라도 하면 어떻게 될지에 대해서는 깊이 생각해보지 않았다.

대신 그녀는 자신의 불안을 이런저런 테스트로 확인받으려고 했다.

"오늘은 왜 이렇게 늦었어?"

"집에서까지 일을 하는 거야?"

"당신을 위해 차린 저녁인데 안 먹을 거야?"

"오늘은 무슨 술을 이렇게 많이 마셨어!"

그러던 어느 날, 두 사람은 몇 주 동안 왕리의 본가에 머무르기로 했다. 왕리는 어머니가 일찍 돌아가셨는데, 아버지도 연로하셔서 거동이 조금씩 불편해지고 있었기 때문이다.

본가에서 생활하면서부터 두 사람의 관계는 조금씩 삐걱거리기 시작했다. 린이 열심히 식사를 준비한 날이면 왕리는 일이 바빠 퇴근이 늦어졌고, 린이 집안일을 정리하고 쉬고 있으면 왕리에게서 안부 겸 확인 전화가 끊임없이 걸려왔다.

린은 어느새 전화벨 소리만 들어도 신경이 곤두설 지경이 되었다. 시간이 흐를수록 두 사람의 통화는 대화라기보다 전투에 가까워졌다. 전화를 끊을 때쯤이면 왕리는 뭐든 던져 부수고 싶은 심정이 되었다.

그런데 그때 엉뚱한 데서 문제가 터졌다.

린이 방문을 열고 나가려던 순간, 마침 맞은편에서 걸어오시던 시아버지가 그 문에 부딪힌 것이다. 시아버지는 앉은뱅이 탁자에 등을 부딪친 뒤 그대로 혼절했다.

사흘 뒤 깨어난 시아버지는 등에 심한 골절을 입은 상태로 하반신 반신불수가 되었다.

다음 날, 술에 잔뜩 취한 채 집에 들어온 왕리는 가방에서 이혼 서류를 꺼냈다.

"아무래도… 우리 인연은 여기까지인 것 같다."

나는 그에게 물었다.

"그녀에게 행복한 삶을 선물해주고 싶다며? 사실 그날 일은 그녀가 일부러 잘못해서 일어난 일도 아니었잖아. 앞으로 그녀가 어떻게 살아갈지는 생각해봤어?"

"어차피 이제부턴 나하고 상관없는 일이야."

그는 입술을 꾹 깨물며 대답했다.

그날 이후 그녀가 어떻게 살아갔는지 나는 알지 못한다. 분명한 것은 그가 그녀에게 가져다주었던 안정이 한때의 꿈처럼 끝나버렸다는 사실이었다.

<u>불교에서는 일체개고(一切皆苦), 즉 삶의 모든 면면이 실상은 '고(苦)'라고 말한다. '고통'는 인간 삶에 상존하는 현실이다. 어느 날 갑자기 당신 삶에 끼어든 누군가가 잠시나마 달콤한 시간을 선물해주었다면, 그것은 분명 흔치 않은 행운이다. 그러나 삶에 안정이 깃들 때 정말로 해야 하는 노력은 언젠가 그 안정이 사라지더라도 홀로 설 수 있는 능력을 준비하는 것이다.</u> 어깨에 짊어진 것 없는 홀가분하고 여유로운 시간을, 단지 안정을 누리기만 하는 것으로 낭비해서는 안 된다.

남이 일구어 놓은 무지개 세상 안으로 발만 들이는 것은 누구나 쉽다. 그러나 편안함에만 길들여지다 보면 그런 세계를 선물한 이에 대한 고마움도 차츰 잊어가고, 나 스스로는 그런 세계를 일구어갈 숨 무디게 되나 그렇게 관성적으로 시간만 흐르다 보면 삶은 나도 모르는 사이에 도태되어버릴 수도 있다.

더욱이, 남이 만들어 놓은 무지개 세상은 언제 사라져버릴지 알 수 없는 것이기도 하다. <u>내 힘으로 이룬 것이 아닌 다른 누군가가 가져다주는 안정이란, 하루에도 수시로 변하는 한여름의 날씨만큼이나 불안정한 것이다.</u>

아름다운 사랑은 분명 모든 사람이 소망하는 것이다. 그러나 자기 인생의 행복을 어느 한 사람의 사랑에만 의지하는 것은 그 사람의 어깨를 무겁게 하는 일일 뿐 아니라 자신의 인생마저 불안정하게 만드는 것이 될 수 있다.

여자의 인생에서 가장 아름다운 시절을 오로지 한 남자와의 관계에만 쏟아붓는 것은 어떤 의미에서 자신의 삶을 낭비하는 것이기도 하다. 유복한 가정에서 걱정 없이 자란 남자도 마찬가지다. 부모님의 재산만 믿고 허송세월하기보다는 자신이 가장 잘 할 수 있는 무언가를 하나라도 만들기 위한 노력에 자신의 젊음을 투자할 수 있어야 한다.

탁월한 직능이든, 흔들림 없는 우정이든, 자신만의 정신적 기반이든 무엇이든 상관없다. 언제든 마음만 먹으면 지금 속해 있는 자리에서 벗어날 수 있는 능력을 갖추는 것, 그런 것이 차라리 진짜 안정이다. 스스로 일군 것이 아닌, 다른 누군가가 가져다주는 안정이야말로 실은 가장 불안정한 것이다.

매일 조금씩 나아지고자 하는 노력, 한결 같은 온도를 유지할 줄 아는 사랑, 항시 자신의 손에 쥐고 있는 삶의 주도권…, 이런 것이야말로 삶을 굳게 지탱하는 진짜 안정이 될 수 있다.

피터 위어(Peter Weir) 감독의 《트루먼 쇼(The Truman Show, 미국 1998년)》라는 영화를 보았다면, 당신도 나처럼 '트루먼'이라는 인물을 좋아할 수밖에 없을 것이다.

트루먼은 자신의 모든 삶을 다른 누군가가 조성해 놓은 세계에서 살고 있다. 그는 아침에 일어나 매일 똑같은 일을 하고 똑같은 사람들을 만난다. 그러나 그들은 모두 연기자다. 아침에 마주친 이웃에게 그는 늘 이렇게 인사한다.

"이제 다시 못 만날 수도 있으니 하루치 인사를 모두 해두죠! 굿모닝, 굿애프터눈, 굿나잇!"

그의 매일매일은 한 치의 어긋남 없이 똑같다. 매일 해야 하는 일이 어차피 똑같기 때문이다. 이렇게 살면 꽤나 안정적일 수도 있지만, 매일의 삶이 조금씩 달라지는 데서 오는 쾌감 같은 건 없다.

그는 자신이 살고 있던 (세트장이기도 한) 섬의 끄트머리까지 도달하지만, 그 이상 나아갈 용기는 내지 못한다. 꼭 한 번 보아야겠다고 마음먹은 바다도 끝내 보지 못한다. 사실 트루먼만의 문제는 아니다. 우리도 대부분 물리적 생활의 한계를 돌파하는 것보다 내면의 한계를 돌파하는 것이 더 어렵다.

그러나 삶은 어디까지나 자기 자신의 것이다. 다른 누구도 나 대신 내 인생의 감독이 될 수 없고, 함부로 남이 내 삶의 중간에 광고를 삽입하게 해서도 안 된다.

조금만 더 앞으로 나아가기로 마음먹은 트루먼은 드디어 내면의 두려움을 딛고 바다를 향해 보트를 끌고 나간다. 도중에 거센 풍랑을 만나기도 하지만, 그는 결국 바다의 끝까지 다다르는 데 성공한다. 그 지점에서 그가 발견한 것은 거대한 돔과 한 줄의 계단. 그리고 그 너머에 존재하는 것은 자신이 알지 못했던 또 다른 세상이었다.

트루먼이 이렇게 겹겹의 포위를 뚫고 새로운 삶으로 나아가려 하자, 화면 너머에 있던 감독은 다급하게 마이크를 쥐고 화면 속의 트루먼에게 외친다.

"그 문을 지나봤자 세상은 온통 기만과 분노, 나태 같은 악습뿐이라는 걸 알게 될 거야. 내가 너에게 선물하는 이 세상만이 가장 순수하고 아름다운 곳이라구!"

그러나 영화 속의 감독이 알지 못하는 것이 하나 있었다. 바로 그런 외부의 불확실성 때문에 삶에는 신선한 자극이 존재하고 꿈과 미래, 변화도 존재할 수 있다는 사실 말이다.

트루먼은 활짝 웃으며 감독에게 말한다.

"이제 다시 못 만날 수도 있으니 하루치 인사를 모두 해두죠! 굿모닝, 굿애프터눈, 굿나잇!"

그는 문을 열고 나아가 새로운 삶을 맞이한다. 바깥의 세상에서 그는 이제까지 겪어본 적 없는 고난이나 예상치 못한 좌절과 맞닥뜨리게 될지도 모른다. 그러나 바로 그런 것이 삶의 본래 모습 아니었던가? 이제까지와는 다르게 살기로 결심한 사람이 맞닥뜨리는 예기치 않은 어려움은 그를 성장의 길로 이끄는 단련의 돌부리이기도 하다.

혹 당신도 트루먼처럼 이제까지의 고정된 삶에 변화가 필요하다고 느끼고 있는가? 지금 당신은 매일의 삶을 자신의 의지대로 주도해가고 있는가, 아니면 다른 어떤 감독에 준하는 존재가 마련해 놓은 대본 위에서 연기자들만 상대하고 있는가? 아니면, 이제는 고정된 삶을 겹겹이 감싸고 있던 포위를 뚫고 새로운 자기 자신을 만날 준비를 하고 있는가?

"이 세상에 불변하는 것은 '모든 것은 변한다'는 사실뿐"이라는 말이 있다.

삶도 사랑도 변화 속에서의 끊임없는 노력을 통해 그 모습을 유지한다. 물이 흐르는 방향과 반대로 나아가려고 하는 배는 끊임없이 노를 저어야만 계속 그 자리에라도 있을 수 있는 것과 같다.

평소의 감정 표현에 인색하면 아무리 다정했던 연인과도 멀어지기 마련이고, 연락을 하지 않다 보면 어떤 친구와도 관계가 끊어질 수밖에 없다. 평소의 말과 행동, 마음 씀씀이가 모여 그 관계를 유지시키는 애정의 함량이 된다.

언젠가 삶에 안정이 깃들기 시작할 때일수록 그 안정이 언제까지나 당연하리라고 여겨서는 안 된다. 감정의 온도, 생활의 균형을 유지하기 위해서는 매일 조금씩 꾸준히 노력해야 한다. 안정이란 바로 그런 매일의 끊임없는 노력으로 지탱하는 것이다.

3-02

당신이 당신의 자리에서 우뚝 서면,
만인의 여신도 당신 앞에서 빛을 잃는다

솔로인 사람들에게 매년 2월 14일(발렌타인 데이)이나 음력 7월 7일(칠석), 11월 11일('독신자의 날'이라는 뜻의 '광군제(光棍節)'이자 중국의 블랙 프라이데이로 불리는 쇼핑의 날)은 함께 외식을 하거나 손 잡고 걸어다닐 연인이 없음을 절감하게 되는 극한 고독의 날이다.

이런 날 내가 '솔로 멍멍이' 신세를 한탄하고 있으면, 친구들은 나에게 "개 수명은 10여 년밖에 안 되니까 이왕이면 오래 살기라도 하는 '솔로 거북이'라고 자조하는 게 어때?"라고 농담한다.

사실 연애라는 것은 당연히 있어야 하는 필수품도 아니고, 누구나 가지고 있기 마련인 보급품도 아니다. 사실 연애는 비싼 값을 치르고 드물게 얻을 수밖에 없는 사치품에 더 가깝다. 더욱이 <u>연애는 값을 치르기만 하면 당장 원하는 것을 손에 넣을 수 있는 쇼핑도 아니다. 서로에게 잘 맞는 상대를 만나야 하므로 연(緣)도 중요하다. 알고 보면 이렇게나 어려운</u>

밑줄: 것이 바로 연애다.

그렇기 때문에 내가 수준이 낮고 볼품없는데 나보다 근사하고 훌륭한 상대를 만날 가능성이란, 사실상 전혀 없다. 매일 조금씩이라도 스스로 나아지고자 하는 노력이 없다면, 평생을 솔로 거북이로 기어 다녀야 할 수도 있다.

몇 년 전, 내 친구 중 하나는 교내에서 유명한 '캠퍼스 여신'을 좋아한 적이 있다.

그는 매일 나에게 반쯤 풀린 눈으로 이렇게 털어놓았다.

"오전 강의실에 가보면 그녀가 항상 일찍 와서 앞줄에 앉아 있는데, 하늘하늘 핑크색 옷을 입은 모습이 얼마나 예쁘던지!"

그는 도서관에서도 머리를 단정하게 빗고 앉아 열심히 공부하는 그녀를 자주 볼 수 있었다고 한다. 하루는 길에서 그녀와 마주치기도 했는데, 그녀가 자신을 향해 웃으며 인사를 건넨 적도 있다고 자랑했다.

"내 옆으로 지나갈 때 나던 향긋한 샴푸 냄새가 지금도 잊히지 않아."

그러나 그는 자신을 돌아보며 별다른 능력도 매력도 없어서 아무에게도 눈에 띄지 않을 것 같다며, 언젠가 그녀에게 호감이라도 표시할 수 있으려면 지금부터 열심히 노력해야겠다는 걸 깨달았다고 했다.

그날 이후 그의 삶은 180도 달라졌다. 아침에 일찍 일어나 운동을 하러 나가면서 이어폰을 귀에 꽂고 외국어 오디오 파일을 들었고, 다양한 외부 활동을 하면서 새로운 친구도 많이 사귀었다. 강의 시간에는 단 한 번도 결석하는 일이 없었고,

그 외의 시간도 대부분 도서관에서 보내느라 온라인 게임조차 해본 적이 없었다. 뿐만 아니라 그는 매일 한 시간 정도는 외모를 다듬는 데도 공을 들였다.

이렇게 깔끔한 스타일에 평소 읽은 책도 많다 보니, 한 지역 방송국의 퀴즈대회에 출연한 뒤로는 학교 안에서 알아보는 이도 늘어나기 시작했다.

출중한 영어 실력에 다양한 기능자격도 보유하고 있었던 그는 졸업을 앞두고도 구직 때문에 발을 동동 구를 필요가 없었다. 너무 많은 곳에서 연락이 와서 가만히 앉아 선택만 하면 되었기 때문이다.

확실히, 지금의 그는 몇 년 전의 그가 아니었다.

나는 다시 그에게 물었다.

"그럼 이제 그녀에게 다가갈 수 있겠다, 그렇지?"

뜻밖에도 그는 내 말에 고개를 가로저었다.

"매일 그녀를 지켜보다 보니 알게 된 건데, 사실 그녀는 나처럼 매일 도서관에 있거나 강의에 열중하는 학생은 아니더라고. 내가 그녀를 도서관에서 볼 수 있었던 건 시험 직전 몇 번뿐이었고, 강의 시간에 빠지는 날도 꽤 많았어. 그럼 도서관에 있을 때는 열심히 공부했느냐… 아니, 거울 보면서 화장 다듬는 때가 훨씬 많던 걸?"

그의 이야기는 여기서 끝이 아니다. 그는 졸업하기 전에 출연했던 퀴즈대회에서 자신이 평소 선망해온 지적이고 성실한 다른 여학생을 알게 된 것이다. 두 사람은 방송 전날마다 만나 문제은행에서 예상문제를 뽑아 같이 풀어보았고, 방송 당일에는 나란히 좋은 성적을 거두었다. 결승전에도 바로 이 두 사람이 진출했고, 방송이 끝난 뒤에는 정식으로 사귀기 시작했다. 1년 후 졸업한 두 사람은 베이징에서 사회생활을 시작했고, 내년에 결혼을 앞두고 있다.

"그래도 '캠퍼스 여신'을 놓친 건데, 후회되지 않아?"

내가 묻자, 그는 이번에도 고개를 가로저었다.

"나 자신이 하루하루 나아지다 보니 어느 날부턴가 그녀가 여신으로만 느껴지지 않게 됐어. 사실 누군가를 좋아하는 감정은 노력으로 만들어 내거나 바꿀 수 있는 게 아니잖아? 내가 조금씩 더 나은 사람이 되어가다 보니 더 나은 누군가가 새롭게 나의 여신으로 다가오기도 하더라고."

그는 그렇게 말하며 달콤한 미소를 지었다.

냉정하게 말해서, 사랑에도 어울리는 격이 있다. 그 격을 결정하는 것은 다른 모든 겉으로 보이는 것들에 앞서, 정신적인 레벨이다. 서로의 정신적 주파수가 맞지 않으면 누구와도 오랜 시간을 함께하기 어렵다.

당신은 영혼을 뒤흔든 책이나 감명 깊게 본 영화에 대해 이야기하는데, 상대방은 인터넷 쇼핑몰에서 발견한 대박 할인 품목에 대해서만 이야기한다면? 누가 옳고 그르다는 것을 떠나, 편안하고 자연스러운 관계를 유지하기는 어려울 수밖에 없다는 것이다. 시간이 흐를수록 이런 틈은 더욱 벌어질 것이고, 두 사람을 이어주던 정신적 끈이 사라지면 두 사람은 별개의 두 조각으로 분리될 수밖에 없다. 관계의 틈을 좁히고 또 안정적으로 묶어주는 것은 두 사람의 마음에 존재하는 '같은 주파수'이다.

그러므로 지금 당신이 일방적으로 우러러보고 있는 남신이나 여신이 있다면, 자기 자신이 너무 초라하다고 좌절하지만 말고 지금보다 나아지기 위한 어떤 노력이라도 해보는 것이 낫다고 말하고 싶다.

<u>나중에라도 꼭 그 남신이나 여신과 사귀기 위해서가 아니다. 결과적으로는 그 상대와 아무 관계도 되지 않더라도, 지금의 나보다 나아지려고 노력하는 과정에서 나 자신은 정말로 더 나아져 있을 것이기 때문이다.</u>

몇 년 전 나에게 있었던 일도 하나 떠오른다. 가진 것 하나 없고 베이징에 아는 사람도 없는 고아와도 같은 상태로 베이징에서 3년째 고군분투하던 그해, 한 여학생이 나를 쉬쑹(許嵩)이라는 가수의 콘서트에 데려가준 적 있다.

나로서는 사관학교 생활 3년만에 처음으로 가보는 콘서트이기도 했다. 여러 가지 고민과 심리적 압박에 지쳐 있던 나는 가슴을 뒤흔드는 폭발적 사운드에 눈물이 흐를 만큼 감격했다. 나를 이런 곳에 데려와준 그녀에게 고마운 마음이 드는 동시에, 내 옆에 있는 그녀가 마치 다른 세계에 있는 듯 아름답게만 보였다.

'아… 나의 여신! 그래, 틀림없어!'(이런 생각을 하게 된 데는 현장의 음향도 한몫 했을 것이다.)

며칠 후 나는 용기를 내어 그녀에게 고백했고, 보기 좋게 거절당했다.

다만 조금 이해할 수 없었던 것은 그녀가 말한 이유였다.

"난 내 또래 남자는 남자로 느껴지지 않아서. 조금 나이 차이가 있는 남자를 만나고 싶어."

그게 정말로 정확한 이유인지는 중요하지 않았다. 어쨌거나 결론은 "난 널 별로 좋아하지 않아. 넌 자격 없어."라는 뜻이었으니까.

다행히 나도 거절의 상처를 오랫동안 마음에 담아두진 않았다. 더욱이 최근 몇 년 동안은 누군가를 좋아하는 데 쓸 시간이 없기도 했다. 낮에는 빡빡한 강의를 소화해야 하고, 밤에는 글을 쓰고 있고, 틈틈이 영화도 찍어야 하니 1분 1초도 거저 남는 시간이 없을 정도다. 아무리 피곤해도 낮잠은 자지 않고, 졸리면 차라리 나가서 산책을 한다. 조금이라도 자투리 시간이 생기면 한 페이지라도 책을 읽으려고 노력한다. 시간은 그것을 알차게 활용한 사람을 절대로 배신하지 않는다고 생각하고 있다.

그러던 어느 늦은 밤에 전화기가 울렸다. 몇 년 전 나의 고백을 차버렸던 그녀의 문자메시지였다.

"요즘 가는 데마다 네 글이 보이더라. 자주 눈에 띄는 영화가 있어서 보니 감독도 네 이름이고. 샤룽, 요즘 인기 많네!"

그렇게 나는 그녀와 간단한 대화를 몇 마디 주고받게 되었다.

마지막에 그녀는 나에게 문자메시지를 보낸 이유를 밝혔다.

"나 지금 베이징에 있는데, 한 번 볼 수 있을까?"

그러나 나는 그녀와 만날 약속을 잡지는 않았다. 소심한 복수, 그런 건 아니었다. 정말로 만나서 딱히 할 이야기가 없었기 때문이다. 수 년 전 나에게 그녀는 다른 세계에 있는 듯한 여신이었지만, 이제는 그냥 조금 어색한 사이일 뿐이다.

지금도 세상은 잠시도 업데이트를 쉴 수 없을 만큼 빠르게 변화하고 있고, 그 속도만큼 사람도 끊임없이 노력하고 변모해야 하는 시대다. 연애감정도 결혼 전까지는 어떻게 될지 알 수 없는 것이고, 사람 사이의 감정은 나만 일방적으로 노력할수록 실망감에 빠지기 쉬운 것이기도 하다. 더욱이 사랑이라는 감정에는 시간, 공간, 우연, 가정환경에 이르기까지 수많은 요소가 관여한다.

이토록 불안정하기 짝이 없는 것이 연애라면 어떻게든 한 번 해보겠다고 너무 안달하기보다, 공부든 실력이든 뭔가 확실하게 나를 변모시킬 수 있는 노력에 청춘을 투자하는 것이 더 나을 수도 있다. 특히 어린 나이일수록 배신 없는 결과를 약속하는 것은 자기 자신에 대한 투자뿐이라고 생각한다.

그러므로 지금 모든 것을 이루어낸 듯한 근사한 이성을 너무 맹목적으로 선망할 필요는 없다고 말하고 싶다. 멀지 않은 장래에 자신이 노력해서 변모한 만큼 더욱 근사한 누군가가 자신을 기다리고 있을 수도 있지 않은가.

3-03

적절하지 않은 타이밍에
가장 소중한 인연을 만날 수도 있다

 우리 학원의 한 강사는 자주 연애를 비유로 들면서 영어 강의를 한다.
 "영어 시험은 철저히 '순서 원칙'에 부합합니다. 그러나 막상 문제를 맞닥뜨리면 '그 위치'에 들어갈 적당한 말을 찾기가 어렵죠. 마치 지금은 누군가와 진지하게 사귈 수 있는 타이밍이 아닌데, 평소의 이상형을 덜컥 만나게 되었을 때와 비슷하달까요? 만약 여러분이 해외 유학을 앞두고 있는데 평소 좋아했던 이성이 진지하게 고백을 해온다면, 여러분은 어떻게 할 것 같아요?"
 영어 강의에서조차 이렇게 '타이밍'의 중요성을 설파하는 강사 K는 나의 대학시절 친구이기도 하다. 그의 학창시절은 아르바이트를 하면서 공부도 하고 연애도 할 만큼 바빴는데, 바로 그 시절 사귀던 여자친구와 그대로 결혼해서 지금까지 행복하게 살고 있다. K도 저 이야기를 할 때는 '쉽지 않은 타이밍'에 여자친구를 사귀었던 자신의 학창시절이 떠오르지 않았을까.

K는 그런 어려운 타이밍에 만만치 않은 노력으로 사랑의 결실을 이루는 데 성공했다.

사랑에 대해 사람들은 흔히 '가장 적절한 타이밍에, 가장 적절한 상대를 만나는' 것만을 가장 이상적으로 생각한다. 그런데 사랑하는 사람을 만나기에 적절한 타이밍이라는 게 과연 존재하기는 하는 걸까? 가장 적절한 타이밍에 자신의 이상형을 만나는 것이 과연 쉽게 가능한 일일까? 실은, 적절한 타이밍이나 이상적인 인연이라는 것도 서로의 노력과 다짐으로 만들어나가는 역동적인 결과물은 아닐까?

다른 한 친구는 나에게 이런 이야기를 들려준 적이 있다.
한 남자가 자신의 인연을 알아보기 위해 유명한 법사를 찾아갔다. 법사는 '오늘 꽃을 들고 있는 여인'이 남자의 천생연분이라고 말해주었다. 남자는 그날 밤이 될 때까지 '꽃을 든 여인'을 기다렸지만 그런 여인은 단 한 명도 지나가지 않았다. 남자는 화가 나서 다시 법사에게 가서 따졌다.
"꽃을 든 여인은 하나도 없던데요!"
그러자 법사는 온화한 미소를 지으며 말했다.
"그럼 자네가 직접 꽃을 건네면 되지 않는가!"
남자는 곰곰이 생각에 잠겼다. 그리고는 다음 날, 평소 좋아했던 여자에게 꽃을 건네며 말을 걸었다. 두 사람은 꽃을 계기로 이런저런 대화를 나누다가 점점 사랑에 빠졌고, 나중에는 정말로 연인이 되었다.

언제가 자기 인생의 짝을 만나기에 가장 적절한 타이밍인지는 아무도 알 수 없다. 사람들은 '우선 돈을 모은 뒤에, 최소한 집은 장만한 뒤에 사랑하는 사람을 만나야지.'라는 식으로 자기 나름의 적절한 시기를 정해놓는다. 그러나 막상 사랑하는 사람이 자신의 인생에 뛰어들면, 미리 정해놓은 '적절한 시기' 같은 건 무의미해진다는 것을 절감하게 된다. 심지어 '나에겐 이 사람만 있으면 된다.'고 생각하게 될 수도 있다. 그러면서도 타이밍이 안좋다고 망설인다.

그런데 정말 그 사람만 있어도 된다면 어째서 '적절한 타이밍'에 그토록 연연한단 말인가? 사랑하는 사람을 만나게 된 타이밍이 내가 생각한 '그때'가 아니어도, 일단 사랑하는 사람의 손부터 잡아야 한다. 그런 다음 함께 어려움을 이겨나가다 보면, '가장 적절한 시기'도 함께 맞이하게 되지 않겠는가!

내가 아는 사람들 중에도 소위 '적절하지 않은 타이밍'에 자신의 소중한 인연을 만난 이들이 적지 않다. 재수하던 시절에 만난 남자와 이듬해에 유학을 떠난 한 친구는 현재 남자친구와 함께 중국으로 돌아와 창업을 준비 중이다. 두 사람의 부모님은 "나중에 더 좋은 사람 만나라."며 이별을 종용하고 있고, 친구들조차 "지금처럼 중요한 시기에 연애 감정에 매달리는 건 좋지 않다."며 두 사람의 연애를 말리고 있다. 그러나 그녀가 함께 유학 떠나고 싶었던 남자는 지금의 남자친구이고, 그가 미래를 함께 하고 싶어 하는 여자도 지금의 여자친구이다. 그렇다면 나머지 문제는 두 사람이 함께 극복해나가면 되는 것 아닐까? 어차피 가족들과 친구들이 대신 극복해줄 문제도 아니지 않은가.

누구든 살다 보면 별로 '적절하지 않은 타이밍'에 가장 소중한 인연을 만날 수도 있다. 지금 눈앞에 있는 사람이 정말로 소중한 인연이라면, 용기 있게 그 사람의 손을 잡아도 된다고

말하고 싶다.

　나중 일이라는 게 미리 걱정한 만큼 해결되는 것도 아니지 않은가? 지금의 부적절한 여건은 천천히 하나씩 적절한 것으로 바꾸어나가면 된다. 가장 소중한 사람을 놓치지 않았던 기억은 훗날 아름다운 추억으로 남을 수도 있다. 설령 그 당시의 인연이 꼭 결혼으로 이어지지 않는다 해도, 그 인연은 결코 헛된 것이 아니다. 사랑의 감정은 나중의 결과를 계산하기 위해서가 아니라 지금 이 순간 마음을 다하기 위해 존재하는 것이기 때문이다.

3-04

그녀처럼 변모한 나를
왜 사랑하지 않아?

 이 이야기는 누가 지어냈다고 생각할지도 모르지만, 실제로 있었던 일이다.
 류안(劉安)은 내가 시나리오를 공부하던 시절에 알게 된 친구로, 쓰는 시나리오마다 교수님의 칭찬을 받는 우수한 학생이기도 했다. 나는 그의 시나리오를 읽을 때마다 늘 궁금한 것이 있었다.
 "네가 쓴 이야기, 진짜 다 있었던 일이야?"
 "왜, 믿기 힘들어? 하긴, 세상에는 아무리 그럴듯하게 구성해도 사실처럼 느껴지지 않는 이야기가 있지…."
 그날 나는 그에게서 좀 더 자세한 이야기를 들을 수 있었다. 그런데 그는 이야기를 시작하기도 전에 눈물 한 방울을 툭 떨구었다.
 "실은… 자신에게 일어난 일일수록 가장 글로 쓰기가 어려운 것 같아."

몇 년 전, 그는 바람에 긴 머리카락이 하늘거리던 모습의 샤오바이(小白)라는 여성을 알게 되었다. 두 사람은 영화 제작을 앞두고 시나리오 작가와 주연 배우로 만났다.

샤오바이는 여배우라는 독특한 입장에도 불구하고 일말의 머뭇거림 없이 자신의 사랑을 외부에 공개했다. 그녀는 자신의 친구들과 만나는 자리에도 자주 남자친구를 데려갔다. 그녀의 친구들도 하나 같이 그녀만큼이나 미인들이었다. 그중에는 왕한(王漢)이라고 하는, 거침없는 사내 같은 성격을 가진 친구도 있었다. 그녀는 대뜸 류안에게 술대결을 제안하고는, 자신이 먼저 큰 잔에 담긴 맥주를 벌컥벌컥 마셔버렸다. 그도 여자인 왕한에게 질 수 없다는 듯 자신의 잔을 모두 비웠다. 이들 만남은 그날 이렇게 시작되었다.

예술 작업을 하는 청년으로서 낭만적 기질이 다분했던 류안은 한때 나에게 이런 말을 한 적 있다.

"술과 영화, 사랑하는 여자. 인생은 이거면 충분하지 않아?"

그가 말한 사랑하는 여자가 바로 샤오바이였다.

그러던 어느 날, 샤오바이의 친구들과 함께 나이트클럽에 갔을 때였다. 류안과 샤오바이가 댄스홀에서 춤을 추고 있을 때 갑자기 왕한이 둘 사이를 가르며 끼어들었다. 그리고는 류안을 향해 이렇게 말했다.

"류안, 움직이지 말고 10초만 내 눈을 바라 봐. 그럼 다시 샤오바이와 춤출 수 있게 해줄게."

류안은 취기에 젖은 눈으로 왕한을 10초쯤 바라보았다.

그러자 샤오바이가 다시 왕한을 돌려세우며 말했다.

"됐어, 됐어. 우리 모두 너무 취했다. 이제 춤은 그만 추자구."

류안은 항상 샤오바이를 정성스럽게 챙겼다. 당시만 해도 차가 없었던 류안은 샤오바이와 함께 지하철을 타고 집까지 데려다 준 다음 다시 지하철을 타러 발길을 돌려야 했다. 그때마다 샤오바이는 "이게 다 차 없는 벌이야!"라고 말했지만, 그렇다고 그녀가 가난을 혐오하거나 부를 추종하는 타입은 아니었다. 한때 돈과 나이가 모두 많은 남자들이 그녀에게 접근하기도 했지만, 그녀는 그들에 대해 "삶이 엉망"이라며 모두 거절한 적도 있었다.

류안과 샤오바이는 자주 비밀암호 같은 대화를 즐겼다.
"뭐?"
"마(麻)."
"집."
"그릇."
"너."
"넵!"

그리고는 하하하 웃었다. 다른 사람들이 이해할 수 없다는 표정을 짓고 있으면, 왕한이 둘의 대화 내용을 통역해주었다.
"뭐 먹을까?"
"마라룽샤(麻辣龍蝦, 매운 향신료를 넣은 가재쉼)."
"집에 가서 직접 해먹자."
"그릇은 누가 씻고?"
"당연히 너지."
"넵! 알겠습니다."

자세한 이유는 알 수 없지만, 이들의 행복한 시간은 그리 오래 가지 않았다. 갑자기 2주 가까이 냉전이 이어지더니 그대로 헤어지고 말았다.

서로에게 이별을 통보한 그날, 두 사람은 각자의 집에서 하염없이 울었다고 한다. 그후로 누구도 딱히 먼저 연락을 하지 않았다. 어차피 서로의 연락처도 지운 터였다. 그렇게 반 년이 더 흘렀다.

샤오바이는 한눈에 보기에도 부쩍 수척해졌다. 오랜 병을 앓은 사람처럼 눈도 퀭했다. 그날 그녀는 자신의 절친인 왕한에게 주면서, 초콜릿 한 상자를 류안에게 전해달라고 부탁했다. 왕한에게서 초콜릿 상자를 건네받은 류안은 초콜릿 개수를 세어보았다. 그리고는 눈물을 뚝뚝 흘리며 상자를 바닥에 내려놓았다.

1년 후 샤오바이는 다른 남자와 결혼을 했고, 반 년 후에는 임신을 했다. 왕한은 1년 전 일을 떠올리며 샤오바이에게 물었다.

"그때 류안과는 왜 헤어진 거야? 그 사람은 아직도 널 사랑하고 있고, 지금도 독신인 것 같던데."

"난 그에게 기회를 줬어. 우리 사이엔 미리 정해둔 약속이 하나 있었거든. 정 아무 말도 하기 싫어지면 초콜릿 상자를 보내기로. 초콜릿 개수가 짝수이면 한 번만 더 다시 만나고, 홀수이면 헤어지기로 하자고."

그 말을 들은 왕한은 목에 뭔가가 걸린 듯 낯빛이 창백해졌다.

나에게 여기까지 이야기하던 류안은 담배를 하나 꺼내 물더니 한숨 쉬듯 연기를 후우, 하고 뱉으며 말했다.

"그래, 왕한이 고의로 초콜릿 하나를 빼고 전해줬던 거야."

그로부터 다시 반 년이 흘렀을 때 왕한은 류안에게 적극적으로 관심을 표시하기 시작했다. 사실 류안은 아직 샤오바이에 대한 미련을 다 떨치지 못하고 있었다. 그러나 왕한과 있다 보면 샤오바이와 함께 했던 시절이 떠오르기도 했고, 왕한에게서 샤오바이의 빈 자리를 채우려고도 했다. 그러던 중 왕한의 적극적인 구애로 두 사람은 결혼까지 하게 되었다.

신기하게도 왕한은 류안과 샤오바이의 비밀암호를 모두 알고 있었다. 그래도 류안은 그 사실에 대해 별 경각심이 없었다. 오히려 조금은 반가운 마음도 들었다. 다시 그때로 돌아가 샤오바이와 만나는 듯한 기분이 들었기 때문이다. 그래서 비밀암호의 내용도 굳이 바꾸지 않았다. 류안은 왕한과 함께 있으면서도 자주 샤오바이의 이름을 불렀다. 왕한은 어쨌거나 류안 곁에 있는 사람은 자신이므로 크게 신경 쓸 일이 아니라고 생각했다. 거침없는 사내 같았던 왕한은 조금씩 말투와 스타일이 부드러워지면서 점점 샤오바이를 닮아갔다. 예전의 사내 같던 모습은 이제 떠올릴 수도 없을 정도였다. 그런데 뜻밖에도 류안은 이런 그녀의 변화를 좋아하지 않았다. 오히려 점점 더 견딜 수 없어 했다.

두 사람은 결혼 8개월 만에 이혼 위기에 처했다. 먼저 이혼 서류를 꺼낸 것은 류안이었다. 왕한은 류안이 삼결에 샤오바이의 이름을 불러도 참을 수 있었지만, 류안은 샤오바이처럼 변해가는 왕한을 참을 수가 없었다. 왕한의 속마음도 점차 의심스러워졌다.

"네가 어떻게 우리의 비밀암호를 다 알고 있는 거지? 대체 나와 샤오바이 사이에 무슨 짓을 했던 거야?"

할 수 없이 왕한은 이제까지의 모든 일을 이야기해주었다. 류안은 이야기를 듣는 내내 몸이 떨려 아무것도 할 수 없었다. 그는 왕한에게 대체 언제부터 자신을 마음에 두고 있었던 거냐고 물었다.

"샤오바이에게서 초콜릿 상자를 전해달라는 부탁을 받았을 때 생각했어. '드디어 하늘이 나에게 너희를 헤어지게 만들 기회를 주시는구나….' 내가 노력하기만 하면, 너에게 잘하기만 하면, 평생 너와 행복하게 살 수 있을 줄 알았어. 그래서 어떻게든 샤오바이처럼 되려고 노력도 많이 했는데…."

류안은 나에게 여기까지 이야기하다 멈추고 주먹을 꽉 쥐었다.

"그래서… 어떻게 됐는데?"

내가 묻자, 그가 다시 대답했다.

"그래서… 이혼하고 각자의 삶을 살기로 한 거야."

나는 류안의 이야기를 듣고 나서, 거리를 거닐며 생각해 보았다. 어떤 이야기에나 악인이 있기에 비극이 만들어진다. 그런데 이 이야기에서 악인은 누구일까. 끝까지 자신의 사랑을 지키기로 한 류안일까, 천진하고 사랑스러웠던 샤오바이일까, 용감하게 사랑을 쟁취하기로 한 왕한일까. 누가 악인인지 나는 잘 모르겠다. 아니, 조금씩은 그들 모두인지도.

나중에 류안은 나에게 이렇게 말하기도 했다.

"내가 그토록 샤오바이를 잊을 수 없었던 건 샤오바이만의 어떤 기운에 끌렸기 때문이었어."

샤오바이도 비슷한 말을 한 적 있었다.

"류안이 제 마음을 얻기 위해 특별히 무슨 노력을 기울인 건 아니에요. 그냥 제가 뭔가 모르게 그에게 이끌린 거죠."

두 사람은 그렇게 같은 말을 하고 있었다. <u>자신들에게 사랑은 열심히 쫓아가서 사로잡는 것이라기보다 자연스럽게 서로</u>

의 어떤 면에 이끌린 것이었다고. 비슷한 내면의 공명이 일어난 사람끼리는 끊어질 수 없는 끈으로 묶이듯 자연스럽게 서로 이끌리는 모양이었다.

세상에는 '여자의 마음을 사로잡으려면 이러이러한 노력을 하라'는 조언이 많다. 마치 그런 노력에 감복한 여자가 "아, 당신은 정말 좋은 사람이군요!"라며 남자를 받아들이는 것이 곧 사랑이라는 듯이.

그러나 '좋은 사람'이 꼭 진실한 사랑도 할 줄 안다는 보장은 없다. '좋은 사람'이 아무리 열심히 노력해도 결과를 장담할 수 없는 것이 바로 사랑이다. 이 세상에는 자신이 울 때마다 달래주고 위로해주던 착한 남자를 버리고, 마지막에 가서 나쁜 남자의 손을 잡고 떠나버리는 여자도 많다.

우리는 그런 시간들을 거치면서 비로소 알게 된다. 사랑은 일이나 공부처럼 노력한 만큼 얻어지는 것이 아니라는 것을. 『홍루몽(紅樓夢, 청대 조설근(曹雪芹)의 소설)』에 나오는 가보옥(賈寶玉)은 어째서 교양과 학식을 갖춘 설보차(薛寶釵)가 아닌, 가냘프고 허약한 임대옥(林黛玉)을 사랑했던 것일까. 임대옥은 속상하면 마구 울고, 마음에 안 들면 소란을 피우는 솔직한 성격이었다. 반면 설보차는 힘든 일이 있어도 꿋꿋이 혼자 감당하는, 차분하고도 강인한 성품이었다. 가보옥과 임대옥은 단지 서로의 그런 기질에 강하게 이끌렸던 것이다.

한때 나에게 "내가 좋아하는 사람이 나를 좋아하지 않으면 어떡하지?"라고 묻는 친구가 있었다. 나는 류안의 이야기가 하나의 답이 될 수 있다고 생각한다. 적어도 사랑에 있어서만은, 자신을 억누르면서까지 상대방의 마음에 들려고 억지로 노력할 필요가 없다는 것이다. 오히려 노력하면 할수록 실망만 불러일으킬 수도 있는 것이 사람 사이의 관계다. 그러나 나 자신이 더 나은 사람이 되어가다 보면, 내가 좋아하는 이성의 기준이 바뀔 수도 있고 더 나아진 자신에게 걸맞는 새로운 누군가를 만나게 될 수도 있다.

3-05

남들의 연애,
당신과는 상관없다

　이 세상에는 종종 가짜 호인들이 있다. 남 일에 신경 써주는 척하면서 자신의 존재감을 과시하는 데만 관심이 있는 사람들. 내 주위에도 그런 사람이 한 명 있었다.
　내 친구인 S는 방송국에서 일하는 미모의 여자친구를 사귄 적 있다. 그녀가 가난한 농촌 출신이었던 데 반해 S의 집안은 조금 넉넉한 편이었지만, 직장이 있는 그녀와 달리 그는 아직 대학원생 신분이었다. 두 사람은 상대방을 위해 자주 아침 식사를 보내주기도 했고, 서로 다른 생활환경 때문에 한 번 만나려면 꽤나 오랜 시간을 기다려야 하는 현실도 감내했다. 나를 포함한 주위 사람들은 이런 두 사람의 사랑을 지켜보는 것만으로도 애틋할 정도였다.
　한편 '모멘트' 상의 친구였던 L은 자칭 '애정 구세주'였다. 그는 시간만 나면 남들의 연애에 대해 이러쿵저러쿵 논하고, 다른 커플들의 장래에 대해 진단과 처방 내리기를 좋아했다.
　하루는 '모멘트' 친구들끼리 모여서 밥을 먹다가 술잔이 몇 번 돌았을 때였다. L은 아직 몇 번 보지도 않은 사이인 S에게 대뜸 자기 나름의 진단과 처방을 내렸다.

"방송국에서 일하는 여자라면, 네가 엄청 돈이 많거나 집안이 좋아야 할 거야. 그렇지 않으면 그녀와 결혼까지 가기는 힘들 걸?"

그러면서 그는 자신이 아는 몇 명의 예를 들었다.

옆에서 술을 마시고 있던 나는 L에게 물었다.

"그렇게 될지 안 될지, 네가 어떻게 아는데?"

"꼭 그렇게 된다는 뜻이 아니라 방심하지 말라는 거지. 이게 다, S를 생각해서 하는 말이야."

그후 어떤 이유 때문인지는 알 수 없지만 S는 정말로 얼마 안 가서 여자친구와 헤어졌다. 그리고는 나에게 와서 이렇게 말했다.

"L 말이 맞았어. 결국은 그녀도 돈을 택하더군. 아, 대체 이제까지의 감정은 무엇이었을까."

S의 이별 소식은 곧 '모멘트'를 뜨겁게 달구었고, 이 일로 L의 명성은 한껏 높아졌다.

그런데 몇 년 후 어느 날, 나는 S의 전 여자친구와 우연히 마주친 일이 있었다. 그날의 만남과 대화를 계기로 우리는 좋은 친구가 되었다. 그런데 그녀는 S가 '모멘트' 친구들과의 술자리만 있고 나면 어딘가 묘하게 달라져 있었다고 말했다. 작은 일로도 자꾸 트집을 잡기 시작했고 하루 종일 돈과 직업에 대해서만 이야기하는 날도 많아졌다고 했다.

S와 사귀던 당시 그녀가 일했던 방송국은 개국한 지 얼마 안 된 신생 언론사였고, 그녀는 그 안에서 중추적인 역할을 담당하는 기자였다. S의 가정형편이 여자친구보다 더 여유롭

다고는 해도 그 자신이 아직 대학원생 신분이었기 때문에 데이트 비용도 거의 그녀가 지불하고 있었다. 그렇다면 S는 그녀와 만나는 동안 돈이 들 일도 거의 없었던 셈이다. 그렇다면 S는 대체 무엇 때문에 원망이 생겼던 걸까?

나중에 다시 한 번 '모멘트' 멤버들과 술을 마시는 자리에서였다. S는 L 덕분에 속지 않을 수 있었다면서 다시 한 번 L에게 고맙다고 말했다.

나는 이 광경을 도저히 그냥 두고 볼 수가 없었다.

"L, 제발 남 일에 함부로 끼어들지 좀 마! 시도 때도 없이 이론만 떠들어대지 말고, 너부터 제대로 된 연애 한 번 해보지 그래?"

나는 그렇게 말하고 자리를 나와버렸다.

만약 L이 S의 연애에 끼어들어 '애정 구세주' 노릇을 하지 않았다면, S는 계속 그녀와의 만남을 이어갈 수 있을지도 모른다. 대체 이게 뭔가. 남은 것은 L의 명성과 자신감, S의 부서진 사랑의 잔해뿐이지 않은가.

그런가 하면, 내 주위에는 무척 재미있게 느껴지는 또 다른 커플도 있었다. 바로 C와 그의 여자친구였다.

그들은 함께 모인 친구들 앞에서 닭살 행각을 벌이거나 남다른 애정을 과시하는 일이 한 번도 없었다. 심지어 C는 무슨 이유에선지 여자친구를 '할망구'라고 불렀다. 나는 SNS에서도 두 사람이 단둘이서 찍은 사진은 거의 본 적이 없었다. 대부분 친구들과 함께 있을 때의 사진뿐이었다. C는 술을 아주 많이 마셨을 때만 우리 앞에서도 가끔 '할망구'의 손을 잡았다.

두 사람이 모두 대학교를 졸업하던 해에 C는 미국으로, '할

망구'는 일본으로 각각 유학을 떠나게 되었다.

보통 졸업 시즌은 이별 시즌으로도 불렸다. 유학, 취직 등으로 진로가 엇갈리면서 그대로 헤어지는 커플이 많았기 때문이다. 나는 미국으로 떠나는 C에게 "장거리 연애가 길어질지도 모르는데, 괜찮겠어?"라고 물었다.

"걱정 마. 우리 사이는 흔들릴 일 없을 거야."

이 커플에게도 자칭 '애정 구세주'들은 들끓었다. 이들은 저마다 자신들이 인터넷에서 보고 들은 내용을 가지고 이러쿵저러쿵 이 커플의 장래를 진단했다. 장거리 연애를 하면 필연적으로 헤어지게 돼 있다, 사진이 통 안 올라오는 걸 보면 이미 헤어졌는지도 모른다, 졸업을 하고 나면 아무래도 헤어질 가능성이 높다….

나는 밥을 먹으면서 이들이 하는 말을 듣고 있다가, 어떤 이야기는 일리가 있다고 느껴져 고개를 끄덕이기도 했다. 그러나 내가 그 위에 더 말을 보태지는 않았다.

몇 년 후에는 나도 미국으로 갈 일이 생겨서, 미국에서 이미 직장을 구한 C와도 만날 수 있었다. 놀랍게도 C는 그때까지 일본에 있는 '할망구'와 여전히 장거리 연애를 유지하고 있었다. 그들은 매일 전화로 아침저녁 안부 인사를 나누었고, 내년에 '할망구'가 일본에서 돌아오면 결혼을 하기로 약속했다고 했다.

순간, 나는 몇 년 전 C가 미국으로 떠날 때 "장거리 연애를 하다 보면 필연적으로 헤어지게 된다던데…"라고 조언하지 않아 천만다행이라는 생각이 들었다.

남의 연애에 대해서는 그 누구도 당사자가 아니다. 내가 생각하는, 내가 알고 있는 무언가가 그 사람의 연애에 그대로 들어맞으리라는 보장도 없다. 누군가에게는 장거리 연애가 고통의 점철이었을지 몰라도, 다른 누군가에게는 서로를 그리워하는 시간마저 행복했던 소중한 경험이었을 수도 있다. 부유층 2세와 결혼하면 고생문이 열린다고 생각하는 사람도 있겠지만, 그 부유층 2세가 얼마든지 자상한 데다 성격까지 좋을 수도 있는 것이다. 많은 사람들이 졸업과 동시에 연인과 헤어졌을지 몰라도, 그렇지 않았던 사람에게 그런 속설은 사실상 아무런 의미가 없다.

게다가, 어차피 남 일 아닌가. 그 일이 나중에 어떻게 될지 지금 자신이 어떻게 안단 말인가? 알 수 없다면, 자신의 한정된 소견만 가지고 다른 커플의 장래를 함부로 진단하거나 처방 내리려고 하지 말아야 한다.

인터넷에서 자신들의 행복한 사랑을 전시하던 여느 커플들보다도 C와 '할망구'는 조용히 한결 같은 사랑으로 우리 모두의 부러움을 샀다. 이렇듯 자신의 연애감정도 어디까지나 자기 내면의 일일 뿐 남들과는 무관한 것이다.

나는 평소 주변 사람들에 대한 보호욕구가 강한 편이었다. 이 몹쓸 보호욕구 때문에 가까운 사람들이 널컥 피해를 보는 때도 많았다. 하루는 친구들과 함께 클럽에 갔을 때 여자인 한 친구가 홀에서 춤을 추는데 어떤 남자가 자꾸만 껴안으려고 하는 것이 보였다. 나는 곧바로 친구가 있는 곳으로 가서 그 남자를 확 밀쳐버렸다.

당황한 친구는 그 자리에서 울음을 터뜨리며 나의 경솔함을 나무랐다. 그녀는 원래 이런 일은 클럽에서 흔히 일어나는 가벼운 일이라고 했다. 남자가 춤을 핑계로 여자를 껴안으려고 할 때 일부러 한두 번은 밀쳐내는 것이 클럽에서의 '게임 규칙'이라는 것이었다. 클럽을 가본 적 없었던 나로서는 난생 처음 들어보는 규칙이었다.

심지어 친구는 나 때문에 흥이 다 깨져버렸다며, 앞으로 다시는 나와 클럽에 오지 않을 거라고까지 말했다. 나는 클럽에서의 규칙도 모른 채, 친구의 속마음도 제대로 모른 채, 무턱대고 끼어들어서 흥만 망친 셈이 되었다.

만약 다른 상황에서, 다른 사람의 일이었다면 과연 달랐을까? 사람은 누구도 다른 사람이 처해 있는 구체적인 상황 맥락에 따른 진짜 속마음을 알지 못한다. 남의 연애사와 연애감정에 대해서도 마찬가지다.

그러나 나도 할 말은 있다. 나는 나이트클럽에서 시작되는 연애에는 회의적이다.

그러자 그녀가 다시 나에게 말했다.

"그럼 네가 하지 마! 그럼 되잖아!"

그렇다. 이건 어디까지나 그녀의 일이지 내 일이 아니다. 그 사실만은 변함이 없다. 그날 이후로 나는 남의 인생, 특히 연애사에는 절대로 개입하지 않기로 했다. 남의 인생은 어디까지나 그 사람의 일일 뿐이다.

무언가를 가르치는 일을 여러 해 해온 탓인지, 언제부턴가 나는 누구에게든 '방법'을 찾아주려고 하는 직업병이 생겨버렸다. 친구들과 살아가는 이야기를 하다가도 꼭 뭔가 '답'을 찾아 제시하려 들었다. 다행히 "결정은 어디까지나 네가 하는 거지만."이라는 말을 빠뜨리지 않고 있지만.

모든 결정은 그 일의 당사자가 하는 것이다. 그 사람을 아무리 아끼는 사람도, 부모도 친구도 대신해줄 수 없는 것이 바로 이 당사자의 결정이다. 아니, 대신해주려고 해서도 안 된다.

"난 사랑을 믿지 않아, ○○○랑 누구도 이번에 이혼했잖아."
"난 사랑을 믿지 않아, ○○○가 양다리 걸쳤다는 얘기 들었어?"
"난 사랑을 믿지 않아, ○○○도 이번에 유부남이랑 사귀다가 차였다지 뭐야."

그러나 세상에는 수십 년째 이혼하지 않고 잘 살고 계신 당신의 부모님도 있고, 양다리 한 번 걸친 적 없는 많은 커플들이 있으며, 7년간의 장거리 연애에도 불구하고 헤어지지 않은 나의 애틋한 동창 커플도 있다.

남이야 누가 바람을 피웠건, 당신은 지금 사랑하는 사람을 계속 사랑하면 된다. 다른 누가 이혼을 했건, 지금 당신 곁에 있는 사람은 끝까지 당신과 함께 해줄 것이라도 믿어도 된다. 남들의 연애가 어찌 돌아가건, 당신은 당신의 사랑을 믿고 계속 잘 살아가면 되는 것이다.

남들의 사례는 교과서도 모범답안도 아니며 노스트라다무스의 예언은 더더욱 아니다. 지금 사랑하는 사람이 있다면, 함께 어려움을 극복해나가며 함부로 헤어지지 않으려고 노력해야 한다. 뭔가가 마음에 들지 않는다면 문제를 고치려고 노력해야지, 무작정 연락을 끊어버리거나 이별부터 떠올려서는 안 된다.

자신의 사랑은 어디까지나 자기 자신의 일이다. 제각기 다르게 떠들어대는 남들 의견에 지나치게 귀 기울이고 살 필요가 없다는 것이다. 자기 일에 대해 자기보다 더 많이 생각해본 사람은 없다. 결정권은 어디까지나 자기 자신, 당사자인 당신 손에 있다. 당신은 당신 내면의 감각을 따르며, 지금 함께 있는 사람의 진심을 굳게 믿으면 된다.

3-06

정신적으로 격이 맞는 사이

그리스 신화에 나오는 유명한 이야기가 있다.

그리스의 신들 중 최고의 아름다움을 자랑하며, 미와 사랑의 상징이었던 아프로디테는 올림푸스 산에 있는 모든 남신들의 추파를 한몸에 받고 있었다.

그녀와 정을 통해 자식을 낳은 남자들 중에는 용맹한 해신 포세이돈과 전쟁의 신 아레스도 있었고, 인간 세계의 평범한 왕자도 있었다. 그러나 그녀가 정식으로 혼인한 상대는 대장간에서 묵묵히 일만 하던, 외모도 보잘것없었던 헤파이스토스였다. 그리스 신화를 책으로 읽은 독자라면 이 부분에서 한번쯤 고개가 갸웃거려졌을 것이다.

'대체 어떻게?'

답은 간단하다. 헤파이스토스는 사실 헤라와 제우스의 아들, 요즘으로 치면 금수저 출신이었던 것이다. 게다가 아폴로와 같은 유명한 신들이 모두 그의 친구였으니, 인맥(아니, 신맥)

도 화려했다. 더구나 그는 대장간에서 묵묵히 일만 할 뿐 바람 한 번 피우지 않았다(아테나 여신에게 잠시 한눈을 판 적이 있으나 뜻을 이루진 못했다). 정말이지 이보다 더 혼인에 적합한, 정숙한 남자가 또 있을까! 무엇보다 헤파이스토스와 아프로디테는 문벌이 서로 일치하는, 즉 '격이 맞는 신분'이었다.

그런데 이 다음에 과연 무슨 일이 벌어졌을까?

결혼하고 얼마 지나지 않아 아프로디테가 바람을 피웠다.

이 절세 미모의 여신은 묵묵히 일만 하는 재미없는 남신을 별로 좋아하지 않았다. 그녀가 사랑한 것은 거침없이 전장을 누비는 전쟁의 신 아레스였다. 그들은 몰래 몇 번 정을 통하다가 아폴로에게 발각당했고, 아폴로는 이 사실을 헤파이스토스에게 알려주었다.

헤파이스토스는 제우스를 찾아가 제발 당신 딸을 벌해달라고 울며불며 간청했다. 이로써 헤파이스토스와 아프로디테는 감정도 관계도 산산조각이 나고 말았다.

그들은 이보다 더 격이 맞을 수 없는 신분이었는데, 어째서 이런 파국을 맞고 말았던 걸까.

<u>누군가와 인생을 끝까지 함께할 수 있도록 만들어주는 것은 격이 맞는 '신분'이 아니라 비슷한 수준의 '정신적 레벨'이기 때문이다.</u>

내 친구 중에는 무용을 전공한, 상당히 미인인 친구가 있다. 당연히 그녀의 주위에는 관심을 보이는 남자도 많았다. 그녀의 집안 형편도 좋은 편이었고, 그녀 자신도 꽤 좋은 직업을 가지고 있었다.

그녀와 안 지 3년이 되어가는 동안 나는 그녀의 독특한 이력도 전해들을 수 있었다. 그녀는 혼자서 티베트 지역을 여행하기도 했고, 대학원 시험에 합격했다가 입학을 포기한 적도 있었다. 기업 경영인에 재벌 2세, 마지막에는 영화감독을 남자친구로 사귀기도 했다. 영화감독과 사귄 이유에 대해 "아무래도 내 안에 있는 문화예술의 끼를 거스를 수가 없나 봐."라고 말하기도 했다. 그 남자들도 모두 집안 형편이 좋았고, 그들 자신의 수입도 높았다.

나는 조금 약이 올라서 일부러 그녀에게 도발하듯 말하기도 했다. "그래, 너의 그 끼는 불치병이라서 2년만 지나면 네 남친에게 전염될지도 몰라."

그녀는 남자친구와 사귀는 기간이 대단히 짧았다. 어떤 때는 몇 달 못 본 사이에 남자친구가 여러 번 바뀌어 있는 때도 있었다.

그렇다고 해서 그녀가 매번 쉽게 헤어지는 것은 아니었다. 나는 그녀가 이별 후에 얼마나 가슴앓이 하는지 숱하게 지켜보았고, 그때마다 얼른 괜찮은 남자가 나타나 그녀를 다시 일으켜 세워주기를 바랐다.

그리고 마침내, 그런 남자가 나타났다!

한때 그녀는 나에게 이렇게 말한 적이 있었다.

"나를 잘 붙들어줄 수 있는 사람이면 좋겠어. 격이 맞는 신분이라면 더 좋고."

"네가 전에 만난 그 남자들이라면 충분히 격에 맞지 않아?"

"그런가? 그런데… 그 남자들과는 어딘가가 좀 맞지 않았어."

"어디가 어떻게?"

그러자 그녀는 고개를 휘휘 저으며 귀찮다는 듯 말했다.
"글쎄…. 말하자면 너무 길어."

다시 얼마간의 시간이 흘렀을 때 모임에서 만난 그녀는 무언가에 감정이 격해져서 펑펑 울기 시작했다. 그리고는 "남자는 다 쓸모없어!"라고 말하기도 했다.

나는 혹시 그녀가 너무 까다로운 것은 아닐까 생각하기도 했다. 그러나 나 혼자 아무리 궁리해봐야 자세한 내막을 알 수 없었다.

나중에야 나는 그녀가 작년부터 이공계 계통 출신의 한 남자와 사귀기 시작했다는 사실을 알게 되었다. 지금은 한 회계사무소에서 일하고 있다는 그는 아침 9시부터 오후 6시까지 숫자 다루는 일을 하는 사람이었다.

그 이과남은 부모님이 보태주신 돈과 자신의 대출금을 합쳐 24살에 처음으로 자신만의 집도 장만했다. 그러나 그후 매달 대출금을 갚느라 외국여행 한 번 가본 적이 없고, 발렌타인 데이가 무슨 날인지도 모른 채 살아왔다고 한다.

"그 남자는 하는 말마다 구구절절 옳은데, 듣고 있다 보면 조금 지루할 때가 있어."

"그런데 왜 만나는 거야?"

<u>"나는 그동안 격이 맞는 것을 사회적 신분으로만 생각했거든. 그런데 지금은… 정신적으로 격이 맞는 게 더 중요하다는 걸 알게 됐어. 사실 이 남자와 있으면 굉장히 편안해. 굳이 감추거나 포장해야 할 것이 없고, 억지로 뭔가를 이해하려고 애쓸 필요도 없거든."</u>

나는 그녀가 그렇게 이과남에게 가버려서 조금 아쉬운 마음

도 들었다. 이제는 그녀가 문화예술계가 아닌, 이과의 세계로 편입돼버린 것만 같았기 때문이다.

그녀의 결혼식 당일, 그녀의 자유분방함을 상징하던 노란색 머리카락이 까맣게 바뀌어 있는 것을 발견했다. 혼인의 전당에 들어서는 사람은 그 전과는 다른 존재로 변모하는 걸까. 나는 며칠 뒤, 위챗을 통해 그녀에게 물었다.

"왜 꼭 그 남자여야 했던 거야?"

"후훗, 그게 그렇게 궁금하니?"

"그 남자 지루하다며!"

"착실하고 좋은 사람이야. 나처럼 독서와 여행도 좋아하고. 함께 있으면 정말 편안해."

그날 나는 조금 충격을 받은 동시에, 어딘가 허를 찔린 느낌이었다. 그렇다, 결혼은 연애와 다르다. 지루하기만 하다면 연애하기 힘들 수 있지만, 함께 있어서 편안하다면 충분히 결혼을 할 수도 있다.

연애와 결혼이 이토록 다른 것이라면, 결말을 이미 염려하고 걱정하며 움츠러들 필요도 없는 것이 아닐까.

'이 사람과 결혼까지 가지 않으면 어떡하지?'

'우리 사이가 어정쩡한 지점에서 멈춰버리면 어떡하지?'

서로 좋아한다면, 그냥 그 마음만으로 사랑해도 된다. 계속 그립고 생각이 난다면, 그 마음을 고백하면 된다. 지금 가장 사랑하는 사람과 마음을 다해 연애하고, 가장 편안하게 느껴지는 사람과 기꺼이 결혼하면 된다. 여러 면에서 서로 격이 맞아야 하겠지만, 가장 중요한 것은 정신적인 격이라는 것도 잊지 말아야 할 것이다.

그러니 지금 하고 있는 연애에 대해 미리 결말을 염려할 필요는 없다고 말하고 싶다. 가장 사랑하는 사람과 가장 편안한 관계로 나아갈 수 있으면 되는 거니까.

3-07

결혼은
자극적인 사랑의 무덤

　가난한 농촌 출신이었던 다웨이(大衛)는 스무 살에 군에 자원 입대한 뒤 스물두 살에 전역했다. 고향으로 돌아간 그는 택시운전을 하며 살아가기 시작했다. 그런데 이때 어머니는 "나도 스물두 살에 결혼해서 스물세 살에 널 낳았어."라며 그에게 결혼을 재촉하기 시작했다. 부모님의 기준에는 스물두 살이 딱 결혼할 나이였던 것이다. 다웨이는 어릴 적부터 부모님 말씀을 잘 듣는 온순한 아이였다. 이번에도 그는 부모님 말씀을 따르기로 했다. 문제는 신붓감을 구하는 일이었다.

　다웨이는 그때까지 연애를 해본 적이 없었다. 고3때 한 여학생을 좋아한 적이 있지만, "공부는 안 하고 연애나 한다"며 담임선생님에게 혼이 난 뒤로는 그 여학생에 대한 마음도 접었다. 어머니는 "이웃에 있는 샤오장(小章)이라는 아가씨가 참하고 착실하다던데, 너랑 나이차도 많지 않으니 한 번 만나보지 않을래?"라고 물었다.

　다웨이가 대답을 하기도 전에, 어머니는 이미 샤오장이라는 아가씨의 집에 전화를 걸고 있었다.

다음 날 두 사람은 다웨이의 집에서 처음 만났다. 샤오장은 한눈에도 성격이 차분한 데다 교양과 기품이 있어 보였다. 두 사람은 첫눈에 서로에게 반했고, 한달 정도 사귀다가 곧 결혼했다. 결혼식은 성대하게 치러졌다. 온 마을의 이웃, 친척들이 모여 어린 신랑신부의 백년가약을 축하해주었다.

결혼한 그 해에 샤오장은 건강하고 귀여운 아기를 낳았다. 모든 일이 그렇게 순조롭게 흘러가고 있었다. 이제부터는 세 식구가 행복하게 살아갈 일만 남은 것 같았다. 그런데 바로 이때부터 다웨이는 결혼 생활에 염증을 느끼기 시작했다.

다웨이는 어느 날 술에 취했는지 흐트러진 몰골로 나에게 와서 결혼 생활의 괴로움을 토로했다. 나는 그가 하는 이야기를 하나하나 귀 기울여 들어주었지만, 무슨 말을 해주어야 할지 알 수 없었다.

그의 아내는 나무랄 데 없이 집안 살림을 꾸리는 현모양처였다. 그러나 집 밖에서는 아무것도 할 줄 몰랐다. 그는 늘어난 식구의 생계를 혼자 다 책임져야 한다는 사실이 이렇게 두려운 일인지 몰랐다고 말했다. 첫눈에 반했던 사랑스러운 여자가 지금은 그저 살아 있는 가구처럼 느껴진다고 했다. 그는 매일 열 시간 넘게 택시운전을 하고 있었다. 집으로 돌아갈 때쯤이면 피로와 스트레스가 극에 달해 있었다. 그는 옷을 갈아입는 것도 귀찮아 그대로 쓰러져 잠들어버리기 일쑤였다. 아내는 하루 종일 땀 냄새밖에 나지 않는 남편, 귀가하자마자 TV만 보거나 그대로 쓰러져 자버리는 남편을 도저히 견딜 수가 없었다.

흔히 "결혼은 사랑의 무덤"이라고들 한다. 어째서 사랑의 아름다움을 말하는 사람은 많은데, 결혼의 낭만을 말하는 사람은 없을까? 아마도 결혼 생활이라는 것이 그 대부분을 이루는 생계와 살림으로 인해 낭만의 언어가 파고들기 어렵기 때문일 것이다.

나는 그에게 도움이 될지 안 될지 알 수 없는 작은 위로의 말을 건넸다.

"원래 결혼하고 나면 낭만적인 감정은 줄어든다고 하잖아. 지금 네가 겪는 변화도 다 정상적인 과정일 거야."

"아니, 단순히 그런 것 때문에만 힘든 게 아냐."

다웨이는 택시기사 수입만으로는 도저히 생활을 책임지기 어렵다고 판단, 한 신생 기업에 잡무보조로 취직했다. 그 회사의 대표는 매우 유능하고 나이는 다웨이보다 조금 많은 W라는 여성이었다. 그녀는 젊은 나이에 창업으로 성공할 만큼 수완도 좋고 돈도 많은 골드미스였다. 더욱이 그녀는 다웨이에게 호감도 품고 있는 것 같았다. 그녀는 자신이 참석하는 주요 외부회의에 항상 다웨이를 동반하고 다니면서 여러 사람들에게 소개하기도 했고, 다웨이가 늘 똑같은 옷만 입는 게 안쓰럽다며 유명 브랜드의 고급 수트도 여러 벌 사주었다.

W와 함께 외부회의에 참석할 때마다 다웨이의 공식 직함은 '비서'로 바뀌었다. 그러나 대표 사무실에서 그녀는 자주 다웨이의 손목이며 팔뚝을 잡았다. 그녀는 다웨이의 힘 있는 팔근육을 좋아했다.

W는 뭔가 뜻대로 풀리지 않는 일이 있으면 다웨이에게 허심탄회하게 털어놓았고, 그때마다 다웨이는 재미있는 이야기로 그녀의 기분을 풀어주었다. 다웨이는 나에게 "그녀가 있다고 생각하면서 출근이 즐거워졌어."라고도 말했다. 그는 집에

있는 시간이 점점 줄었고 W와 단둘이 함께 있는 시간은 늘어갔다.

하루는 퇴근 후 직원들과 함께 단체 회식을 하던 날이었다. 양주 같은 독한 술이 몇 잔 돌고 나니 다들 정신을 가누지 못했다. 직원들은 몽롱한 술기운 속에서 분위기를 돋운다며 게임을 하기 시작했다.

처음 게임에서 진 사람은 다웨이였다. 직원들은 벌칙으로 다웨이에게 부인에게 전화해서 "사랑해"라고 말하라고 했다. 다웨이는 할 수 없이 휴대폰을 꺼내들었다. 그때가 밤 10시 반이었다.

다웨이가 번호를 누르자 휴대폰 너머에서 졸린 목소리가 들려왔다.

"여보세요?"

다웨이는 자다 일어났을 아내에게 미안하다는 생각이 들었다. 그러나 당장의 상황을 벗어나기 위해 서둘러 벌칙부터 수행했다.

"사랑해, 여보."

직원들은 자지러지게 웃으며 소리를 질렀다. 부부의 애정이 부럽다는 건지 상황이 재미있다는 건지 알 수 없는 환호였다.

휴대폰 너머에서는 다시 아내의 잠긴 목소리가 들려왔다.

"응, 그런데 몇 시에 들어와?"

다웨이는 그날 조금 충격을 받았다. 비록 게임 벌칙으로 한 말이었지만 "사랑해."라는 말을 듣고도 "응."이라고 대답하다니. 그리고는 바로 "언제 들어오느냐"니. 이 여인은 대체 무슨 감정을 가지고 살아가는 걸까?

다웨이는 전화상으로 대답하지 않고, 자리에서 바로 일어나 집으로 갔다.

W는 자주 다웨이에게 "당신이 이혼하고 나와 결혼만 하면 당신과 아이들은 내가 잘 보살펴 주겠다. 당신이 원하는 거라면 뭐든 다 해줄 수 있다."는 뉘앙스의 말을 했다. 그때마다 다웨이는 이미 해버린 결혼이 후회되기까지 했다.

'난 이제 겨우 스물네 살인데, 언제까지 이 지겨운 결혼 생활을 견디기만 하면서 살아야 하지?'

사실 다웨이는 수트 입는 것을 별로 좋아하지 않았다. 그러나 W의 요구 때문에 매일 다른 수트로 갈아입고 출근했다. 고급 수트를 차려 입고 보니 택시기사 시절의 그와는 전혀 다른 사람 같았다. 그 자신도 "태어나서 이렇게 잘난 사람들을 많이 만나보고 살기는 처음"이라고 말한 적도 있다.

하루는 회사에서 업무 성과를 바탕으로 우수 사원을 평가, 발표하는 날이었다. 다웨이가 나름대로 성실하게 일해온 건 사실이지만, 이 평가는 사실 회사 대표의 주관적인 의견이 가장 많이 반영되었다. 결국 우수 사원은 다웨이로 선정되었다. 곧 그에게 축하연 장소를 알리는 공지가 왔다. 그는 기쁜 마음으로 공지문에 적힌 레스토랑으로 갔다. 그런데 막상 도착해 보니, 레스토랑에는 딱 두 자리만 예야돼 있었다.

그는 W와 단둘이 앉아 축하 식사를 대접받았다. 축하연이라기보다 흡사 데이트 같았다. 주문한 레드 와인을 몇 잔 마시고 나니, 처음의 어색했던 말투도 한결 부드럽고 따뜻해졌다.

그때 W가 다웨이에게 말했다.

"참, 얼마 전에 새로 사준 그 옷은?"

"편하게 갈아입고 나오느라 옷은 회사에 두고 나왔어요."

그 말을 들은 순간, W의 표정은 차갑게 변했다.

"내가, 그 옷을 왜 사준 거라고 생각해?"

다웨이는 뭐라고 대답해야 할지 알 수 없었다.

W는 눈을 내리깔고 스테이크를 썰면서 짧게 말했다.

"당장 갈아입고 와."

다웨이는 바로 자리에서 일어나 회사로 갔다.

귀찮은 노릇이었지만 어쩔 수 없었다. 그 옷은 W 자신의 기쁨을 위해 다웨이에게 사준 것이었으므로. 자신이 사준 새 옷으로 갈아입고 온 다웨이를 본 W는 다시 따뜻한 미소로 돌아왔다.

다웨이는 나에게 여기까지 이야기하는 동안에도 자신이 실상 바람을 피우고 있다고는 전혀 생각하지 않는 것 같았다.

다웨이가 W와의 관계를 아름다운 사랑으로 묘사하려 들수록 나는 더욱 더 반감만 들었다.

"난 처음부터 잘못된 선택을 했던 것 같아. 너무 외로워서였을까. 인생에서 처음으로 여자를 만나자마자 너무 빨리 결혼해버렸고, 결혼한 뒤엔 또 얼마 안 돼서 아이가 태어나버렸지. 그런데 그제야 이건 내가 원했던 삶이 아니라는 생각이 드는 거야. 교양 있고 점잖으신 장모님, 화 한 번 내지 않는 착한 아내, 앞으로 수십 년은 갚아야 할 주택대출금, 매달 쌓여만 가는 생활비 대출…. 난 이 모든 것에서 벗어나고 싶다는 마음밖에 안 들어. 할 수만 있다면 결혼 전으로 돌아가고 싶어. 처음부터 틀린 선택이었다면 이제라도 빨리 끝내는 게 맞지 않을까, W와 함께 산다면 지금보다는 훨씬 숨통이 트이지 않을까, 그런 생각이 들 때도 많아. 샹룽, 너라면 어떻게 할 것 같아?"

종이로는 영원히 불꽃을 덮을 수 없는 법이었다. 다웨이의 아내는 늦은 시간까지 일하는 남편에게 밤참을 챙겨주러 회사에 갔다가, 남편이 다른 여자와 끌어안고 있는 모습을 보고 말았다. 그녀는 곧바로 집으로 돌아와 멈추지 않는 눈물을 꾹꾹 삼켰다. 다음 날까지도 그녀는 남편에게 아무런 내색도 하지 않았다. 그리고는 곧바로 외부에 따로 집을 얻고 아이를 데리고 나갔다. 남편의 집에는 편지 한 통만 남겼다.

"여보, 어제 모든 걸 알게 됐어. 당신이 돌아오기만 하면 난 지난 일에 대해서는 아무것도 묻지 않을 거야. 선택은 당신이 해."

다웨이는 하룻밤 사이 수십 년은 늙어버린 것 같았다. 그는 피가 마르게 혼란스럽기만 했다. 한쪽에는 이제껏 당연하게 자신의 곁을 지켜온 가정이 있었고, 다른 한쪽에는 손쉽게 손에 쥘 수 있을 것 같은 물질적 풍요가 있었다.

아내가 편지 한 통만 남기고 사라져버리자, 다웨이는 예상치 못한 충격과 상실감에 털썩 주저앉았다. 등불이 항상 켜져 있으면 누구도 그 등불을 의식하지 않지만, 깜깜한 밤에 갑자기 등이 꺼지면 그제야 등이 얼마나 중요한 것이었는지 깨닫는 것과 비슷했다.

다웨이는 하루아침에 휑하니 변한 집 안을 둘러보았다. 집 안 곳곳의 모든 물건에 아내의 기운이 배어 있었다. 그 모든 것은 또한 두 사람이 함께 살아온 세월을 품고 있었다.

나는 정신과 의사는 아니지만, 많은 고통이 너무 많은 선택지에서 비롯되는 것을 수없이 보아왔다. 선택지가 '하나'일 때는 그걸로 충분히 좋은 것이었는데, 선택지가 '둘'이 되는 순간 괴로움이 복잡하게 얽히기 시작하는 것이다. 자유와 사랑을 택할 것인가, 가정으로 돌아가 충실하게 살아갈 것인가.

나의 대답은 간단하다. "둘 중 더 사랑이라고 여겨지는 것."
다웨이는 분명 나의 좋은 친구다. 그러나 나는 일찍 결혼한 친구들이 대부분 다웨이와 비슷한 문제를 겪는 것을 볼 수 있었다. 인생의 짐이 본래 고단하기 때문인 걸까, 그저 잠시 헛된 가상에 눈이 멀었던 걸까, 아니면 그냥 결혼 전의 독신 시절이 그리운 것일 뿐일까.

나는 다웨이에게 이런 이야기를 들려주었다.
결혼한 뒤 부쩍 지겨움을 호소하던 친구가 있었다. 그녀의 남편은 성실하고 그녀에게도 자상했지만, 그녀는 매일 똑같이 흘러가기만 하는 생활이 숨 막히게 느껴졌다. 그러던 어느 날, 그녀는 자신의 무미건조한 일상에 파문처럼 다가오는 한 남자와 외도에 빠지고 말았다. 그 남자도 그녀를 열렬히 사랑했기에 그녀는 남편과 결판을 내기로 했다.
결국 그녀의 남편이 물러나면서 그녀의 결혼 생활은 빠르게 종지부를 찍었다. 이전의 결혼 생활이 끝나자마자 새로운 결혼 생활이 시작되었다. 그녀는 '남들이 뭐라 하건 이건 나의 삶'이라고 생각하며 새로운 사랑의 불길 속으로 거침없이 뛰어 들었다.
그러나 갑자기 타오른 불길은 사그라들기도 쉬웠다. 사랑만 해도 되었던 관계에 생활의 책임이 끼어들자 남는 것은 상대에 대한 의존과 원망뿐이었다. 아니, 실은 처음부터 그것이 그 관계의 본질이었는지도 모른다.
1년이 지나자, 그녀는 새로운 결혼 생활도 지겨워지기 시작했다. 그녀는 또 다시 닫힌 일상에서 벗어나게 해줄 탈출구를 찾아다녔다. 그제야, 그녀는 자신의 원래 배우자가 지루한 사람이어서 결혼 생활이 지루한 게 아니었다는 걸 깨닫게 되었다. 지루한 것은 다름 아닌 그녀가 이어가던 결혼 생활 그 자체였고, 그녀는 단지 사랑의 자극을 찾아다닌 것일 뿐이었다.

관계의 실체를 깨닫기 시작한 것은 그녀의 새 남편도 마찬가지였다. 불륜 관계일 때의 짜릿한 자극이 사라지자, 남은 것은 여느 가정에나 존재할 법한 지극히 평범한 일상뿐이었다. 진정한 사랑인 줄만 알았던 감정이 사라진 자리는 빠르게 환멸과 불만으로 채워졌고, 두 사람은 또 다시 이혼했다.

나는 여기까지 이야기하고 나서 다웨이에게 말했다.

"넌 이들이 왜 이렇게 됐다고 생각해? 이들은 결혼이 연애와는 다를 줄 몰랐던 거야. 아마 이들은 앞으로도 계속 격정적인 사랑만 찾아다닐지도 몰라. 결혼한 뒤에 이어지는 담담한 생활을 견디지 못할 테니까."

다웨이는 방금 전까지 자신이 털어놓던 고민은 잊은 듯 내가 이야기한 사연에 대해 한숨을 푹 쉬며 말했다.

"그럼 그 여자는 앞으로도 계속 새로운 사랑을 찾다가, 이 사람이다 싶어 결혼한 뒤에는 또 지겨워져서 새로운 사랑을 찾으려고 하겠구나…. 악순환이네."

"그래. 사람들이 자극을 구하는 방식은 다양하지. 끊임없이 여행을 떠나는 사람도 있고, 다양한 책을 읽는 사람도 있고, 여러 가지 새로운 일을 시작하는 사람도 있어. 하지만 사랑이 자극 추구의 수단이 되어선 안 돼. 결혼 생활을 안정적으로 이어가고 싶다면 방법은 하나뿐이야. 무가치한 쪽의 선택지를 지우는 것."

다웨이는 고개를 끄덕이며 말했다.

"그렇구나…. 게다가 난 어차피 자극을 원했던 것도 아니니까.

 사실 아내는 비싼 물건 한 번 사본 적 없이 알뜰하게 살림을 꾸렸어. 늘 맛있는 것도 만들어주고, 겨울에 따뜻하게 자라고 이불도 미리 덥혀 놓았는데…."

 그렇게 말하는 다웨이의 눈가에는 어느새 눈물이 고였다. 나는 고개를 끄덕이며 그가 하는 이야기를 들었다. 그의 고민은 어느 정도 풀린 것 같았다. 다웨이 부부는 결혼한 지 3년째 되어가고 있었다. 그들은 서로를 사랑하지 않는 게 아니라 서로에게 많이 익숙해진 것뿐이었다. 그는 그런 관계가 사랑이 아니라고 생각했지만, 편하고 익숙한 그런 관계도 실은 사랑이었다.

 그렇다, 결혼 자체는 사랑의 무덤이 아니다. 감정의 자극을 추구하는 사람에게만 결혼이 사랑의 무덤이 되는 것일 뿐이었다.

 다웨이와 다시 만났을 때는 아들이 두 돌을 앞두고 있었다. 그는 아내가 자신을 용서해주었고, 지금은 매일 퇴근하면 가족과 행복한 시간을 보내고 있다고 말했다.

 "이젠 매일 다른 수트로 갈아입지 않아도 돼서 정말 좋아. 지금 입은 옷은 화려하진 않지만, 난 이런 옷이 편하고 좋아."

 그의 삶은 여전히 고단하지만, 전보다는 훨씬 행복하게 살아가고 있었다.

 "참, 지난번에 들려준 얘기, 고마웠어. 그런데 집에 가서 생각하다 보니 조금 궁금해지더라. 그 얘기… 진짜 있었던 일이니, 네가 지어낸 거니?"

 나는 웃기만 할 뿐 대답은 하지 않았다.

그도 웃기만 할 뿐 더는 묻지 않았다.

내 이야기가 진짜인지 아닌지가 중요할까? 아내에 대한 그의 사랑이 진짜이면 된 것 아닐까.

우리는 성장하면서 서로 조금씩 달라져가고 있었고, 한때 공유했던 이상이나 꿈도 더 이상은 공유할 수 없게 된 것이었다. 정확히 언제 어디로 가버렸는지 알 수 없는 한 시절의 감정은 그렇게 나를 떠나 사라져버렸다. 청춘은 원래 그렇게 좌충우돌하는 것이다.

PART 4

젊음의
포장마차

4-01

아버지의 눈물

가족에 대한 이야기는 어떻게 써야 할지 모르겠다. 혹시라도 내가 그들의 감정을 잘못 알고 있는 것은 아닐까, 너무 가볍게 생각하고 있었던 것은 아닐까. 그러나 시간이 너무 많이 지난 뒤에, 가족에 대한 이야기를 차분히 할 수 있게 될 때쯤이면 부모님은 모두 늙어 있을지도 모른다.

그동안 많은 사람들이 나에게 물어온 말이 있었다. 참 자유롭게 살고 있는 것 같은데, 대체 부모님을 어떻게 설득시켰느냐고.

그것은 다름 아닌 사랑, 아버지의 위대한 사랑 때문이었다.

나는 아버지 앞에서 아버지가 위대하다고 말씀드린 적은 없지만, 글로 생각으로 수없이 말하면서 살아왔다. 아니, 실은 글로도 다 쓸 수 없는 말이다.

이렇게 글로 썼으니… 이제는 부모님도 이 글을 보실 수 있기를.

그러나 한편으로 아버지는 이 글을 보지 않으셨으면 하는 마음도 든다. 혹시라도 아버지가 흘릴지 모를 눈물을, 나를 포함해 그 누구도 보지 않기를 바라기 때문이다.

아버지는 군인이셨다. 사관학교를 졸업한 뒤 돈도 인맥도 없었던 탓에 멀리 신장(新疆)에 있는 부대로 가게 되었다. 아버지도 처음엔 눈물을 머금고 떠났지만, 그곳에서 가족을 이룰 수 있었기에 행복하게 웃을 수 있게 되었다.

그렇다, 아버지는 그곳에서 어머니를 만났고 곧 누나와 내가 태어났다.

"군인은 참고 견디는 것이 미덕이다."라는 정책상 당시 군관의 수입은 터무니없이 적었다. 우리집은 자녀가 둘이나 되었던 데다 부모님이 모두 군인이어서 집안 살림이 항상 빠듯했다. 청렴한 군인이었던 아버지는 부대에서 단 한푼도 뇌물을 받거나 횡령하지 않았다. 집에서는 누나와 내가 계속 자라나고 있었다. 할 수 없이 할머니, 할아버지, 외할머니, 외할아버지는 물론 고모와 이모까지 연이 닿는 모든 친척들의 도움을 수시로 받으며 살아야 했다.

신장군구(新疆軍區)에서 재무를 담당했던 아버지는 부대 내에서의 솔선수범과 능력을 인정받아 상부의 행정기관에 발탁되었다. 당시 행정기관 사무실에는 아무도 쓰지 않는 캠코더가 한 대 있었는데, 아버지는 상관의 허락을 받고 그 캠코더를 집으로 가져와 하루 종일 누나와 나를 찍어주었다.

영상 속에서 누나와 나는 어머니의 품에 안긴 채 당시 유행하던 어떤 노래를 부르고 있었다. 가사도 알아듣기 힘들고 멜로디도 제멋대로인 노래였다. 또 다른 영상에서는 부모님이 누나와 나에게 목마를 태워주고 있었는데, 누나는 하하하 웃고 있고 나만 혼자 울고 있었다. 캠코더에는 1991년부터 1994년까지 4년간이 영상이 기록되어 있었다. 신장에서의 생활은 분명 빈궁하고 고달팠을 텐데 나로서는 아무 기억이 없다. 다행히 아버지의 캠코더가 4년 동안의 세월을 기록해두고 있었다.

이 캠코더 안에 우리 가족이 모두 담겨 있지만 아버지만은 담겨 있지 않다. 아버지는 화면 뒤에서 캠코더를 들고 있었기 때문이다. 그러던 어느 날, 나는 우연히 거울을 통해 비친 한 젊은 남자를 볼 수 있었다.

아, 그때만 해도 아버지의 머리는 짙은 흑발이었구나….

빠르게 흘러간 그 시간들 가운데 흰 머리카락은 언제 처음 생겨났을까.

아버지의 부대 내 생활이 모든 면에서 순조로워질 즈음, 누나와 내가 초등학교에 들어갈 나이가 되었다.

아버지는 부대 내 상관에게 타지로의 전근을 요청했다. 이때 상관은 몹시 의아하게 여겼다고 한다. 지금 이대로만 있으면 모든 여건이 안정적인데, 새 부임지로 옮겨가면 기반을 처음부터 다시 다져나가야 했기 때문이다.

<u>그러나 아버지의 결심은 확고했다. 어디까지나 누나와 나의 교육을 위해서였다.</u>

1995년, 나는 여섯 살 되던 해에 아무것도 모르는 채로 낯선 우한(武漢, 후베이성(湖北省) 소재)에서 초등학교에 들어갔다.

십수 년이 지난 후, 누나와 내가 모두 성인이 되고 나서 각자의 자리에서 나름의 역할을 하게 되었을 때 나는 문득 아버지의 당시의 결정에 감사하는 마음이 들었다. 그것은 분명 아버지가 희생을 감수한 결정이었다.

나는 아버지가 눈물 흘리는 모습을 단 한 번도 본 적이 없다. 심지어 힘들고 억울한 일이 있을 때조차 아버지가 누군가를 혹은 무언가를 원망하는 말조차 들어본 적이 없다.

아버지는 언제나 누나와 나에게 타일렀다.

"세상이 아무리 엉망이어도 너희는 항상 마음가짐을 바르게 하고 있어야 해."

"때로 소인배가 득세하는 것처럼 보이더라도 그런 건 그냥 무시하고 살아가거라."

"세상 모두가 너희를 배반하고 기만하더라도 너희는 그냥 자기 일을 잘 하면서 살아가면 되는 거야. 남을 원망할 필요도, 자신을 다그칠 필요도 없단다."

누나와 나는 이렇게 아버지의 꿋꿋하고 용기 있는 말을 들으면서, 긍정적인 영향을 햇빛처럼 받으면서 자랐다. 나는 나에게도 누군가에게 긍정적인 영향을 미칠 수 있는 힘이 존재한다고 믿는다. 이런 믿음 또한 아버지에게서 받은 영향이다.

아버지는 신문이나 책에서 본 좋은 문구가 있으면 큰 소리로 외치는 것을 좋아하셨다. 나는 누나와 내가 이런 환경에서 자랄 수 있었던 것도 아버지가 우리에게 주신 커다란 선물이라고 생각한다.

아버지는 새 부임지에서 이해할 수 없는 일들을 많이 맞닥뜨렸다. 아무런 능력도 없는 사람이 아버지보다도 빠르게 승진하는 광경을 허다하게 보았다. 그럴수록 아버지는 더더욱 일에만 몰두했다.

바로 어제 발표한 승진자 명단이 어떻게 다음날 바로 완전히 바뀔 수 있는지도 이해할 수 없었다. 그럴수록 아버지는 더

더욱 일에만 몰두했다.

사실 중국 사회에서의 모든 조직에는 일종의 불문율 같은 잠재규칙(潛規則, 겉으로 내세우는 도덕관념이나 명분과 달리, 공개적으로 드러나지 않지만 중국 사회에서 암암리에 작동되는 숨겨진 부패구조 - 옮긴이)이라는 것이 존재했다. 그러나 아버지는 그런 것을 전혀 알지 못했고 이용할 줄도 몰랐다. 아버지는 언제나 누나와 나에게 이렇게 말씀하셨다.

"설령 남들이 너희를 실망시키거나 해를 입히는 일이 있더라도, 너희는 절대 너희 양심에 어긋난 일을 해서는 안 된다."

결국 아버지는 내가 고등학교에 들어가던 해에 전역을 결정하셨다.

그때는 그래도 아버지가 나이도 지위도 높은 편이었기 때문에 부대 내에서도 위신이 있었고, 외부로 나갈 때는 수행 인원과 차량이 제공되던 때였다.

아버지로서는 한평생을 바칠 줄만 알았던 부대를 떠나고 나니, 상실감을 느끼셨을 것은 물론 세상은 전부 낯설기만 하셨음이 분명하다. 아버지는 그렇게 갑자기 새로운 삶을 시작하게 되었다. 나는 이 시기의 아버지를 가까이서 지켜보면서 또 깨달았다. 이 세상에는 영원히 안정적이라 할 만한 삶은 없다는 것을, 매일의 끊임없는 노력과 발전만이 삶을 흔들리지 않게 지탱시킨다는 것을.

그 시절 내가 아버지에게서 느꼈던 가장 존경스러웠던 부분은 아버지가 얼마나 높은 직위에 올라 얼마나 많은 돈을 벌었는가 하는 것에 집착하지 않으셨던 점이다. 아버지는 끊임없이 새로운 것을 배우고 새 길을 개척하는 삶의 자세를 지니셨던 분이다.

그때부터는 아버지가 자주 외치는 구호도 바뀌었다.

"영원한 노력, 끊임없는 개척!"

삶의 틀이 갑작스럽게 뒤바뀌었지만, 아버지는 집에서 한가하게 소일만 하지 않으셨다. 매달 여전히 돈도 벌어오셨다. 전역한 다른 동료들은 주로 집에서 TV를 보고 있다고 했다. 그들은 "반평생 고생했으니 이제 좀 쉬어야지."라고 말했다. 그러나 아버지는 군대와는 아무 관련이 없는, 보험회사에 들어가 새로운 일을 시작하셨다.

조금씩 지위가 높아지는 군 생활을 수십 년 하다가 그 자리에서 내려와 갑자기 사람들에게 고개를 숙이며 무언가를 파는 일을 한다는 것은 보통의 결단으로는 내릴 수 없는 선택이었다. 그러나 그 선택을 기꺼이 감내하기로 한 것은 다름 아닌 가족의 생계를 위해서였다.

그 시절에도 나는 아버지가 누군가를 원망하거나 괴로움을 토로하는 모습을 단 한 번도 본 적이 없다.

아버지는 공부를 시작한 지 한 달만에 매우 높은 점수로 보험설계사 자격시험에 합격했고, 얼마 지나지 않아 운전면허 시험에도 합격했다. 그리고 그해에 본격적으로 인터넷도 배우기 시작했다.

몇 년 후, 나는 누나에게 "나는 아버지의 학습 능력을 잘 물려받았는데, 누나에게는 유전이 안 됐나 봐."라고 누나를 놀리다가, 그 자리에서 보기 좋게 한 대 얻어맞았다.

지금 나이가 얼마이든 끊임없이 무언가를 배우고 노력하는 한 그 사람은 젊다.

내가 학교에서 집으로 돌아올 때마다 아버지는 항상 책을 읽거나 글을 쓰고 계셨다. 그리고 가끔은 나에게 이런 말씀을 하셨다.

"사람은 자기 마음과 대화를 나누어야만 자신이 진짜로 원하는 게 뭔지 알 수 있거든."

대학 입시를 준비하던 1년 간, 누나도 나도 서로에게 지지 않으려고 눈에 불을 켜고 열심히 공부했다.

나는 베이징의 사관학교에 합격했고, 누나도 나쁘지 않은 성적으로 대학에 합격했다. 아버지는 베이징으로 떠나는 나를 배웅하며 "가서 억울한 일을 겪더라도, 부대 내에서 함부로 충돌을 일으켜서는 안 된다."고 신신당부했다.

군사훈련은 입학 첫 날부터 시작되었다.

나는 괴로워서 죽을 것만 같았다. 아버지에게 "고향으로 돌아가고 싶다."는 문자메시지를 보내기도 했다.

그러나 아버지는 "우는 소리 하지 마라."고만 하셨다.

2년 뒤, 나는 자퇴를 선택하고 사관학교를 떠났다.

아버지는 "그때 그렇게 네 등을 떠미는 게 아니었는데…"라며 후회하셨다. 대입 원서를 쓰던 그해, 아버지는 내가 뭘 원하는지 묻지 않으셨다. 아버지 자신이 못다 이룬 꿈을 내가 성대히 이루어주기만 바라며, 내 어깨에 아버지의 청춘의 꿈을 지웠다.

"널 지금껏 먹이고 입히고 공부시켜준 세월이 얼만데!"

자식이 학업을 중단하겠다는 선택을 기꺼이 반겨줄 부모는 없을 것이다. 하물며 규율과 명령의 세계에서 수십 년을 살아온 부모라면 더더욱.

또한 많은 부모들이 부모 자신이 바라는 삶과 자녀 스스로 바라는 삶을 냉정하게 구분하지 못한다. 그래서 부모들은 그들 자신이 못다 이룬 젊은 날의 꿈을 자녀에게 기대하고, 자녀의 어깨에 무거운 짐을 지워버리곤 한다. 내가 자퇴를 고민하던 그때 아버지는 직접 학교로 찾아오기도 했고, 누나를 보내 나를 설득시키기도 했다.

그러나 <u>내 결심은 완강했다. 나는 내 힘으로 삶을 바꾸어나갈 자신이 있었고, 더는 한줌의 인생도 낭비하고 싶지 않았다.</u>

그러던 어느 날, 내 전화기에 아버지에게서 온 문자메시지가 떴다.

"그래, 자퇴하고 나서는 뭘 하며 살 생각이냐?"

나는 바로 답장을 보내지 않았다. 대신 장문의 편지를 썼다. 그 안에, 내가 바라는 삶과 자유에 대한 갈망도 썼다.

내 편지를 다 읽은 아버지는 한숨을 푸욱 내쉬고는 내 결정에 동의해주셨다.

그때의 아버지가 느꼈을 상심을 나는 충분히 이해한다. 아버지는 이제 다른 어디에 가서도 "내 아들도 내 뜻을 이어 사관학교에 다니고 있다."고 자랑스럽게 말할 수 없게 되었다. <u>그러나 그런 내 결정이 나를 더욱 굳세게 성장시키리라는 사실도 이해해주셨다.</u> 그 결정으로, 나도 성장했지만 부모님도 성장했으리라고 믿는다. 진실로 그렇다.

다행히 나도 결과적으로 부모님을 실망시키지 않을 수 있었다.

얼마 후 아버지는 다른 것으로 나에 대해 자랑스럽게 이야기할 수 있게 되었다.

"우리 아들이 이번에는 책을 냈어."

"우리 아들이 이번에는 영화를 만들었어."

학교 울타리 밖에서 다시 시작된 베이퍄오 생활은 쉽지 않았다. 하지만 이제부터는 나만의 길을 열어갈 수 있다는 희망적인 꿈에 부풀기도 했다.

물론 반년 정도 감당하기 힘든 집세를 부담하고 나니, 다리가 후들거릴 때도 있었다. 아, 삶이란 건 왜 이렇게 고행일까!

그때 내 사정을 눈치챈 아버지가 뭔가 도움을 주고 싶어 하셨다. 그러나 내가 자존심상 돈은 받을 것 같지 않다고 느끼셨는지 신용카드를 한 장 내밀었다.

"한도는 한달에 3500위안(약 60만 원)이다. 필요할 때 알아서 쓰렴."

"전 이거 못 써요."

"아예 받지도 않겠다는 거냐?"

그런데 얼마 후 나는 붐비는 지하철역을 빠져나오다가 휴대폰을 잃어버리고 말았다. 휴대폰에 저장된 전화번호부까지 잃어버린 탓에 나는 할 수 없이 내가 기억하고 있는 유일한 전화번호로, 아버지에게 전화를 걸었다.

그때 문득, 내가 이렇게 제멋대로 과감하게 뭐든 할 수 있었던 데는 아버지의 보호와 지지가 있었기 때문이라는 사실을 깨달았다.

그날 전화로 아버지에게 당장 맞닥뜨린 어려움과 베이징에서의 고단한 생활에 대해 털어놓는데 나도 모르게 눈물이 뚝뚝 떨어졌다.

뜻밖에도 아버지는 헛웃음을 지으며 "전에 준 그 신용카드로 우선 전화기부터 사라."고 하셨다.

나는 잠시 아버지가 너무 덤덤하셔서 의외였지만, 곧 눈물을 닦고 웃으며 대답했다.

"네, 알았어요."

내가 하루하루 자랄수록 아버지는 하루하루 늙어갔다.

나는 베이징에서의 일이 바빠지면서 고향 집으로 내려가는 횟수가 현저히 줄어들었다. 부모님과 전화할 때도 잘 지내냐, 잘 지내요, 이렇게 두어 마디 오가면 끝이었다.

<u>아버지는 살아오면서 한 번도 나에게 힘든 일, 괴로웠던 일, 직업적으로 막막한 순간에 대해 이야기하신 적이 없다. 그런데 이런 무언(無言)이 알게 모르게 나의 등 뒤에서 강력한 심리적 방패가 되어 주고 있었다.</u> 전화상으로 오가는 대화는 언제나 별 말이 없었지만, 아버지와 통화하고 나면 나는 어쩐지 고민이 사라지고 고단함이 덜어진 듯한 느낌이 들었다.

<u>나 자신은 베이징에 홀로 떨어져 살고 있지만, 내 마음의 베이스캠프는 언제나 부모님이 계신 고향의 집이었다. 아버지는 그 집을 지탱하면서 맞닥뜨리는 모든 문제를 혼자 짊어지고 해결해온 것이었다.</u>

아버지는 이 모든 무언의 지지와 도움에도 아무런 보답을 바라지 않았다. 나 역시 그저 내가 내 삶을 잘 꾸려나가는 것 외에, 다른 어떤 보답의 방법이 있는지 알지 못했다.

마침내 이러저러한 노력 끝에, 나는 학교의 문을 벗어난 뒤에 강사가 되는 데 성공했다. 조금 더 시간이 흐른 뒤에는 영화도 만들고 책도 쓰게 되었다.

영화 시사회가 열리던 날, 아버지는 아들의 영화 시사회장이 썰렁하기라도 할까 봐 부대에서 함께 일하던 동료들을 잔뜩 데리고 오셨다. 영화가 끝나자 아버지는 멀리 뒷자리에서 박수를 치며 환호했다. 아버지는 그날 함께 온 동료들에게 거하게 밥을 사면서 그날 1만 위안(약 167만 원)이나 썼다고 한다. 아마도 아들 자랑을 하고 싶은 마음이었을 것이다.

그날 누나와 만나 같이 집으로 돌아가던 길에 누나는 이런 말도 했다.

"하루는 아버지가 귀가하자마자 바로 돌아서서 서점으로 가신 적이 있어. 그런데 아무리 찾아도 네 책이 안 보였나 봐. 그날 점원에게 '내가 보려고 하는 책이 있는데 왜 없느냐, 꼭 두 권 이상 갖추어 놔라.' 그러셨대."

아버지는 매일 집에서 인터넷을 통해 내 영화를 검색해서 '영화보기' 버튼을 눌렀다.

"이렇게 해야 뷰 숫자가 늘어나지 않겠어?"

지금은 그때에 비하면 나도 먼 길을 왔고, 이제는 부모님에게 기대어 성장하는 나이도 아니다. 그러나 여전히 뒤에서 묵묵히 지지하고 응원하는 아버지의 존재는 나에게 이루 말할 수 없는 큰 힘이다.

하루는 운전을 하고 공항으로 가고 있는데 갑자기 눈물이 왈칵 쏟아졌다. 국경절 연휴(10월 1일부터 7일까지 이어지는 긴 연휴)에 고향집에 내려갈 때였다.

공항에 도착하니 아버지가 일찌감치 나와서 누나와 나를 기다리고 있었다.

집으로 가니 어머니는 한 상 가득 음식을 차려 놓으셨다. 그 순간, 나는 고향 집에 온 지 너무 오래 됐다는 사실을 새삼 깨달았다.

아버지는 누나와 나에게 "왜 결혼 생각이 없느냐" 재촉하지 않았고, 지금 하는 일에 대해서도 자세히 묻지 않았다. 그저 누나와 나에게 "너희가 자랑스럽다."라고만 하셨다. 그날 밥상에 올라와 있던 홍소육(紅燒肉, 돼지고기 볶음)은 아버지가 직접 만드신 음식이었다. 정말 맛있었다.

그런데 그날 어머니는 무슨 이유에선지 눈가가 붉어졌고, 우리만 웃느라 얼굴이 벌개졌다.

다만 나는 아버지의 표정이 어딘가 조금 이상하다고 느꼈다. 겉으로는 우리와 함께 웃고 있지만, 안에는 뭔가가 숨겨져 있는 듯했다. 이유는 그날 밤에야 알 수 있었다.

나는 몇 년 째 베이징에서 일만 하느라 바빠 집에는 별 일이 없는 줄만 알았다.

그날 밤 나는 잠들기 전에 아버지가 계신 방의 문을 조금 열어 보았다. 방 안을 비추는 불빛 사이로 일기를 쓰고 있는 아버지의 뒷모습이 보였다. 아버지는 그때까지도 일기 쓰는 습관을 유지하고 있었다. 그런데 글을 쓰는 틈틈이 아버지가 눈물을 훔치는 모습이 보였다.

그제야, 나는 할머니가 돌아가셨다는 사실을 알게 되었다. 그날은 누나와 내가 집으로 돌아온 첫 날이라 굳이 슬픈 일을 이야기하지 않은 것이었다.

지난 몇 년간 내가 내 일에만 신경 쓰는 사이, <u>아버지는 집안의 모든 일을 감당하고 책임지면서 누나와 나에게는 "걱정 말라."고만 하셨던 것이다. 꼭 전해야 할 안 좋은 소식이 있으면 최대한 늦게 전했다. 누나와 나의 일을 방해하지 않도록, 조금이라도 더 오래 행복한 시간을 누릴 수 있도록.</u>

그날 밤 나는 밤새 잠을 이루지 못했다.

다음 날 새벽, 나는 퉁퉁 부은 데다 붉게 충혈된 눈으로 일어나 부엌으로 갔다. 일부러 조금 웃어 보면서 얼굴 근육을 풀고는 밥을 하기 시작했다. 방 문의 틈 사이로 아버지가 푹 주무시고 계신 모습이 보였다.

이 세상에서 어머니의 사랑만큼 위대한 것은 없다는 말이 있다. 하지만 아버지의 사랑인들 그렇지 않을까. 조심조심 말없이 보내오는 아버지의 사랑을, 자식은 여간해서는 눈치채기 어렵다. 기차역에서 타지로 떠나는 자식을 전송하는 아버지는 자식의 뒷모습을 보며 미소 짓고 고개를 돌리며 눈물짓는다. 자식은 그런 아버지가 자식을 자랑스럽게 여길 수 있도록 살아가는 것 외에, 무엇을 더 할 수 있을까.

아버지가 더는 늙지 않도록 부디 시간이 천천히 흘렀으면 좋겠다. 나는 모든 노력을 다해 아버지의 남은 인생의 시간을 평안하게 만들어드리고 싶다.

훗날, 아버지는 누나와 내가 사는 베이징의 집으로 와서 함께 살기 시작하셨다.

아버지는 우리와 함께 살면서 집 안에 돌아다니는 빨랫감들을 정리하며 "깨끗하게 좀 살아라."라고 하셨다. 나는 머리를 긁적이며 웃을 뿐이었다.

하루는 아버지 혼자 외출했다가 이 복잡하고 거대한 베이징에서 길을 잃고 만 적이 있다. 걱정이 된 누나는 반나절을 넘게 베이징 곳곳을 찾아다녔다. 그런데 누나를 발견한 아버지는 방금 전까지 길을 잃고 헤매던 표정을 감추고 환한 미소를 지으며 말했다.

"왜 그렇게 걱정스러운 표정이야? 아빠는 이 근처에서 산책 좀 하고 있었을 뿐인데."

누나는 별 말 없이 아버지와 함께 돌아왔다.

그때까지도 아버지는 애써 웃는 표정이었다.

나는 갑자기 눈물이 나려고 했다. 다시 한 번 부모님의 연로함이 느껴지는 순간이었다.

아직 부모님이 마음껏 외출하고 산책할 수 있을 때 최대한 나도 함께 동행하고 싶다.

아직 부모님이 모든 말을 알아들을 수 있을 때 최대한 많이 사랑한다고 말하고 싶다.

이렇게 부모님과 함께 살아가는 동안이라도 최대한 일찍 집에 돌아와 오래오래 집에 머물러 있고 싶다.

4-02

젊음의 포장마차

샤오옌(小炎)과는 고3 때 같은 반이 되면서 알게 되었다.

당시 담임선생님은 반 전체의 성적을 끌어올리기 위해 성적이 좋은 학생과 좋지 않은 학생을 같이 짝으로 앉혔다. 그 과정에서 나와 샤오옌이 서로 짝꿍이 되었다.

새로운 자리로 옮기려고 보니 나는 옮겨야 할 책이 한가득이었다. 반면 샤오옌은 노트 몇 권과 필통 외에는 책상이 텅 비어 있었다. 게다가 내 교과서는 알록달록한 펜으로 필기도 잔뜩 돼 있었는데, 샤오옌의 교과서는 줄 친 흔적도 없이 깨끗했다. 이때까지만 해도 나는 샤오옌보다 내가 공부를 잘하는 학생인 줄 알았다.

한번은 모든 수업이 끝나고 농구를 하러 갈 때였다. 샤오옌이 코를 훌쩍이며 자기도 데려가줄 수 없느냐고 물었다. 그때만 해도 샤오옌이 다른 아이들과 같이 농구를 하기엔 실력 차가 클 거라고 생각했다.

그러나 나는 농구가 끝나자마자, 바닥에 털썩 무릎을 꿇을 수밖에 없었다.

"이럴 수가…. 이 녀석은 농구까지 잘하다니!"

샤오옌은 농구를 마치고도 별 일 아니었다는 듯 코만 훌쩍 거렸다.

대학 입학 시험이 끝났을 때 샤오옌은 매우 우수한 성적으로 화중과기대학(華中科技大學, 후난성 우한 소재)에 합격했고, 나는 베이징에 있는 사관학교에 합격했다. 매년 방학이 되면 우리는 고향의 포장마차에서 만나 회포를 풀곤 했다. 꼬치구이 한 접시를 안주로 시켜놓고, 길바닥에 뻗어버릴 만큼 맥주를 마셨다.

다음 날은 둘 다 너무 속이 쓰렸다. 나는 분명 포장마차의 불결한 위생 때문일 거라고 생각하며 다시는 거기로 가지 말아야겠다고 결심했다. 그날 밤 나는 다른 포장마차에서, 또 꼬치구이를 안주로 시켜놓고 샤오옌과 함께 맥주를 마셨다.

그렇게 한 달여의 짧은 방학이 끝나면 나는 서둘러 부대로 복귀했다. 샤오옌도 학교로 돌아가 공부를 시작했다. 그러던 어느 날, 샤오옌에게서 짧은 문자메시지가 왔다.

"샹룽, 나 여자친구 생겼다!"

그렇게 조용하기만 한 공부벌레에게 여자친구라니, 나는 잘 상상이 되지 않았다.

나는 그에게 농담조의 답장을 보냈다.

"그 여자는 장님하고 바보 중… 어느 쪽?"

"무슨 말을 그렇게 해!"

"너처럼 재미없는 서생을 어느 여자가 좋아하나 궁금해서 그렇지."

그때만 해도 나는 내가 말실수를 하고 있다고 생각하지 못했다. 샤오옌에게서는 이후로 한동안 아무런 연락도 오지 않았다.

사실 샤오옌은 정말 유머 감각이 없는 편이었다. 우리가 서로 이야기할 때도 내가 우스운 이야기를 떠들면, 샤오옌은 잠자코 듣다가 그 이야기를 분석하거나 답을 내놓으려고 하는 식이었다.

그러나 세상의 모든 진실한 사람에게는 그 사람만의 우직한 매력이 있기 마련이다.

샤오옌에게 생겼다는 그 여자친구는 우(嗚) 씨 성을 가진 선배였다.

두 사람은 학원을 다니면서 토플 시험을 준비하다가 서로 옆자리에 앉게 되면서 알게 되었다. 하루는 그녀가 공부를 하다 모르는 것이 있어서 샤오옌에게 물어보았는데, 샤오옌은 마치 중국어를 하듯 유창한 영어로 막힘없이 설명해주었다고 한다.

그녀는 고마운 마음에 술을 사겠다고 제안했고, 두 사람은 거리의 포장마차로 갔다. 그곳에서 그녀는 꼬치구이를 주문하며 샤오옌에게 물었다.

"혹시 몇 학년인지 물어봐도 될까?"

"실은 아까 누나 학생증을 슬쩍 봤는데요, 제가 두 살 어리더라구요."

샤오옌의 말에 그녀는 깜짝 놀랐다.

'이런…. 두 살이나 어린 남자애랑 술을 마시고 있었다니.'

그날 샤오옌은 꼬치구이도 실컷 먹고 술도 잔뜩 마셨다. 그리고 다음 날, 두 사람 모두 복통과 설사에 시달렸다. 그대로 있다가는 죽을 수도 있을 것 같은 고통이었다. 샤오옌은 당장 약을 사들고 선배에게 찾아갔다.

2년 후, 샤오옌은 출국 비자를 받으러 베이징으로 왔다.
그 사이 나는 일을 시작해서 하루하루를 바쁘게 보내고 있었다. 샤오옌을 마지막으로 본 지도 어언 1년이 지나고 있었다. '지금까지도 그 선배와 변함없이 연애를 이어가고 있겠지.'라고 생각했다. 솔로 멍멍이 신세였던 나는 샤오옌이 몹시 부러운 동시에 나 자신이 조금 서글프게 느껴졌다.

샤오옌을 마중하러 공항에 갔을 때였다. 정장 차림으로 나타난 그는 GDP(Gross Domestic Product, 국내총생산) 이야기를 하다가 CPI(Consumer Price Index, 소비자 물가지수) 이야기를 했고, 나는 베이징의 높은 집세와 야오하오(搖號, 베이징의 과도한 교통량 증가를 억제하기 위해 매년 24만 대의 자동차에만 신규 번호판을 부여하는 자동차 번호판 규제 정책)에 대해 이야기했다.

그 순간 문득 우리 둘 다 몇 년 전과는 많이 달라져 있다는 느낌을 받았다. 이런 것도 성장이라면 성장일까. 『어린 왕자』에 나오는 '어른들'처럼 순수하고 아름다운 무언가를 잃어버린 것만 같았다.

샤오옌이 대사관에서 비자 업무를 처리하고 나오자, 나는 마침 궁금한 것을 물어보았다.
"미국엔 혼자 떠나는 거야? 여자친구는?"
샤오옌은 그제야 담담한 목소리로 말했다.
"실은… 한참 전에 헤어졌어."

샤오옌은 미국에서도 꽤 이름 있는 대학의 대학원에서 공부를 하게 되었다. 공부를 마친 뒤에는 미국 안에서 꽤 좋은 일자리를 구했고, 곧 좋은 차도 한 대 샀다. 한 마디로, 미국 내의 전형적인 중산층의 삶을 살게 된 것이다. 가끔은 중국에도 와서 나를 만나고 갔다. 그도 나도 이제는 포장마차의 위생상태보다는 좋은 데서 밥을 먹을 수 있게 되었고, 어디든 마음대로 가서 원하는 걸 하면서 살 수 있게 되었다.

그러나 그동안 멋지고 비싼 음식점에도 많이 가보았지만, 늘 그리워지는 것은 학창 시절에 자주 갔던 그 허름한 포장마차였다.

그날은 샤오옌도 나도 정장을 입고 있었다. 하지만 우리는 누가 먼저랄 것도 없이 길가에 있는 포장마차로 들어갔다. 재킷은 아무데나 던져 놓고, 몇 년 전 그 때처럼 꼬치구이와 함께 맥주를 마시기 시작했다. 바로 옆으로는 도로의 차 지나다니는 소리, 사람들 떠드는 소리로 시끄러웠다. 그러나 우리는 그때까지 짊어지고 있던 현실의 압박을 다 던져버리고, 마음 편히 웃고 떠들며 술을 마셨다.

그런데 연거푸 술잔을 들이켜던 샤오옌이 갑자기 울기 시작했다. 급기야 그는 테이블에 얼굴을 박고 펑펑 울었다. 주위 사람들은 잠시 우리 쪽을 쓰윽 보더니, 아무 일 없던 듯 다시 술을 마시며 떠들기 시작했다. 대도시의 포장마차에서 술 마시다 우는 사람은 흔하디 흔한 존재일 뿐이었다.

샤오옌은 사귀었던 선배의 이름을 부르며 목 놓아 울어댔다. 그는 마구 울며 팔을 휘두르다 맥주병까지 떨어뜨렸다. 맥주병 파편은 그의 바지와 신발에까지 어지럽게 튀었다. 그러나 그는 바지 사이로 배어나오는 붉은 피에도 아랑곳하지 않고 그저 하염없이 울기만 했다.

"제발 날 떠나지 마…. 날 어린애 취급하지 마! 나도 이제 어른이라구…."

가슴 아파하며 우는 그를 보고 있으니 나도 왠지 눈물이 글썽였다. 나는 그가 미국에서 살아온 2년간 줄곧 솔로였다는 것을 알게 되었다.

샤오옌은 울 만큼 다 울었는지 슬슬 고개를 들었다. 얼굴은 눈물범벅에 눈까지 붉게 충혈돼 있었다. 나는 샤오옌에게 물었다.

"너, 그 선배에게 전화할 수 있니?"

샤오옌은 고개를 끄덕였다.

그리고는 바로 휴대폰을 꺼내 익숙한 듯이 번호를 눌렀다. 전화는 걸렸지만 두 사람 모두 아무 말도 하지 않았다.

샤오옌은 다시 훌쩍훌쩍 울기 시작했고, 한참을 울다가 아무 대답 없는 전화기에 대고 말했다.

"미안해…. 그땐 내가 너무 어렸어."

그렇게 말하는 샤오옌은 정말 어린 아이가 된 것 같았다. 계속해서 뚝뚝 떨어지는 눈물 콧물이 옷에, 신발에까지 떨어졌다.

그렇게 계속 울던 샤오옌은 테이블에 다시 얼굴을 박고 그대로 잠들어버렸다. 나는 샤오옌을 들쳐업고 호텔까지 갔다.

그때 샤오옌의 휴대폰이 다시 울렸다. 이름이 뜨지 않는 번호였다. 내가 대신 받았지만 저쪽에서는 아무 말이 없었다.

"안녕하세요, 저는 샤오옌 친구 리샹룽이라고 해요."

"아, 네. 그럼… 샤오옌에게 전해주세요. 행복하게 잘 지내라고…."

시간이 흘러 다음 날이 되었다. 샤오옌은 미국으로 가는 비행기에 몸을 실었고, 나도 베이징에서의 일상을 시작했다.

<u>지난 날 얼마나 아름다운 추억이 있었든, 얼마나 가슴 아픈 일이 있었든, 우리는 다시 현실로 돌아왔고 지나온 청춘과는 작별을 고했다. 청춘은 원래 그렇게 좌충우돌하는 것이다.</u>

우리는 지금도 다시 만나면 "그때 그렇게 개처럼 울었던 일"을 떠올리며 웃는다. 나는 그에게 대체 무슨 일이 있었던 거냐고 물었지만, 그는 끝까지 대답을 해주지 않았다.

"그게 그렇게 궁금하니?"

"그때 네가 너무 힘들어 보여서."

"아무리 힘들었어도 계속 솔로 멍멍이이기만 했던 너보단 나아."

그는 그렇게 말하며 가볍게 웃었다.

샤오옌이 미국으로 떠나기 전, 우리는 다시 그때의 그 포장마차로 가서 술을 마셨다.

샤오옌은 이대로 미국으로 떠나버리기 아쉽다는 듯 꼬치구이를 보며 말했다.

"아…, 이것도 다 여기에 두고 가야겠지?"

"걱정 마. 남은 건 내가 다 싸갈 테니까."

4-03

좌충우돌했던 우정세월

친구란 평소 별다른 연락이 없었더라도 정말로 필요할 때 전화하면 곁에 있어 주는 사람이라는 말이 있다. 필요한 때에 곁에 있어줄 뿐 아니라 별다른 이유 없이도 아무 때나 연락할 수 있는 존재가 친구라고도 생각한다. 절교한 친구더라도 늦은 밤 문득 전화해서 울며 미안하다고 말할 수 있다면 그 또한 여전히 친구일 것이다.

이 이야기는 벌써 5년도 더 된 일이라 어떻게 써야 할지 잘 모르겠다. 게다가 그날 밤 갑자기 걸려온 전화 때문에 되살아난 감정이다. 결말이 조금 이상할 수도 있지만, 때로는 불완전한 결말이 더 오래 가슴에 남기도 한다. 세월이 흐르면서 우리는 성장하고 어떤 추억은 조용히 그리움만 남긴다.

'원숭이'는 나의 고등학교 때 친구다.

엄밀히 말하면, 같이 고등학교를 다녔던 동창은 아니다. 그는 학업성적이 좋지 않아 고입 시험에서 떨어졌기 때문이다. 나와 만났을 때는 다시 한 번 고입 시험을 준비 중인 재수생이었다. 재수생이라고 하지만 그 뒤로도 고등학교엔 들어가지 않았으므로 수 년째 중졸인 채로 학생도 무엇도 아닌 어정쩡한 신분이었다.

당시는 마침 홍콩의 《고혹자(古惑仔)》 시리즈(길거리에서의 싸움과 우정, 의리, 복수 등을 소재로 한 액션 영화 시리즈로 90년대 중후반에서 2000년대까지 큰 인기를 끌었다. 이 '고혹자' 시리즈 중 한 편의 제목이 '우정세월'이다. - 옮긴이)가 선풍적인 인기를 끌고 있었다. 원숭이는 고입 재수생답게 머리를 길게 기르고 다른 패거리들과 함께 교문 앞을 어슬렁거리곤 했다.

이들은 지나가는 여학생을 보며 휘파람을 불기도 하고, 지나가는 남학생은 구석으로 불러내 "잠시 이야기를" 나누기도 했다. 이들이 교문 앞에서 진을 치고 있다는 말이 들리면, 다른 아이들은 일부러 멀리 길을 돌아갈 정도였다.

그러나 나는 고등학교 3년 내내 원숭이와 사이가 좋았다. 그는 내가 모르는 세상물정을 알려주었고, 나는 그의 공부를 도와주었다. 당시의 나는 원숭이의 거친 친구들과 자유롭게 어울려 놀면서, 한편으로는 '무난한 대학에 합격해서 평탄하게 살았으면 좋겠다'는 마음도 품고 있었다.

그러나 나의 청춘은 평탄한 시간만을 선물로 주지 않았다. 하루는 누나가 교문 앞에서 어떤 남학생에게 고백을 받은 일이 있었다. 공부만 하는 모범생이었던 누나는 대학 들어가기 전까지는 연애할 생각이 없었기 때문에 그 남학생의 고백을 거절했다. 그런데 하필 그 남학생이 그 학교의 소문난 불량배였다. 사람들 앞에서 자존심을 구겼다고 생각한 그는 그 자리에서 바로 누나의 뺨을 때렸다.

나는 그때 마침 화장실 청소를 하고 있었다. 그런데 누군가가 교실과 복도를 뛰어다니며 "샹룽! 지금 너희 누나가…"라면서 소리를 질렀다. 나는 청소하던 대걸레를 든 채 교문으로 달려나갔다.

교문으로 가는 도중에 마침 원숭이가 나를 기다리고 있었다. 나는 원숭이의 인사도 지나쳐버리고 그대로 교문 쪽으로 달려갔다. 다른 친구들도 내 뒤를 따라 우르르 달려나왔다.

교문에 도착해 보니, 몇몇 녀석들이 누나를 에워싸고 있었고 누나는 그 사이에서 울고 있었다. 나는 있는 힘을 다해 대걸레로 녀석들 사이를 휘저어댔다. 그런데 이상하게도 아무런 반응이 없었다. 누나를 때린 녀석과 그의 패거리들은 나를 따라 달려나온 친구들에게 하나하나 얻어터지고 있었기 때문이다. 그날 나는 내 모든 청춘의 혈기를 불사르기라도 하듯 그들을 보이는 대로 때리고 눕히며 만신창이로 만들었다. 누나의 울음소리가 더 커지고 사람들이 몰려들어 나를 말리기 시작했을 때 나는 이미 제정신이 아니었다. 나는 어디를 맞았는지, 어디가 아픈지도 느끼지 못했다.

상대는 보통 녀석들이 아니었나. 그들은 전열을 가다듬고 다시 내게 달려들었다. 험상궂게 생긴 녀석들이 일제히 나를 둘러싸고 번갈아가며 공격해오기 시작했다. 나는 미친 사람처럼 소리 지르며 닥치는 대로 주먹을 휘둘렀다. 누가 어디를 어떻게 맞았는지 알 수 없었지만, 다들 갑자기 픽 쓰러져버릴 정도였다. 그 자리에 있던 학생들이 모두 놀라면서 물러났고, 몰려들었던 패거리들도 하나둘 자리를 떠나기 시작했다.

"리샹룽, 너 이 새끼… 두고 봐!"

그날 이후 나는 본의 아니게 학교 무협지의 강호에 이름이 오르내리게 되었다.

강호에는 "복수는 복수를 낳고 원한은 끊이지 않는다."는 말이 있다.

며칠 후, 그 패거리들은 다시 교문 앞에서 나를 에워쌌다. 그리고는 한꺼번에 다가오면서 나를 뒤로 밀쳤다. '난 이제 죽었다.'는 생각밖에 들지 않았다. 겁이 나서 눈을 질끈 감아버렸다. 그런데 그때 누군가가 "야, 얼른 튀어!"라고 외치는 소리가 들렸다.

저 쪽에서 양손에 식칼 든 원숭이가 "비켜, 이 새끼들아!"라고 소리를 지르면서 달려오고 있었다.

그 패거리들은 원숭이가 꽤 험악하게 싸운다는 소문을 이미 들은 데다 손에 칼까지 든 모습을 보자 냅다 도망쳐버린 것이었다.

그때 우리는 다들 어린 나이였는데도 가슴속에 뭔가 억누르지 못하는 혈기가 솟구치고 있었다. 형제와도 같은 친구를 위해서라면 뭐든 할 수 있을 것 같았다. 한 마디로, 두려운 것이 없었다. 그러나 이 모든 객기는 종국에 가서 처절한 대가를 요구했다. 원숭이의 그 험악한 싸움 때문에 나 역시 시도 때도 없이 그 패거리들과 엮여 주먹질을 해야 했다.

고3 때는 매달 모의고사가 끝나면 친구들과 함께 학교 근처의 분식집으로 갔다. 그때마다 원숭이는 우리에게 "너흰 이제 대입 시험 봐야 되는데 어떡하냐?"고 놀렸고, 우린 원숭이에게 "넌 지금도 학교 안 다녀서 좋겠다."고 놀렸다.

학교 주변의 모든 장소에 그 시절의 추억이 흩뿌려져 있다.

우리는 대입 시험이 끝난 뒤에는 학교 대문 앞에서 취할 때까지 술을 마셨다. 그날 우리는 태어나서 처음 마신 술로 인사불성이 되었다. 그중 가장 많이 마신 사람은 원숭이였다. 우리는 숙취에 좋다는 녹차캔을 구해다 원숭이에게 먹이면서 말했다.

"이봐! 정신 차려, 친구!"

실은 그 녹차캔 안에 든 것도 맥주였다.

우리가 주는 대로 녹차를 꿀떡꿀떡 마시던 원숭이는 "어? 근데 녹차에서 왜 술맛이 나지?"라고 말했다. 우리는 모두 자지러지게 웃었다.

대입 시험을 앞두고 지망 대학에 원서 접수를 하러 베이징으로 가던 날, 큰 비가 쏟아졌다. 다른 친구 '햄스터'는 동북지방의 지린성(吉林省)으로 갔고, 샤오이(小一)는 우한으로 갔다. 그 무렵 나는 1년 사귀어온 여자친구와 헤어졌다. 그녀는 나에게 장거리 연애를 감당할 자신이 없다고 말했다. 그리고는 곧 자신과 같은 학교에 다니게 될 다른 남학생과 사귀기 시작했다고 했다.

나는 친구들 앞에서 펑펑 울었다. 다른 친구들은 모두 이런저런 말로 나를 위로해주었지만, 원숭이만은 아무 말도 하지 않았다. 그리고는 다음 날 바로 그 남학생을 내 앞으로 데려왔다. 그런데 무슨 일이 있었는지 원숭이는 피투성이가 돼 있었다. 알고 보니, 그 남학생은 체육특기생이었다. 나는 이 모든 상황이 어이가 없어 더 눈물만 나왔다.

나는 마구 울다가 원숭이에게 소리쳤다.

"뭐야, 너 또 싸운 거야?"

그렇다. 결국 싸웠다. 우리는 그 체육특기생과 운동장 한복판에서 패싸움을 벌이고 말았다. 결과는 우리 모두가 피투성이가 되는 것으로 끝이 났다. 그렇게 우리의 고등학교 시절은 마지막까지 싸움박질로 마침표를 찍었다.

우리가 각자 다른 도시에 있는 대학에 입학했을 때 원숭이는 시안(西安)으로 가서 건설 노동을 시작했다.

막상 졸업을 하니 모든 것이 달라졌다. 내가 베이징으로 떠날 때에는 모든 친구들이 기차역까지 와서 나를 전송해주었다. 나는 웃으면서 "얼른 돌아가."라고 말했다. 그때만 해도 나는 몇 년만 있다가 돌아올 줄 알았던 베이징이 나의 최종적인 분투의 장소가 되리라고는 꿈에도 생각지 못했다.

그렇게 그들도 나도 웃으며 서로 인사하고 기차가 출발하는 찰나, 다시 창문을 통해 친구들을 바라보았다. 그들도 나도 눈물을 뚝뚝 흘리고 있었다.

때로 세월은 익숙했던 혹은 소중했던 무언가를 무참히 베어가는 칼이기도 하다.

가장 먼저 우리와 멀어진 친구는 샤오이였다. 정확히 말하면, 그가 연애를 시작하면서부터였다. 그의 여자친구는 우리의 뒷골목 패거리 같은 분위기를 별로 좋아하지 않았다. 그녀는 하루하루 착실한 삶을 꾸려가고 싶어 했다. 결국 샤오이는 우리와 멀어지는 쪽을 택했다. 그는 나중에 결혼할 때조차 우리를 부르지 않았다. 그래도 우리는 그에게 결혼 축하 선물을 보냈다. 나중에 들으니, 그는 결혼식장에서 우리들의 이름을 부르며 소리 죽여 울었다고 한다.

사람은 조금씩 성장하고 또 변해가면서 예전에 친했던 친구들과 멀어지기도 한다. 사람은 시간 속에서 결국 조금씩 나아지면서 발전하게 되어 있다. 발전한 뒤에는 그 발전상에 걸맞는 새로운 사람들로 관계가 다시 꾸려진다. 젊을 땐 뒤돌아보지 않고 앞으로, 앞으로만 나아가려고 하기 때문에 자신의 과거와 떼려야 뗄 수 없는 그림자와도 같은 친구들을 쉽게 잊기도 한다.

햄스터도 지린으로 간 이후로는 연락이 줄어들었다.

사관학교에서 하루 종일 고된 훈련과 억압을 견디고 있던 나는 어디에도 내 괴로움을 털어놓을 데가 없었다. 당시 가끔이나마 연락할 수 있었던 유일한 친구는 원숭이뿐이었다.

그런 원숭이도 사는 게 무척 힘들어 보였다. 그래서였을까. 어느 순간에는, 너무 변했다고 느껴졌다. 문제는 신용카드를 만들면서부터 시작되었던 것 같다. 그는 일이 끝나면 이 사람 저 사람에게 하루가 멀다 하고 밥이며 술을 샀고, 월말에 월급을 받아도 카드대금을 납부할 수 없게 되었다. 그는 집안 형편도 어려워서 부모님께도 사정을 말씀드리기가 여의치 않았다. 그래서 멀리 있는 나에게까지 연락을 해온 것 같았다.

그는 처음에는 햄스터에게 연락해서 500위안(약 8만 4천원)을 빌렸고, 그 다음에는 나에게도 연락해서 500위안을 빌렸다.

나는 언제쯤 갚을 수 있느냐고 물었다.

"갚을 거야."

그는 그렇게만 대답했다.

당시에는 나도 학생이었기 때문에 돈이 거의 없었다. 내가 그에게 빌려준 돈은 나의 2~3주 생활비에 해당하는 액수였다. 그래서 몇 번 더 독촉을 하다가 급기야 "대체 왜 안 갚는 거야?"라고 따졌다.

결국은 그도 화를 냈다.

"넌 왜 항상 돈 얘기만 하니?"

그날은 나도 기분이 좋지 않았다. 결국 나는 전화상으로 그와 크게 싸웠고, 전화도 일부러 집어던지다시피 하며 껐다. 사실상 그때가 내가 그에게 마지막으로 전화를 건 날이었다. 그날 이후 원숭이라는 친구의 존재 의미는 내 안에서 점점 희미해져갔다. 고작 500위안 때문이었냐고 묻는다면, 그렇다. 500위안 때문이었다. 그렇게 우리 사이에서는 차츰 우정도 의리도 사라져갔다.

그러나 다른 근본적인 이유가 전혀 없다고 말하기도 어렵다. 우리는 성장하면서 서로 조금씩 달라져가고 있었고, 한때 공유했던 이상이나 꿈도 더 이상은 공유할 수 없게 된 것이었다. 정확히 언제 어디로 가버렸는지 알 수 없는 한 시절의 감정은 그렇게 나를 떠나 사라져버렸다.

방학 중이라 고향에 머물고 있던 어느 날이었다. 우연히 고등학교 근처를 지나는데, 당시에 미친 혈기로 저질렀던 온갖 일들이 하나둘 떠올랐다. 학교 근처에 있던 작은 가게들의 간판은 절반 이상이 바뀌어 있었고, 우리가 모의고사를 끝날 때마다 모였던 분식집은 아예 사라져버렸다. 그러나 그 시절의 기억만은 내 머릿속에 생생했다. 나는 갑자기 원숭이에게 전화를 하고 싶어졌다. 그러나 그 사이에 전화번호를 바꾸었는지 연락이 아예 되지 않았다.

몇 년 후 나는 베이징에서 창업을 하게 되었다. 이때 햄스터가 베이징으로 와서 우리 회사의 디자인 디렉터로 합류하게 되었다. 그렇게 오랜만에 그와 함께 술을 마시는데, 다시 또 학창시절의 일들이 떠올랐다. 이제는 도무지 어찌할 수도 없는 지난 일일 뿐이었다. 나는 그저 도리질만 쳤다.

모든 이별의 이면에는 그런 어찌할 수 없는 무력감이 있다는 것을 처음 알게 되었다. 세월이 흐르면 세상도 사람도 그렇게 변해가는 것이었다.

나중에는 또다시 햄스터와도 소식이 멀어졌다. 그 사이 여자친구가 여러 번 바뀌었다는 소식만 들었을 뿐 어떻게 지내는지는 알 수 없었다.

나는 베이징에서 강사로 일하다가 영화를 만들고 책을 쓰게 되었다. 내 글이 뜻하지 않게 SNS상으로 퍼져나가기 시작하면서부터는 내가 글에서 언급한 친구들이 혹 상처를 받지는 않을까 걱정이 되기 시작했다. 그때부터는 사람 이름을 가명으로 바꾸기 시작했고, 아예 한동안 글을 쓰지 않기도 했다. 나에게 찾아와 책을 내자는 사람도 생기기 시작했다. 그때부터는 밤마다 써놓은 글들을 지워버리기도 했다. 삶이 바빠지면서부터는 잊어버리는 기억도 늘어갔다.

그러다가 갑자기 생각난 원숭이. 5년째 한 번도 본 적 없는 친구. 우리는 하나의 세상에서 두 개의 평행선을 그으며 살아가고 있었다. 단 한 번도 교차하시 않는 평행선처럼 아무 소식도 연락도 전해지지 않는 사이가 되었다.

그러던 어느 날이었다. 너무 어두워서 적막하기까지 한 시각에 갑자기 전화벨이 울렸다. 전화기 너머에서는 익숙한 듯한 목소리가 들려왔다.

"샹룽이니?"

누군가의 갑작스러운 관심만큼 두려워지는 것이 또 있을까.

특히 그것이 오래된, 잊혀진 친구의 관심이라면 더더욱.

"누구세요?"

"나야…, 원숭이."

한창 원고를 정리하고 있던 나는 전화기를 가만히 들고 있기 어려울 만큼 마음의 평정을 잃고 말았다. 내 기억은 순식간에 5년 전, 아니 그 이전의 학창 시절로 돌아가버렸다.

그때 전화기 너머에서 흑, 흑, 하고 우는 소리가 들려왔다. 나는 단박에 그가 술을 마셨다는 걸 알 수 있었다. 그는 한 글자 한 글자 또박또박 발음하듯이 말을 하기 시작했다.

"샹룽, 미안해. 이 전화 하기까지 5년이나 걸렸네. 올해 드디어 용기를 낼 수 있게 됐어."

지난 5년간 원숭이는 나의 웨이보를 구독하고 있었다고 했다. 그는 나의 지나온 여정을 하나하나 함께하면서 때로 같이 웃고 때로는 가슴 아파했다. 그동안 그도 사는 게 쉽지만은 않았다. 낮은 학력 때문에 차별도 많이 당했고, 잘못된 사람들과 어울리는 바람에 마음고생도 해야 했다. 몇 번의 연애도 있었는데, 대부분 다니던 직장 상사가 자신의 딸을 만나보라고 권유했기 때문이었다.

그는 친구들과 거리낌 없이 어울려 놀던 학창 시절이 자주 그리웠다고 했다. 어둡고 적막한 시간이 되면 가늘 길 없는 외로움에 더더욱 자주 나의 웨이보를 들여다보았다고 했다. <u>그는 지난 5년간 내가 웨이보에 쓴 글들을 읽어가다가 내가 조금씩 고등학교 시절의 우정세월을 잊어가는 듯한 느낌을 받았다고 했다.</u>

그리고는 이렇게 말했다.

"그동안 너에게 몇 번이나 전화하고 싶었는데, 막상 무슨 말을 해야 할지 모르겠더라."

"그래, 그동안은 어떻게 지냈니?"

"오늘은 다른 친구랑 술 마시면서 너랑 있었던 일을 이야기했는데 그 친구에게 엄청 혼이 났어. 겨우 500위안 때문에 싸우고, 화내고, 이 지경까지 왔냐고. 듣고 보니… 나도 눈물이 나더라."

"너 지금도 우는 건 아니지? 울지 마."

"내가 너한테 친구 자격이 있는지 잘 모르겠다. 미안해, 샹룽…. 우리 다시 그때로 돌아갈 수 있을까? 미안하다고 말하기엔 너무 늦은 걸까. 그래도 난 우리가 함께했던 추억만은 영원히 잊을 수 없을 거야."

"그 시절은 나도 잊을 수 없을 거야. 그 시절에 내 인생에 들어와줘서 고마워."

그러자 원숭이는 살며시 웃으며 말했다.

"고향엔 언제 가니? 우리, 고향에서 같이 차나 한 잔 하자. 아, 그 차에는 술 타지 말고!"

나도 웃으며 대답했다.

"내가 며칠 뒤에 시안으로 갈게."

유난히 별이 밝았던 그날, 나는 사람이 별로 없는 조용한 거리에서 혼자 음악을 들으면서 걸었다. 그러다가 휴대폰을 꺼내 오랫동안 열어보지 않은 런런왕(人人網, 중국판 페이스북)을 열어 학창시절에 찍은 사진들을 하나하나 다시 보았다. 걱정 근심 없었던, 끓어오르는 혈기만 있었던 그 우정세월로 이제 다시는 돌아갈 수 없을 것이다. 그 시절로는 다시 돌아갈 수 없지만, 그 시절을 기억할 수만 있다면 나는 죽을 때까지 회한

이 없을 것 같았다.

 여기까지 생각하자, 나도 비로소 미소가 지어지면서 조용히 눈물이 차올랐다. 달빛이 희미하게 비추던 내 그림자는 가로등 불빛이 합쳐지자 더욱 뚜렷해졌다. 잊고 있는 줄도 모른 채 잊어가고 있던 어떤 추억이 사진을 보는 순간 눈앞에 다시 생생하게 펼쳐졌듯이. 기억 속에서 조용히 지워져가고 있던 나의 우정세월은 그렇게 깊은 밤 전화 한 통에 다시금 생생히 제 모습을 되찾았다.

4-04

친구 없는
친구 공간

친구 샤오수(小樹)의 '모멘트'가 너무 오래 업데이트되지 않기에 나는 혹 그가 나를 친구삭제한 것 아닐까 생각한 적이 있다. 대체 무슨 일이 생겼기에 이렇게 오랫동안 아무 소식이 없는 걸까?

나는 결국 그를 찾아가 단도직입적으로 물었다.

"너 혹시 내 계정 삭제했니? 내가 서운하게 한 일 있으면 그냥 말로 하지, 왜 내 계정을 지우니?"

그러자 샤오수는 직접 휴대폰을 꺼내 나에게 화면을 열어서 보여주었다.

"아냐, 나 너 삭제 안 했어. 그냥… 내가 아무것도 안 올린 거야."

"왜, 무슨 일 있어? 전에는 업데이트 매일 했었잖아."

그러자 샤오수는 고개를 푹 숙이며 말했다.

"하…, 나도 어쩔 수가 없어. 직장 상사가 친구로 추가돼 있어서."

그는 원래 직장에서 조용히 일만 하는 직원이고 싶었다 한다. 그런데 여러 가지 맡은 일이 많아지더니, 그 일을 잘 처리하기까지 하자 졸지에 상사의 눈에 들고 말았다. 그러더니 하루는 상사가 그에게 위챗 친구 등록을 제안해온 것이다.

상사의 제안이다 보니 거절할 수가 없었다. 그날 이후로 위챗 기반의 '모멘트'에는 아무것도 올리지 않게 된 것이었다.

"그렇다고 상사를 삭제해버릴 수도 없고, 뭘 올리자니 상사도 다 볼 것 같고… 아, 나도 정말 미치겠어."

그는 내가 연락해서 만난 뒤에야 비로소 이 같은 사정을 털어놓았다.

나는 그에게 위챗에서 그룹설정을 한 뒤 그룹별 공개설정을 다르게 하면 된다고 알려주었다.

"와, 그런 기능이 있었어? 진작 너한테 얘기할걸!"

"하하, 너 같은 고민을 하는 사람이 너 하나였겠어?"

학창시절 동기인 샤오밍(小明)의 '모멘트'에도 비슷한 일이 일어났다. 원래 그의 '모멘트'는 매일 어딘가에서 먹고 마시고 노는 이야기로 빼곡했다. 매일 한두 장씩은 웃는 모습이 담긴 셀카도 올렸다. '모멘트'에 비친 그는 세상에서 가장 걱정 없고 태평한 사람으로만 보였다. 그랬던 그의 SNS 스타일이 어느 날 갑자기 정반대로 바뀌어버렸다.

"아, 또 야근이다…. 대체 이렇게 살아서 얻는 게 무엇일까?"

"매일 이렇게까지 노력하는 건 아마도 회사에서 돋보이기 위함이겠지."

나는 그가 연일 계속되는 야근에 지쳐 직장생활에 대한 고민이 늘어난 줄만 알았다. 그런데 알고 보니, 그의 '모멘트' 분위기가 갑자기 바뀌기 시작한 날은 직장 상사가 그를 위챗 친구로 등록한 날이었다.

그 무렵 나는 소소한 일상의 깨달음이나 영화를 본 후의 감상, 친구들과 만난 후의 이야기를 '모멘트'에 올리고 있었다. 가끔은 생활 속 좌절감이나 실연의 고통, 상사에 대한 불만도 썼다.

그러나 나와 친구들 모두 생활 반경이 넓어지고 서로간의 접점은 좁아지는 것을 경험하면서, 친구들의 SNS에 대해서도 많은 걸 기대하지는 않게 되었다. '모멘트'에 등록하는 친구의 숫자가 늘어나고 범위가 넓어질수록 정작 친구들에게 공개할 만한 이야기는 점점 줄어드는 것 같다.

남들이 '모멘트'에 올리는 이야기를 보면서도 언제부턴가는 자연스러운 일상의 감정보다는 '좋아요'를 받기 위한 모종의 연출에 가까워졌다는 느낌이 든다. 이런 '모멘트'라면 더 이상 '친구 공간'이 아니라 자기 전시의 무대라고 해야 하지 않을까. "'모멘트'는 소수가 현란한 부를 과시하고 다수의 시기질투를 조장하는 공간일 뿐"이라는 오명을 쓰기 시작한 것도 하루이틀 일이 아니다.

한 통계에 따르면, 미국에서는 매년 페이스북 때문에 헤어지는 커플이 30%에 달한다고 한다. 중국에서 이 페이스북과 비슷한 역할을 하고 있는 것이 바로 '모멘트'다. 내 주변만 해도 '모멘트' 때문에 싸워본 커플이 적지 않고, '모멘트' 때문에 친구 사이가 멀어졌거나 부모님과 갈등이 생긴 친구의 수는 그보다 더 많다.

샤오밍도 그런 케이스였다. 베이퍄오인 샤오밍은 명절마다 고향을 찾아가지만 그런 날은 1년 중 며칠 되지 않고, 부모님과 자주 통화하긴 하지만 통화 시간은 그리 길지 않은 편이다. 그렇다 보니 샤오밍의 부모님은 주로 '모멘트'를 통해 아들의 소식을 접하고 있었다.

하루는 샤오밍이 정신없이 바쁠 때 어머니에게서 전화가 걸려왔다. 샤오밍은 얼른 전화만 받고 끊으려고 했는데, 전화기 너머의 어머니가 별 말 없이 있다가 훌쩍 훌쩍 울기 시작했다.

"네가 베이징에서 그렇게 힘들게 일하고 있는 줄 몰랐구나. 부모가 무능해서 네가 그렇게 고생을 한다고 생각하니…."

샤오밍은 어머니가 무슨 말을 하는지 이해할 수가 없었다. 일단 "저는 잘 지내고 있어요."라고 하며 어머니를 안심시켰다.

그러나 어머니는 그런 말에 바로 안심하지 않았다.

"다 안다…. 괜찮은 척할 필요 없어. 네가 '모멘트'에 써 놓은 글, 엄마도 다 읽었어."

그제야 샤오밍은 상사의 눈을 의식해서 일부러 일 이야기만 잔뜩 써 놓았던 게 생각났다. 먹고 노는 일상은 그 전이나 지금이나 변함이 없었지만 '모멘트'에만 올리지 않은 것뿐이었다. 그러나 어머니는 '모멘트'를 통해서만 아들의 소식을 접하다 보니, 아들이 고생스럽게 일만 하고 있다고 생각했던 것이다.

영화계에는 "감독이 '액션!'을 외치는 순간부터 모든 것이 허구"라는 말이 있다. 친한 사람들끼리의 편안한 소통 도구였던 '모멘트'가 이제는 특정 메시지 전파 수단으로 변질되었으니, "'모멘트'에 올라오는 이야기들은 진짜가 아니니 진지하게 생각하지 마세요!"라고 공지라도 걸어두어야 하는 것 아닐까?

만약 당신이 어느 날 '모멘트'에 "사는 게 너무 힘들다, 오늘은 너무 우울했다."라고 쓴다면, 당신의 '모멘트' 친구들은 어떤 반응을 보일까? 나는 몇 번 그렇게 해보았다. 예전에는 바로 친구들이 쪽지로 '무슨 일 있느냐, 괜찮으냐'며 진심으로 염려해주었지만, 요즘은 그 글에 다들 '좋아요'만 누르고 그대로 가버린다. '모멘트'는 이제 더 이상 어떤 이야기든 허심탄회하게 나눌 수 있는 친밀한 '친구 공간'이 아니다.

우리는 누구도 다른 사람의 자세한 사정까지는 알 수 없다. 그러므로 SNS만 보고 그 사람에 대해 이렇다, 저렇다, 단정을 지어서는 안 된다.

누군가가 당신의 생일 파티에 와서 사진 한 장 찍고 가지 않았다고 해서 화를 낼 필요는 없다. 그는 다른 사람의 생일 대신 당신의 생일 파티에 와준 것일 수도 있다. 오랫동안 친구의 소식이 SNS에 올라오지 않는다고 해서 나를 친구삭제했을지 모른다고 단정 지을 필요도 없다. 그의 SNS에 직장 상사가 친구로 등록돼 있어서일 수도 있으므로.

다행히 나는 아직 올드한 스타일이어서 SNS나 메신저보다는 전화번호부를 보다가 직접 버튼을 누르고 통화하는 것을 더 좋아한다. 가끔은 친구가 아닌 친구의 가족들에게 전화를 걸어 내 목소리를 들려주기도 한다. 기회가 되는 대로 친구와 그의 가족들과 만나 식사하는 자리도 자주 만들려고 노력한다. 서로의 표정을 보면서 대화하고 싶어서다.

상대방의 SNS만 보고 함부로 그의 상황을 단정 짓지 말자. 가끔은 나도 SNS를 통해 친한 친구들과 아무 거리낌 없이 아무 이야기나 주고받을 수 있었던 시절이 그리울 때도 있지만, 각자의 삶이 달라지고 인맥의 범위도 넓어져가는 이상 어쩔 수 없다. 어차피, 이제는 더 이상 친구 공간(朋友圈, 위챗에서 제공하는 SNS '모멘트'의 중국어 이름 - 옮긴이)도 '친구' 공간만은 아니게 되었으니.

4-05

인색해서가 아니라
친구를 잃지 않기 위해

성격 좋기로 유명한 친구 B는 대학을 졸업한 뒤 지금까지 안정적인 직장생활을 이어오고 있다. 아침이면 서류 가방을 챙겨들고 사무실로 출근해서 이런저런 문서들을 작성하고 정리, 처리한 뒤 곧바로 퇴근하는 평범한 화이트 칼라의 생활이다. 단조로우리만치 안정적이지만 월급만은 적지 않은 그녀의 직장에 관한 소식은 곧 그녀의 지인과 친구들 사이에 빠르게 퍼져나갔다.

그러던 어느 날, 그녀의 예전 직장 동료에게서 문자메시지가 왔다.

"갑자기 이런 일로 연락해 정말 미안해. 자세히는 말할 수 없지만 너무 급한 사정이 생겨서 그러는데, 지금 2000위안(약 34만 원)만 보내줄 수 있니?"

그때 나는 마침 B와 함께 식사를 하고 있었다. 그녀는 문자를 보더니 조금 이해할 수 없다는 표정을 지었다.

"이직한 뒤로 연락 한 번 없더니, 오늘 갑자기 돈을 빌려 달라고 하네?"

"그래서, 빌려줄 거야?"

"이미 빌려줬어."

"뭐?"

"급한 사정이 생겼다잖아. 자세한 사정은 나중에 들어보면 알겠지."

"자주 연락하던 사이도 아니고 자세한 이유도 듣지 못했는데, 돈부터 빌려줬다고?"

"그럼 어떡해. 안 빌려줄 수도 없잖아."

"만약 그 사람이 네 돈 안 갚으면?"

"설마 그럴 리가…."

그녀는 내 말을 듣고 나니 조금 걱정이 되는 눈치였다.

"정말 안 갚지는 않겠지?"

"글쎄…, 난 어차피 그 사람이 누군지도 모르잖아."

아니나 다를까. 돈을 빌려간 동료에게서는 두 달이 지나도록 아무런 연락이 오지 않았다. 돈이라는 것은 일단 빌리고 나면 빌린 사람은 하나도 급할 것이 없다. 돈을 빌려준 사람만 초조해질 뿐. 그러나 B는 별반 초조해하지도 않았다. 오히려 돈 빌려간 동료에게 자신이 먼저 돈 이야기 꺼내는 것을 더 미안해했다.

몇 달이 더 지나고 나서야 B는 그 동료에게 위챗 메시지를 보냈다.

"집세를 내야 하는데 지금 돈이 한푼도 없어. 어떡하지?"

그러자 그 동료는 차가운 단문 하나를 보내왔다.

"알았어. 오후에 갚을게."

결국 그날 오후에야 B는 자신이 빌려준 돈을 돌려받을 수 있었다.

그날 B는 나에게 자랑이라도 하듯 웃으며 말했다.

"거봐, 세상엔 이렇게 좋은 사람이 많다니까!"

B는 대체 무슨 말을 하고 있는 것인가. 돈을 빌렸다면 갚는 것이 당연한 일 아닌가? 언젯적 빌린 돈을 이제야 갚는 사람에게 그녀는 어째서 '좋은 사람'이라고까지 말하는 걸까? 나는 말문이 막힐 만큼 어이가 없었다.

문제는 이것으로 끝나지 않았다. 반년 후 그녀의 대학 친구들과 모인 자리에서였다. 친구들은 하나같이 B는 너무 속이 좁은 것 같다며 B의 인색함을 성토하고 있었다.

"겨우 몇천 위안(약 몇십만 원) 빌려주고 어찌나 갚으라고 성화던지!"

사실 B는 그 친구에게 빌린 돈에 대해 딱 한 번 언급한 것이 전부였다. 그러나 그녀는 어려운 사정을 호소했던 친구에게 돈은 돈대로 빌려주고 애꿎은 질타까지 당하고 말았다. 그날 친구들과의 모임에서 돌아온 그녀는 이게 대체 무슨 일인지 모르겠다며 어리둥절해했다.

나는 옆에서 지켜보는 것만으로도 안타까워 한숨이 나왔다.

"네가 생각했을 때 정말로 특별하고 소중한 친구가 아니면, 처음부터 돈 같은 건 빌려주지 마. 네가 무슨 긴급구호 팀장이니? 아무에게나 돈부터 빌려주는 건 성격 호탕한 것도 아니고, 좋은 사람 되는 노릇도 아니야. 그냥 그들과의 관계만 망치게 될 뿐이지."

그런 그녀를 보며 문득 나의 대학시절 끝자락이 떠올랐다.

같은 고등학교를 다니다가 졸업 후에 헤어진 친구 한 명이 고리의 사채를 빌린 적이 있다. 고등학교를 졸업한 후 나는 베이징으로, 그는 시안(西安)으로 가서 생활하고 있던 터였다. 당시 사관학교에 다니고 있었던 나는 학교에서 매달 약간의 생활비를 보조받고 있었다. 큰돈이라고는 할 수 없지만, 없는 것보다는 분명 도움이 되는 돈이었다.

서로 떨어져 지낸 지도 오래된 3학년 어느 날, 그 친구에게서 갑자기 돈 빌려달라는 전화가 걸려왔다. 너무 뜬금없다는 생각이 들기도 했지만, 그래도 친구라고 생각해서 일단 빌려주었다. 그러나 결과적으로 그에게 빌려준 500위안(약 8만 5천 원)은 일종의 전별금이 되어버렸다. 그날 이후로 그와는 영영 다시 만나지 못했기 때문이다.

당시는 나도 형편이 넉넉지 않은 학생이어서 그에게 돈을 빌려준 달은 극심한 궁핍을 감수하며 지내야 했다. 나는 결국 한 달 뒤 그에게 전화를 걸어 돈을 갚아주었으면 좋겠다고 말했다. 그러나 그는 이런저런 형편을 끊임없이 이야기하더니 결국 돈을 갚기 어렵다고 했다. 오히려 이렇게 짧은 시일 안에 어떻게 바로 돈을 갚느냐며, 나더러 너무 야박하다고 나무랐다.

"겨우 500위안 가지고 대체 왜 이래?"

"겨우 500위안이라서, 안 갚겠다는 뜻이야?"

아…, 나도 꼭 그렇게 말할 필요는 없었는데.

몇 년 후 나는 다시 한 번 그때와 똑같은 상황을 맞닥뜨리게 되었다. 한 친구가 나에게 5000위안(약 85만 원)만 빌려달라고 연락해온 것이다. 그 순간, 나는 몇 년 전의 일이 떠오르는 동시에 그 다음 이어질 상황까지 얼추 예상이 되었다.

나는 그 친구에게 1000위안(약 17만 원)을 건네면서 "꼭 갚을 필요는 없다."고 말했다. 친구 사이를 유지하기 위해서는 빌려주기보다는 그냥 차라리 주는 게 낫다.

그 말 때문이었는지는 알 수 없지만, 그는 정말로 돈을 갚지 않았다. 그러나 우리는 여전히 좋은 친구로 지내고 있다. 약간의 금전적 손실은 있었지만 우정은 변함없이 그대로다.

나는 지금도 돈을 빌리거나 빌려주는 것이야말로 친구관계를 무너뜨리는 지름길이라고 생각한다. 본래 우정이라는 감정 자체는 돈과 나란히 잴 수 없는 것이다. 그러나 일단 돈을 빌려주고 나면, 돈의 저울 위에 감정을 같이 올려놓고 비교하게 된다. 처음부터 돈과 감정을 비교하지 않으면 가장 좋다. 그러나 기어이 비교하게 되고 마는 것이 사람의 마음이다. 우정은 인간 세상에서 가장 귀하고 소중한 감정이다. 그러나 친구에게 돈을 빌리거나 빌려주는 순간, 친구관계는 허물어지기 쉬울 만큼 취약해지고 대개는 그대로 허물어지고 만다.

"그렇다면 친구에게는 돈을 절대 빌려주지 말라는 소리냐?"고 묻고 싶은 이도 있을 것이다. 물론 그런 뜻은 아니다. 다만 친구에게 돈을 빌려줄 때는 그 돈을 돌려받지 못할 수 있다는 마음의 준비를 해두는 편이 좋다고 말하고 싶은 것이다. 돈을 빌려준 뒤에도 우정만은 흔들림 없이 유지하고 싶다면 말이다. 세상에는 분명 값을 매길 수 없는 진정한 우정이 존재한다. 그러므로 정말 도와주어야 할 친구라서 꼭 돕고 싶다면, 받지 않을 마음의 준비를 권하는 것이다.

만약 오랫동안 연락이 없던 친구에게서 어느 날 갑자기 돈 빌려달라는 연락이 왔다면, 일단 축하의 말부터 건네는 바이다. 상대방도 의식하고 있는지는 알 수 없지만, 그는 이미 당신과 절교할 준비를 하고 있는 것이기 때문이다. 별로 친하지 않았던 친구와 절교하기에 가장 좋은 방법이 바로 돈을 빌리는 것이다.

 이를 뒤집어 생각하면, <u>당신이 정말로 절박하고 곤궁한 때 돈을 빌려준 사람이 있다면 그에게는 성의를 다해 감사를 표해야 한다는 의미이기도 하다</u>. 이제껏 내가 위에서 말한 이유들이 똑같이 적용되는 상황에서도, 그는 오로지 당신에 대한 감정만 생각하고 이성적인 판단은 과감히 포기했다는 뜻이기 때문이다. 이런 감정, 이런 우의는 진실로 얻기 어려운 것이다. 이런 친구와는 평생 아끼는 마음으로 교류해야 한다. 모든 사람에게는 자신만의 고유한 생활이 있다. 그 생활의 일부를 과감히 잘라내어 당신과 함께 행복을 나누고 어려움은 함께 짊어지는 데 쓰기로 한 사람이 있다면, 그는 다른 어디에서도 만나기 어려운 값진 우정을 당신에게 선물한 것이다.

 그러므로 누구에게든 선뜻 돈 빌리려고 하지 말고, 돈을 빌려줄 일도 만들지 않는 것이 좋다. 돈을 아끼기 위해서 야박하게 굴어야 한다는 뜻이 아니다. 함부로 흔들었다가는 무너지기 쉬운 취약한 감정을, 돈과 나란히 저울에 달게 되는 일을 처음부터 만들지 말라는 의미다. 썩 반갑지 않은 현실일지도 모르지만, 돈을 빌려주지 않는 것만이 친구를 잃지 않는 유일한 방법일 때가 생각보다 많다.

저자후기

안녕하세요? 리샹룽입니다.

끝까지 책을 읽어주셔서 감사합니다.

사실 이 책을 다 쓰고 나서는 너무 많은 이야기를 있는 그대로 털어놓은 같아 한동안 마음이 편치 않기도 했습니다. 다행히 어찌어찌 끝까지 쓸 수 있었네요. 저의 첫 책이 어느 정도 경제적 형편에 영향을 받은 것이었다면, 이번 책에는 평소의 진실한 감정과 생각을 최대한 있는 그대로 담고자 했습니다. 글을 쓰면서 어떤 감정은 제 안에서 더욱 뜨거워지기도 했고, 어떤 사람들은 더욱 잊을 수 없는 기억으로 남았습니다.

흩어져 있던 기억의 파편을 모아 하나로 엮을 수 있게 된 것은 분명 행운이었다고 생각합니다.

지금 저는 카페에 혼자 앉아 이 글을 쓰고 있습니다. 오고 가는 다양한 사람들을 보며 혹시 저들 중에도 이 책의 독자가 되는 사람들이 있을까, 만약 있다면 그들과는 또 어떤 이야기를 함께 나눌 수 있게 될까, 생각해봅니다.

여기까지 읽던 분 중에는 고개를 들어 주위를 둘러보는 분이 있을지도 모르겠습니다. 제가 바로 당신 근처 어딘가에서 당신을 보며 웃고 있을지도 모르니까요.

저자에게 있어 독서는 독자와 저자의 인사라고도 생각합니다. 현실에서는 우리가 한 번쯤 우연히 지나쳤을 수도 있고, 앞으로 영원히 만날 일 없을 수도 있겠지만, 활자를 통해서는 이렇게 서로의 내면을 교류할 수 있게 되었습니다.

저는 첫 책을 출간한 뒤로 한동안 독자들과 만나기 위해 중국 전역을 오갔습니다. 서로 얼굴을 마주 보며 이야기를 주고받을 수 있는 귀중한 시간이었습니다.

많은 분들이 저의 SNS 계정에 남겨주신 메시지도 읽었습니다. 그중에는 이런 만남과 글을 통해 삶의 어둠에서 조금씩 벗어날 수 있었다고 말한 독자도 있었습니다.

이 책을 끝까지 읽어주신 모든 독자와 책 속의 글을 공유해준 분들께 진심으로 감사의 말씀을 드립니다.

이번 책이 출간된 뒤에도 전국 각지의 독자들과 만나러 갈 생각입니다. 여러분과 함께 온 여러분의 친구들과도 친구가 되어 많은 이야기를 나누고자 합니다.

책에서 못다 한 이야기의 내면과 배경에 대해서도 이야기하고, 여러분 삶의 다양한 이야기도 듣고자 합니다.

춥거나 외로운 어느 깊은 밤에, 베개 맡으로 쏟아지는 달빛 한구석에 이 책이 놓여 있는 것만으로 여러분의 외로움이 조금이라도 덜어지기를 바랍니다.

옮긴이 박주은

이화여자대학교 중어중문학과를 졸업하고, 현재 바른번역에서 외서 기획 및 전문번역가로 활동하고 있다. 그동안 옮긴 책으로《연기》,《참여감》,《품인록》,《창작에 대하여》,《나의 중국현대사》,《삶은 어떻게 철학이 되는가》 등이 있다.

불안하면 지금 시작하라

초판 2017년 4월 1일 초판 1쇄
저자 리샹룽
옮긴이 박주은
출판사 도서출판 북플라자
주소 경기도 파주시 파주출판단지 서패동 471-1
전화 070-7433-7637
팩스 02-6280-7635
오탈자 제보 book.plaza@hanmail.net
홈페이지 www.book-plaza.co.kr

ISBN 978-89-98274-81-8   13190

북플라자는 영화보다 재미있는 소설, 쉽고 효과적인 실용서적, 그리고 세상을 밝게 할 자기계발서를 항상 준비 중입니다. 독자 여러분의 원고 투고를 열린 마음으로 기다리고 있습니다. 책으로 엮고 싶은 아이디어가 있으신 분은 book.plaza@hanmail.net로 간단한 개요와 취지를 보내주세요. 인생은 항상 주저하지 않고 문을 두드리는 자에게 길이 열립니다. (우편 접수는 받지 않습니다)